国家社科基金青年项目："新户改"背景下农民工城镇落户行为与引导策略研究（项目编号：15CRK010）阶段性研究成果。

农民工城市落户行为研究

肖璐 著

中国财经出版传媒集团
中国财政经济出版社

图书在版编目（CIP）数据

农民工城市落户行为研究／肖璐著．--北京：中国财政经济出版社，2019.11

ISBN 978－7－5095－9388－2

Ⅰ.①农…　Ⅱ.①肖…　Ⅲ.①民工－城市化－研究－中国　Ⅳ.①D422.64

中国版本图书馆 CIP 数据核字（2019）第 243855 号

责任编辑：彭　波　　　　责任印制：党　辉
封面设计：卜建辰　　　　责任校对：李　丽

中国财政经济出版社 出版

URL：http：//www.cfeph.cn

E－mail：cfeph@cfemg.cn

社址：北京市海淀区阜成路甲 28 号　邮政编码：100142

营销中心电话：010－88191537

北京财经印刷厂印装　各地新华书店经销

710×1000 毫米　16 开　16.5 印张　224 000 字

2019 年 11 月第 1 版　2019 年 11 月北京第 1 次印刷

定价：68.00 元

ISBN 978－7－5095－9388－2

（图书出现印装问题，本社负责调换）

本社质量投诉电话：010－88190744

打击盗版举报热线：010－88191661　QQ：2242791300

前　言

长期以来，我国的城市化主要由政府主导，尤其户籍制度制约了人口的自由流动，导致城镇化相对落后于工业化。农民工群体出现并成为我国城镇化进程中的特殊群体。近年来，人的城镇化已经成为新型城镇化的核心。通过人口在城市的集聚以及生产、生活方式的变化实现传统落后的农村社会向现代文明的城市社会转变。为了满足新时代下人民群众对美好生活的需要，解决不平衡不充分发展的难题，新型城镇化有了新的目标和要求，实现城乡劳动力要素的自由流动和平等交换，继续加快推进农业转移人口市民化，通过户籍制度等制度变革促进城乡融合发展。国务院颁布《关于进一步推进户籍制度改革的意见》，明确提出了四类城市具体的城镇化路径，并提出到2020年努力实现1亿左右农业转移人口和其他常住人口在城镇落户的具体目标。从目前来看，农民工作为最接近城市的农业转移人口，其市民化进程仍然困难重重。“就业机会”与“落户机会”相互分离，导致农民工“落不了户”与“不愿落户”共存。农村“土地财产权”政策不明晰致使农民工“能够落户却不落户”现象普遍。尽管长期来看改革的目标是淡化户籍制度对人口流动的约束作用，但在变革阶段，由于城乡甚至不同城市的公共服务未能实现均等化，附着于户籍的公共服务供给仍然存在较大差异，使户籍依然成为城镇化中不容忽视的因素。探明宏观政策影响下农民工微观心理行为，明确农民工城镇落户意愿的影响因素，尤其是从落户意愿到实际落户行为的转化机制，才能有针对性进行制度设计，引导农民工城镇落户，推进户籍制度变革与城镇化相向而行。

本书以社会管理理论、人口迁移理论、行为科学理论为基础，以户籍制度改革和新型城镇化为背景，以农民工为研究对象，以城镇落户意愿和行为及其转化为主线，以提出针对性的政策建议为目标，主要研究以下内容：第一，通过对江苏省内不同类型城市76名农民工的深度访谈，了解了农民工在城市就业现状和落户决策心理特征，运用NVIVO质性分析工具，基于扎根理论的三级编码方法建构了农民工落户“意愿—行为”研究理论分析框架；第二，通过走访调研收集和跟踪案例一手信息，同时利用国家卫计委流动人口监测数据、国家统计局农民工监测报告等二手数据，分别采用案例研究和统计分析方法对农民工城镇落户现状进行研究；第三，采用实证研究的方法对农民工落户意愿、落户行为及其影响因素进行研究，尤其考虑到农民工落户意愿、能力、行为态度等多为“潜变量”，无法直接测量，通过借鉴心理测量技术编制农民工落户心理及行为测量量表，形成调查问卷开展实证研究，并通过实地调查及委托专业公司调查等多种方式结合，在全国范围内收集到1618份样本数据，借助SPSS统计分析软件和AMOS结构方程建模软件，实证研究了农民工城镇落户意愿、行为的影响因素；第四，运用实证调查数据重点探讨了农民工落户“意愿—行为”的转化机制，明确了农民工落户意愿到行为转化的主观能力和客观条件；第五，探讨了农民工落户后的社会融入问题，比较分析了已落户与未落户农民工社会融入的程度和特点；第六，在课题研究相关结论和启示基础上，提出了引导农民工城镇落户的政策建议。

本书将农民工城镇落户研究从意愿推向行为，并实现对“意愿—行为”转化机制的完整分析。通过研究得到以下新的发现，第一，超大城市对周边县级市和中小城市的产业转移有利于缓解超大城市人口压力，伴随着产业转移产生的人口迁移能够促进以超大城市为核心的城市群内部人口的再分布和平衡，进而促进农民工城镇化进程；第二，落户行为的产生缘起于落户意愿，然而对于转户口这类受政策影响较大的行为来说，意愿对行为的影响有限，工作稳定性、落户门槛、落户审批、城市经济发展状况等对落户行为同样关键，流动人口入学政策、政策宣传、城市住房状况等因素成为“意愿—行为”转化的突变因子；第三，城市社会经济发展是农民工落户意愿的促进要素，却成为落户行为的阻碍要素，“就业机会与落户机会相互分离”严重阻碍了农民工城镇化进程；第四，农民工拥有的“土地财产权”成为现阶段不愿意落户城镇的关键因素；第五，家族务工传统、父母支持等家庭因素成为农民工城镇落户意愿、行为的重要因素，家庭化迁移也成为新时代农民工流动的特征；第六，新生代农民工已经成为中国制造向中国创造转型过程中不可或缺的技能型人力资本的重要来源和中坚力量，对其进行思想引领和技能培训关系着社会底层青年群体的稳定和发展；第七，已落户农民工综合社会融入程度较高，农民工取得城镇户籍在一定程度上有利于其社会融入。

在此基础上，本书以社会主义核心价值观关于社会层面的价值取向“自由、平等、公正、法制”为原则，考虑保障农民工自由迁徙权利基础上，分别从国家政策、城市发展和农民工自身能力三个方面提出相应对策建议：第一，继续深化户籍制度改革，当户籍仅具有最初人口统计功能时，农民工这一群体也不复存在，劳动力要素的自由流动和平等交换将带来诸多红利，然而其短板在于城乡公共服务的供给不足；第二，保障农民工土地财产权，让农民工不仅拥有土地的经营性收益，还要增加其财产性收益；第三，倡导建立教育“配额制度”，公立学校根据实际情况提供一定比例农民工子女招生配额，并优化教育财政资金拨付；第四，广泛推行“订单式”职业培训，在建立农民工就业与流动信息统一平台基础上，组织符合企业需要的“订单式”职业培训，帮助农民工以“群体择业”提升议价能力；第五，将“城市群”作为人口管理的基本单位，引导农民工在城市群内部理性选择适合自己的城市落户；第六，经济门槛逐步替代制度门槛，超大、特大城市“筑墙”，通过产业空间布局中小城市“引流”，用经济手段而非行政手段引导人口流动和再分布，使制度门槛逐渐成为“门”而不是“槛”；第七，在大数据和信息技术支撑下，通过城市社区管理APP的开发应用，强化社区社会化服务功能，并使农民工和市民同步实现个体嵌入城市。此外还提出了多项提升农民工自身能力等方面的政策建议。

本书在以下方面具有一定的创新性：第一，研究视角独特。与现有研究关注农民工城镇落户意愿不同，本书的落脚点为落户行为，重点在于挖掘由意愿到行为的转化机制。第二，理论模型新颖。与现有研究基于统计数据探索因果关系不同，本书基于大量访谈的现实情况，运用扎根理论等规范的方法探索事物间因果关系，构建理论模型。第三，研究方法新颖。与现有研究普遍采用多元线性回归的统计分析方法相比，本书运用更具优势的结构方程模型及其分析软件AMOS 17.0进行变量间因果关系的分析和验证。第四，研究手段创新。与现有研究普遍采用的二手数据库难以有针对性满足个性化研究需要相比，本书专门针对研究需要设计调查问卷，并将心理测量技术引入人口学研究中，较好实现了对农民工落户过程中诸多难以直接观测的“潜变量”的测量，避免了用单一统计指标代表某研究变量导致的误差，较好地提高了数据收集的质量。

诚然，囿于作者自身的学术素养所限，本书尚存在诸多不足之处，在研究和本书撰写过程中，相关政策亦处于不断变革中。农民工城镇化相关议题仍有待于进一步研究和完善，恳请各位读者批评指正。

作者

2019年8月

目　　录

第1章　导　论

1.1 研究背景

城市化是一个自然历史过程，是人类社会经济发展的客观趋势和必由之路，是一个国家或地区现代化程度的重要标志。伴随着中国工业化发展进入中后期，工业化对经济发展的主推作用正日益被城市化大潮所激发的内需动力所赶超。最初，我国城市化的高速发展主要得益于廉价的土地、劳动力等要素贡献。这种过度依赖土地的模式不仅容易导致城市资源配置效率低下，而且会对城市化过程中的居民生活和城镇化的可持续发展等方面产生负面影响。特殊的历史背景、庞大的人口规模、二元的经济模式以及变革的管理体制，决定了我国要走具有中国特色的城市化道路。党的十八大明确提出"新型城镇化"概念，近年来中央经济工作会议均把"加快城镇化建设速度"列为经济工作重要任务。新时代对新型城镇化提出了新的要求，明确了继续加快推进农业转移人口市民化，构建以城市群为主体、大中小城市协调发展的城镇格局，通过制度变革释放红利促进城乡融合发展。这一切的核心在于两个方面：人和制度。

"新户改"极大地推动了新型城镇化进程。2014 年 7 月 24 日，国务院印发《关于进一步推进户籍制度改革的意见》（以下简称"新户改"），明确提出了四类城市具体的城镇化路径：严格控制特大城市人口规模；合理确定大城市落户条件；有序放开中等城市落户限制；全面放开建制镇和小城市落户限制。并提出到 2020 年努力实现 1 亿左右农业转移人口和其他常住人口在城镇落户的具体目标。事实上，2014 年以来，国务院和各有关部门紧紧抓住农业转移人口市民化这一重点任务，明确细则，推动落实。农业转移人口市民化工作经历了顶层设计由指导性意见到具体行动方案，由中央提出导向到部门落实政策，从对农民的引导鼓励到给农民吃下政策"定心丸"的过程。例如，围绕农业转移人口户籍转换积极性不高、地方政府积极性不高“两个不高”的关键问题，出台了财政资金、建设资金、用地指标与农业转移人口落户数量挂钩的“三挂钩”政策。其他一系列战略部署详见表1-1。

表1-1 推进农民工市民化的相关政策

时间	文件	政策内容
2014.3	《国家新型城镇化规划（2014~2020年）》，简称《规划》	要求城镇化水平和质量稳步提升。城镇化健康有序发展，到2020年，常住人口城镇化率达到60%左右，户籍人口城镇化率达到45%左右，户籍人口城镇化率与常住人口城镇化率差距缩小2个百分点左右，努力实现1亿左右农业转移人口和其他常住人口在城镇落户
2014.7	《关于进一步推进户籍制度改革的意见》，简称“新户改”	进一步调整户口迁移政策，统一城乡户口登记制度，全面实施居住证制度，到2020年，基本建成新型户籍制度，努力实现1亿左右农业转移人口和其他常住人口在城镇落户
2015.11	《居住证暂行条例》，简称“663号文”	为了促进新型城镇化的健康发展，推进城镇基本公共服务和便利向常住人口全覆盖，保障公民合法权益，促进社会公平正义，调整城市规模、推进户籍制度改革，制定该条例
2016.2	《关于深入推进新型城镇化建设的若干意见》，简称“8号文”	积极推进农业转移人口市民化，加快落实户籍制度改革政策，鼓励各地区进一步放宽落户条件；全面实行居住证制度，推进居住证制度覆盖全部未落户城镇常住人口；推进城镇基本公共服务常住人口全覆盖；加快建立农业转移人口市民化激励机制
2016.8	《关于实施支持农业转移人口市民化若干财政政策的通知》，简称“44号文”	加大对吸纳农业转移人口地区尤其是中西部地区中小城镇的支持力度，维护进城落户农民土地承包权、宅基地使用权、集体收益分配权，支持引导其依法自愿有偿转让上述权益，促进有能力在城镇稳定就业和生活的常住人口有序实现市民化，并与城镇居民享有同等权利

续表

时间	文件	政策内容
2016.9	《推动1亿非户籍人口在城镇落户方案》，简称“1亿人落户方案”	“十三五”期间，城乡区域间户籍迁移壁垒加速破除，配套政策体系进一步健全，户籍人口城镇化率年均提高1个百分点以上，年均转户1300万人以上。到2020年，全国户籍人口城镇化率提高到45%，各地区户籍人口城镇化率与常住人口城镇化率差距比2013年缩小2个百分点以上
2016.10	《关于建立城镇建设用地增加规模同吸纳农业转移人口数量相挂钩机制的实施意见》，简称“人地挂钩政策”	到2018年，基本建立人地挂钩机制，形成部门联动、上下衔接、有利于促进新型城镇化发展的建设用地供应制度；到2020年，全面建立科学合理的人地挂钩机制政策体系，区域和城乡用地结构布局更加优化，土地节约集约利用水平显著提高，为如期实现1亿左右农业转移人口和其他常住人口在城镇落户提供用地保障

资料来源：本书根据系列中央文件整理而来。

在中央各项政策的推动下，各类城市根据综合承载能力和发展潜力，也制定农业转移人口和其他流动人口的落户政策，极大地促进了符合条件的农民工在城市安居落户。党的十九大报告肯定了过去五年转移农村人口8463万人，城镇化率年均提高1.2个百分点的成绩。据国家统计局数据显示，2018年年末，我国城镇常住人口83137万人，城镇化率为59.58%，比2017年年末提高1.06个百分点。可见，中国城乡结构发生了历史性变化，居住在城镇的人口超过了居住在农村的人口。这种变化除了得益于工业化、信息化、农业现代化的推动外，最关键在于户籍政策逐步调整，公平的“城门”在制度层面逐渐打开而释放的城镇化巨大潜能。然而，2018年国民经济与社会发展统计公报显示，我国户籍人口城镇化率为43.37%，与常住人口城镇化率有16.21个百分点的差距，与2017年16.17个百分点的差距相比，户籍人口城镇化率与常住人口城镇化率的差距在拉大而不是缩小。根据《国家新型城镇化规划》，到2020年户籍人口城镇化率达到45%左右，完成目标还需要付出较大努力。这表明，制度层面打开“城门”并不代表畅通无阻，制度依旧是有条件的。况且，农民工城镇落户除了制度层面障碍外，还有能力障碍、文化障碍、社会排斥以及城市的成本障碍、承载力约束，甚至农民工落户的主观意愿等方面的影响，导致大量农业转移人口实现了在城镇就业生活，却依旧难以或者不愿意落户工作所在城市，市民化进程严重滞后，“半城镇化”和“大城市病”问题日益显现。

一系列数据表明了农民工城镇落户的进程不如预期高。2016年全国流动人口监测数据显示，“如果符合当地落户条件愿意将户口迁入本地”的流动人口仅占39%。一项针对江苏省农民工落户状况的调查显示，全省2万名优秀农民工仅有1%已经落户城镇。早年中国社科院针对近11万农民工的一项调查发现：老一代农民工不愿意转变为非农户口的达到80%，而新生代农民工不愿意转变为非农户口是75%，同时加了一个条件，如果要交回承包地才能转户口，不愿意转变为非农户口达到90%。此外，据国家发改委一项基于全国30个城市3154份样本的“城市非户籍常住人口户籍改革意愿”调查发现，明确表示不愿意落户城市的比例达到了四成，高于愿意落户的比例，还有相当一部分人倾向不明确；即使是东部地区、超大型城市的流入农民工也没有表现出很强的落户意愿。广东省某县城2010年开始实行较为宽松的农民工积分入户政策，但申请并成功入户的农民工人才寥寥无几。

由此可见，尽管户籍制度改革从制度层面极大推动了农民工落户城市，但农民工城镇落户行为与户籍制度改革期望仍存在较大差距。探讨农民工落户行为及其主客观、宏微观方面的影响因素对推动户籍人口城镇化具有重要意义。针对农民工落户问题，学者们多从落户意愿的高低及其原因方面展开研究，从个体、家庭、社会层面较为全面分析了经济、社会、心理等因素对农民工落户意愿的影响（刘传江等，2011；唐宗力，2015；盛亦男，2017）。然而，意愿只是一种心理倾向，农民工有了城镇落户意愿未必产生实际落户行为，因为这个过程中还受到个人因素和外部环境约束的作用（肖璐等，2017）。意愿到行为有一段不易达到的距离，这段距离就是不受行为主体控制的外部环境的阻碍、干扰或增益。对农民工落户行为这类受政策影响较大，非完全主观的行为研究来说，外部环境的作用尤为重要。落户行为以及“意愿—行为”的转化是农民工城镇落户的关键。

基于此，本书综合运用管理学、人口学、社会学、心理学等学科的理论和方法，从微观视角入手设计心理测量量表，探讨农民工落户的心理和行为层面感知、意愿、行为过程，结合基于扎根理论的质性研究、基于问卷调查的实证研究从定性和定量两个层面全面解剖农民工落户意愿、行为影响因素，并在此基础上，深入挖掘已经在城镇落户农民工的落户行为特征，完整分析其当初由落户意愿到实际落户行为之间的转化机制，在理论研究的基础上进行制度设计，以引导农民工城镇落户。

1.2 研究意义

在城镇化进程中，很多发达国家的工业化与城镇化是步调一致、同步完成的，但由于我国城乡二元结构的国情导致了工业化与城镇化并不同步，城镇化滞后于工业化也形成了我国独具特色的“农民工”群体，导致同样作为城镇常住人口的他们，在居住区域、从事职业和社会身份等方面出现差异和背离，成为城市中被边缘化的群体。以往学界和实践界对农民工的定位多是城市低端劳动力，专门从事城市人不愿意干的活的一个群体。近年来，随着农民工群体在城市作用的发挥以及“民工荒”现象的出现，农民工成为学术界和实践界重点关注的对象，并认为这一群体同样具有创新潜力。尤其随着我国人口红利逐渐消失，劳动年龄人口增速放缓甚至减少，农民工已成为中国制造向中国创造转型过程中不可或缺的技能型人力资本的重要来源和中坚力量。促使一定比例的农民工在城镇落户不仅推动了农民工自身全面发展，更是推进新型城镇化、提升城市化质量、促进社会文明进步、经济可持续发展的必然要求。这些具有重要的理论和实践意义。

1.2.1 理论意义

首先，本书综合运用管理学、人口学、心理学、社会学等学科的知识，从全新的视角（行为科学视角）对农民工城镇落户问题进行跨学科交叉研究，构建农民工城镇落户“意愿—行为”理论分析框架，在新的理论框架下对农民工城镇落户问题进行全面分析，得到一系列新的发现和研究结论，是对现有理论和成果的有效补充；其次，虽然农民工城镇落户问题越来越受到学者的关注，但现有成果比较零散，不同类型城镇影响农民工城镇落户的关键要素还有待区分，鲜见农民工城镇落户行为的相关研究。因此，本书将农民工落户研究从意愿推向行为，重点关注“意愿—行为”转化机制，转化过程中的主观条件和客观环境能够弥补现有研究止于意愿而忽视行为研究的不足，丰富和发展人口迁移、城镇化相关理论；最后，与现有人口学对农民工落户问题研究多采用二手数据的惯例相比，本书综合运用新的数据收集方法（心理测量量表）收集一手数据，新的数据分析处理软件（AMOS结构方程建模）分析变量之间的相互影响作用关系，弥补了现有研究在方法的不足，使研究结论更加精确。

1.2.2 实践意义

“新户改”在一定程度上为农民工市民化扫除了制度障碍，但农民工普遍落户热情不高。本书对不同类型城市农民工落户意愿的调查，系统分析农民工城镇落户意愿的影响因素，能够甄别激发农民工落户意愿的关键要素，并根据不同类型城市特征提出有差别的管理方案；对已经在城镇落户农民工落户行为的研究，以及“意愿—行为”转化机制的深入探讨，能够识别由落户意愿到实际行为的转化条件，最终提出引导农民工城镇落户行为的针对性政策措施；同时，对农民工的深度访谈和问卷调查是一种政策宣传和知识普及的过程，对农民工正确认知政策、做出合理的落户决策具有积极的推动意义；此外，引导农民工城镇落户有利于推动中国城镇化进程，提高我国城镇化水平。尽管当前我国城镇化发展迅速，但总的来说，与世界城镇化水平相比仍然存在一定的差距。推进以人为核心的新型城镇化战略，对拉动内需增长、推动产业转移、促进地区经济均衡增长和城乡融合发展具有同步的带动作用。

1.3 国内外研究现状

1.3.1 相关概念界定

（1）农民工及其界定。

1958 年至改革开放前，由于中国实行计划经济体制，农民不允许自由流动且不能从事非农劳动。同时根据当时的户籍制度安排，户口被强制性划分为城市户口和农村户口，导致全国呈现出城市人口少、农村人口多的现象，农村积压了大量剩余劳动力。据统计，1978 年年末我国农业人口数量达到 8 亿以上。而改革开放以后中国实行市场经济体制，大规模经济建设需要大量劳动力，加之原本森严的城乡分割的二元户籍制度逐渐松动，导致长期积压的农村劳动力开始向城市转移。农民工也自此产生。总的来说，中国经济体制转型导致了农民的分化，而分化的结果正是农民工这一特殊的社会群体。

事实上，关于农民工的称谓在过去几十年发生了一些变化。改革开放初期，农村向城市转移的剩余劳动力并不是被称为“农民工”。在多数情况下，他们被称为“打工仔”和“打工妹”。他们在城市主要从事的是最脏、最累、最差、不具有技术含量的工作，往往分布在建筑工地和制造行业，靠强壮的体力赚取少量的报酬，生活在城市的最底层。由于工作性质的差异和城乡生活习惯的差异使农村转移人口与城市市民格格不入。“打工仔”和“打工妹”的称呼也具有一定的贬义和歧视。

“农民工”一词是较为学术性的书面正式称谓，最初是1984年由张雨林在其《社会学研究通讯》一文中提出。随后，随着改革开放的不断深入，农业转移人口成为国家、政府以及众多学者关注的热点。2006年，国务院发布《关于解决“农民工”问题的若干意见》，经过反复斟酌并吸取多方意见后决定使用“农民工”称谓，这是首次将“农民工”概念写入具有行政效力的国家文件中。而学界对于农民工的解释是在张雨林观点基础之上发展而来的。例如，杨肖丽（2014）认为农民工是指16~60岁，从小在农村长大、未受过高等教育、进城务工以取得经济收入为主要目的的群体。张翼（2015）认为农民工是具有农业户口、进入城市或城镇就业的受雇人员或自雇人员，而将在城市或城镇就业但就业身份为雇主的农业户口劳动者排除在分析之外。因此，不论从政界还是学界来看，“农民工”称谓都体现出国家和社会对农民工的认可和尊重。

21世纪以来，农民工在国家经济建设和社会发展中做出了巨大的贡献，在城市的社会地位得到了提升。在国家和社会各界的关注下，消除不利于农民工的各种歧视性称谓成为社会发展的必然要求。如今各级政府在诸多法规和讲话中将“农民工”改为“进城务工人员”“外来务工人员”“低层次劳动力”甚至“新市民”。然而，目前来看“农民工”称谓并没有伴随着“进城务工人员”称谓的产生而消失，但可以推断的是伴随着城镇化进程的加深，户籍制度改革的继续推进，农民工的身份地位将会进一步提高，最终与城镇市民没有区别，不远的将来“新市民”将成为这一群体的主流称谓。

（2）城镇落户的界定。

截至目前，研究针对“落户”的界定较为稀少，一般认为“落户”指在某地报入户口或登记户口，拥有该地户籍并长期定居。学者对农民工落户问题的研究多集中于“落户意愿”及其影响因素，在具体调查研究中，学者多采用“您是否愿意定居/居留/永久性迁移在城市”或“您是否愿意将户口迁移到城市”等方式提问，以实现对农民工城镇落户意愿的测量。本书认为，户口迁移并在城市定居为制度上的落户，而有部分农民工未迁户口但在城市买房并计划永久居住，甚至他们当中有的农民工符合户口迁移的条件却未迁户口，亦可认为是落户，是实际上的落户。在访谈过程中，本书关注到诸多实际上落户但未转户口的农民工，针对这类群体的心理和行为亦展开了相关研究，然而在问卷中，仍然以是否转户口作为落户的标志。

1.3.2 国外相关研究

农民工是中国转型期特有的人口迁移群体。由于城乡二元的户籍管理是中国特有的社会制度，农民工正是在这个制度背景下产生的由农民向市民转化的“中间产物”，农民工只有实现了城镇落户，才能真正成为城市的一员。国外不存在二元的户籍管理制度，故不存在当前中国农村人口在各个城市流动的“农民工现象”，因此国外学者较少针对农民工城镇落户问题展开研究，仅有的几篇文献均是对中国农民工移民问题的剖析。但国外有关人口流动、人口迁移的研究已经形成了较为丰富的成果。国外人口迁移始于不发达地区向发达地区迁移，不发达国家向发达国家移民，此类研究同样能为我们提供借鉴。关于人口迁移的研究主要归于以下4类。

(1) 人口迁移动因研究。

以二元经济理论为代表，包括刘易斯的二元经济模式、拉尼斯—费景汉模式、乔根森模式等，致力于从宏观视角解释发展中国家农村劳动力转移的动力、特点和机理（Massey et al.，1993）。1954年，刘易斯发表《劳动力无限供给下的经济发展》，明确指出，农民离开乡村，放弃自己的土地来到城市工作，绝大多数是因为城里的工资水平高于乡村的收入（Lewis，1989）。至此，刘易斯二元经济模式作为劳动力流动的基本理论模式常被用来解释农民工社会流动状况。Todaro（1970）的预期收益模型则从微观层面、个体理性选择的角度，用量化的数学模型来解释劳动力迁移行为。Zelinsky（1971）认为国际人口移动具有一定规律，其过程是明确的、模式化的，并且与社会经济的现代化过程紧密相关。他认为在人口迁移前期，由于感受到快速城镇化的过程，迁移者流向可能到达的并且对其有吸引力的区域；在人口迁移后期，城镇化速度逐渐降低，迁移者数量也随之稍显下降。最后，则呈现出城市聚居群之间的流动与转移，或者发展中国家部分劳动力迁入。

Amersfort 等学者初步构建出国际人口迁移的宏观分析框架，提出迁移者的数量是由迁入国与迁出国两者之间的社会经济水平的差异所决定的。与此同时也指出影响移民迁移的要素有很多，主要包括劳动力市场状况、移民人口学特征、移民合法地位、迁移政策等，并重点强调了迁移政策的重要性，认为特定时期的迁移政策明确了当时合法移民的现状。Abarcar（2017）通过研究 1997 年亚洲金融危机澳大利亚移民回国案例，指出经济危机导致移民国货币贬值，针对那些计划提前归国的移民而言，这种冲击会加强其归国的意愿，而对于尚未决定归国的移民而言，这类冲击对其的归国意愿则显得较弱。以上研究均认为国际人口迁移是劳动力供需不平衡所引发的劳动力调整过程，是基于经济水平所进行的人口迁移活动。

此外，人口迁移中的非经济因素越来越受到学者的关注。Chabé - Ferret（2018）使用法国数据集分析移民意愿与东道国和原籍国之间的关系，结果显示，永久性移民更可能对东道国表现出更高的依恋性，特别是以政治利益等非货币性结果的形式。而东道国的临时移民与永久移民的行为不同，特别是倾向于限制非货币投资，如东道国的语言。

（2）人口迁移途径研究。

该部分研究主要包括累积因果理论、网络理论、世界体系理论和连锁因果理论等（Mueller，2013）。例如，累积因果理论认为人口迁移存在一种内在不断重复的趋势，可以通过收入分配、文化复制等因素实现。网络理论，也称社会资本理论，认为社会资本是个人依赖网络或在更大的社会结构中互相调配稀缺资源的能力，决定迁移的每一个环节，如是否迁移、向何处迁移、如何适应当地生活等。Bourdieu（1986）认为社会资本是真实或虚拟的资源集合；Coleman（1988）则定义社会资本是其所拥有的社会结构资源；Burt（1992）认为，社会资本是向社会网络结构中的行动者提供信息和资源控制的程度。世界体系理论指出，在世界市场的影响下，中心国家（指拥有资本与其他形式物质财富的国家）与边缘国家（指除去核心国家之外的国家）随之形成和发展，中心国家寻求边缘国家廉价的原材料、土地以及新的消费市场，而边缘国家则依赖中心国家进行生存。

在此背景下，跨境迁移途径产生（Massey et al.，1993）。机构理论认为部分精心策划跨境迁移并且从中获取利益的机构在一定程度上也会推动迁移行为的产生与发展。该类机构主要提供一系列有目的的服务，如帮助移民者偷渡或提供虚假证明、对被剥削人员进行人道主义保护，甚至还包括在迁入国安排住宿或者其他服务等。当政府试图限制移民出入境时，机构也会推动移民潮进一步发酵。连锁因果理论认为，移民的迁入与迁出，在一定程度上会影响迁入国与迁出国的社会经济结构，也会改变后期的迁移倾向与决策。

外汇是移民研究的一种重要信息载体，也是移民产生的重要因素。针对迁出国而言，移民在外获取一定的经济效益，并将外汇寄于家中，增加原居地的家人收入，刺激无外汇家庭加快人员输出。并且迁移者本身也是一种文化传递体，亲戚朋友在其带动下也会进行有效移民。而对于迁入国来说，流动的迁移行为导致其从事的职业也具有一定的流动性，需要不停地补充流动人口方能弥补职位的空缺，因此移民行为也有其内在的延续性（Gubert，2006）。Lim（2015）通过实证检验外来移民汇款流入发展中国家的因素，发现流入发展中国家汇款源自于外来移民在他国赚取的高额收入。当本国收入不断下降时，移民劳动则更倾向于流入收入较高的地区，通过两个地区之间收入的差距来满足其生活需求。

此外，Huang（2018）主要以移民跨境旅游与侨民家园依恋为主线去研究人口迁移，发现部分移民去境外旅游，更倾向于旅游地的环境，因此可能会产生移民到旅游地的想法，而侨民虽然身居他乡，但仍旧能够感受到与家乡的联系，更渴望去家乡旅行。这种因旅游所产生的情感，也是促进人口迁移的重要因素。

（3）迁移过程的文化适应研究。

这是迁移行为发生后的核心命题，包括同化论和多元论。学术界不论从文化适应、社会适应、社会融入等角度描述外来人口进入新环境的融入状况，还是以不同维度描述外来人口的社会融入过程与社会融入度，从根本上来说均属于同化论和多元论的范畴。同化论的代表是芝加哥学派和 Wirth - Redfield 模式，乡村到城市的人口迁移被视为一个原有关系解组、移民不断个人化、最后失去原有文化特征和社会关系、最终被融入现代文化的过程。美国芝加哥学派学者 Robert Park 和 Milton Gordon 最先提出“同化”概念研究早期移民城市融入问题。Park（1928）认为移民融入主要分为相互接触、竞争、磨合与融合四个阶段，是一个良性关系循环的过程，但却忽略了诸如种族分层制度等重要社会结构因素的影响。Gordon（1964）在此基础上进行了完善，认为同化过程主要分为 7 个维度：文化融入、结构性整合、婚姻、族群认同、态度认同、行为认同及公民性同化。其中，移民融入社会需要从语言、宗教信仰、价值体系以及行为习惯等文化层面进行融入，是同化过程中最首要的步骤。而结构性整合也是同化过程中的重要阶段，只有融入当地社会的各类制度机构、融入主流群体长期活动的主要社区，才能实现真正的同化。Pathumsri（2015）通过定性研究的方式对在泰国中部沿海地区工作的缅甸移民劳工进行研究，建立缅甸移民劳工文化适应和同化模式，发现其主要分为五部分：劳动力、工作条件、工作保障、职业发展和工作环境卫生与安全。此模型可以解释缅甸移民劳工与泰国有关的文化行为。

随着美国社会种族和文化呈现多元化，经典的同化理论受到了挑战。“多元论”学派由此诞生。多元论则认为不同种族或社会集团享有保持“差别”的权利精神。它最初主张种族纯洁，保持文化同质性，从而对抗以欧裔为中心、具有种族歧视的同化论。随着国际移民领域的逐渐扩大以及多元文化论的运用，新的移民移入流入地，更倾向于保持自己原有的信仰和文化价值观，在此基础上，在新的居住地重新塑造自我价值观，形成多元化的社会秩序以及多元的价值观。一般情况下，这需要流入地对于不同的文化具有强大的包容性。例如，Khusnutdinova（2015）对移民活动较为频繁的萨马拉地区进行研究，指出当地仇外心理比较普遍，对于外来人口的容忍度较低、权力结构腐败及缺乏明确的联邦和地区移民社会融合政策使移民难以融入，不同文化和民族类别的外国工人仍旧难以融入本地文化，并且未来几年本地人口抵御移民的状态仍旧越演越烈。但随着学者的研究，无论是同化论还是多元论，两大流派均过于注重移民的文化融入，却忽略了其他重要的社会维度对于移民的影响，并且以主流文化为衡量标准的文化融入也容易引发关于民族优越感的价值观的争论，同化论以及多元论均受到批判与质疑。

此外，Jianyi（2015）研究了中国农民工文化适应问题，认为新生代农民工是农民工中的“精英”，是推进中国新型城镇化进程的中流砥柱。他采用复合新生代农民工生计特征的指标来测量其城市适应状况，指出新生代农民工的城市适应特征主要集中在生活适应、工作适应以及文化适应上，但这三个方面的适应性并不好，仍旧有较大的提升空间。

（4）中国人口迁移问题研究。

中国的“乡—城”人口迁移受到国外学者关注，尤其中国特有的城乡户籍制度对人口迁移的特殊作用是研究热点。国外诸多学者将中国户籍制度下的人口迁移按照“是否打算返回原居住地区”分出循环和永久迁移，然后又根据“是否已经（或者打算）获得迁入地的户口的永久迁移”再区分为合法性永久迁移和事实性永久迁移。

这种区分对于从概念上厘清中国户籍制度条件下人口迁移现象的特殊性奠定了基础。美国华裔张凯文和宋顺峰关注了农村劳动力的移民潮，从劳动力迁移的价值出发，分别从时间与空间两个维度研究劳动力迁移的原因，研究指出劳动力迁移是中国经济发展的结果，是中国城镇人口增加的积极要素。Gersovitz（2016）从二元经济视角，聚焦研究中国户籍制度背景下行业不对称与社会福利之间的关系，分析不同行业之间的最优劳动分配以及教育、医疗资源等社会福利出现的社会差异。此外，收入差距决定了劳动力是否选择跨省迁移，而地域因素则在一定程度上影响了劳动力迁移的远近。而近年来研究者越来越关注中国户籍制度带来的歧视、收入差距扩大以及新社会阶层等比较尖锐的问题。Chen（2017）分析了在户口差异化影响下，农民工与城市住户收入之间存在明显的差异并解释了出现该现象的原因，表示农民工因为并非城市户口，在工作选择上有限，薪资待遇也不高，导致其在城市生活并不理想，消费水平也不高，农民工的生活现状不容乐观。

农民工流动带来的子女入学等其他问题也是国外学者关注的热点。例如，YunaMa（2018）从外来务工人员子女教育出发，认为因为中国二元制户籍这种制度性差距的影响，外来务工子女并不能享受到城市户籍人口子女所享受的教育，因此，为了保障外来务工子女公平的受教育权利，应对这种制度性的政策进行改革。Tong（2018）使用中国劳动力动态调查的全国代表性数据来分析不同移民身份群体的年龄与健康之间的关系。发现46岁及以上的年龄与健康之间的关联性有所不同，但对于年龄较小的年龄组则不同。也就是说，那些在年长的成年人中迁徙过的人和城市中的非迁徙人士之间存在健康劣势，但对于成年以后的人来说却是不利的。然而，农村流动人口的年龄健康状况与农村非流动人口没有区别。You（2018）基于城市流动人口动态监测数据，对流动人口的特征进行调查，结果显示，人力资本、经济条件、家庭稳定、社会和生活安全以及社会和文化环境都影响了边境城市流动人口的居住意愿。因此，地方政府需要强调当地的社会经济发展，为流动人口提供更多的社会和生活保障，鼓励人口流入。此外，地方政府需要引导和促进流动人口融入当地社区。

1.3.3 国内相关研究

（1）农民工迁移动因研究。

农民工群体主要由农村剩余劳动力分化而来，农民工的迁移实质上是农村剩余劳动力“乡—城”流动，因此谈及农民工的流动，主要围绕农村剩余劳动力乡城转移这条主线展开。虽然农民工是我国现实背景下的特殊群体，可关于农村劳动力的流动却是许多国家在城市化进程中共同经历的。对此问题国外关于流动模式及动因方面的“推—拉理论”、“二元经济”结构理论、绝对收入差距假说、“三态论”等都具有参考意义。这些理论有的基于宏观分析，有的基于微观探索，都对我国农村劳动力或农民工流动动因的研究产生了较大影响。1980 年后我国学者运用这些理论对我国农村剩余劳动力的转移进行了大量理论与实证研究，并形成了关于农民工迁移动因方面的三种观点。

第一种观点是，基于宏观的“经济动因论”，该理论认为经济的客观驱动因素是农民工迁移的第一动因。经济因素狭义的理解即收入差距，广义的理解可称为经济势差，包括产业势差与地域势差。经典的“推—拉”学说是该观点的理论基础，“经济动因论”认为：农民工进城是农村推力与城市拉力的合力作用，这种合力即城乡间现存的预期收入差距。诸多学者持有相同的观点，如李强、宋林飞和蔡昉等学者。李强在四年的时间内对进城农民工进行四次调研，发现“农村收入水平低”“农村太穷”是主要的推力因素，而“城市收入高”则成为农民工外出的第一要素，用实证研究的方式验证了农村较低的收入水平是促使其流动的一个重要推力因素。对于动因论，蔡昉（2005）等学者还从定量分析的角度对农村劳动力的流动与其收入水平的相关性进行了分析，并同样得出了相对收入越低、农村劳动力迁移频率越高的结论。基于经济动因论在农民工或农村剩余劳动力流动中的这种强作用，学术界就有了经济因素是我国农村剩余劳动力“乡—城”流动的主要动因，我国农民工或农村剩余劳动力的流动，不仅仅是对劳动力剩余状态的反应，同时也是对经济贫困状态的反应的观点。

第二种观点即微观论，也被称为农民工迁移的“非经济”动因论。该观点认为虽然经济因素是驱动农民工进城的一个主要因素，但并非唯一的因素。非经济动因的微观论在关注经济因素影响我国农村劳动力转移的必然性时，也注意到了城乡之间预期收入差距之外的其他综合因素。究其原因是我国城市化的路径与西方国家相比存在一定的差距，如城镇化滞后经济发展、农村剩余劳动力的规模较大、二元的户籍制度等特征。因此，西方一些关于农村剩余劳动力转移的理论学说如托达罗模型等虽有一定解释力，但并不能完全解释我国农民工流动动因及流动过程中出现的一些独有特征。为此李强指出：中国的推拉模型与国际上相比有巨大差异，其中最突出的差别是由于户籍的影响，推和拉都变形了。另一个重要的因素即“生活动机”，所谓生活动机，就是以改变生活状况和追求城市生活或现代生活方式为目的，包括“见世面”“发展机会”等。因为通过研究两代农民工的外出动机，学者们发现新生代农民工的外出动机与第一代单纯以赚钱为目的的纯“经济型动机”不同，逐渐从经济型转为“经济型”兼“生活型”或“生活型”。由此，学者们提出在关注农民工流动的经济收入驱动力因素时，不能忽视这些微观的非经济因素。

第三种观点是基于社会学家吉登斯结构理论的“理性动因结构论”。有别于单纯的“经济性动因”论与“非经济性动因”论，该理论主要从社会学的视角来寻找农村劳动力流动的动因，认为农民工之所以流动，得益于社会系统与个人主体理性目的行动的双重作用。其理论基础是吉登斯结构论的核心“双重性”。因此这一动因论构建在两个理论假设基础之上。第一主体有目的的行动建构了社会结构，第二社会结构是社会行动发挥建构作用的条件和中介。根据这一理论，外出农民工的流动既不是城乡收入差距反映出的推拉力作用，也不是单纯微观主体的一种向上行为选择，而是基于来自社会结构的“生存压力”和流动主体的“理性选择”，是主体与结构的“二重化”过程。

（2）农民工城市消费、生活、权益保障相关研究。

关于农民工消费问题的研究，学界已取得了一些成果，主要集中在农民工消费行为、消费结构以及消费观念三个方面。在消费行为方面，早期的研究指出农民工的消费行为趋于朴素型的特点，而享受型和发展型消费则明显不足；近年的研究表明农民工的消费行为呈现理智型和经济型的特征（欧阳力胜，2006），同时农民工的消费行为也从保守逐渐转向开放（严翅君，2007）。此外，也有研究表明农民工的消费行为具有双重属性，一方面农民工会模仿城镇居民的消费行为，另一方面在消费的同时也会考虑农村家庭的经济压力（柳建平，2014）。农民工的消费结构呈现逐渐多元化的趋势，褚荣伟和张晓东（2011）通过调查研究发现食物和房租是农民工的主要消费支出份额中占比较大的支出项目。沈蕾和田敬杰（2012）以上海市为调研对象进行调研发现，生活必需的生存资料（如日用品、医疗、交通和子女等）的消费支出占据了农民工的消费总支出的一半以上。随着新生代农民工消费内容的多样化，他们的消费结构也逐渐向高层次发展。廉恩和陶元浩（2013）的研究发现农民工教育消费支出比重逐渐上升，此外农民工也逐渐开始重视精神文化层面的消费。在消费观念方面，王曼（2005）认为，北京市农民工的消费观念以“求廉的理性消费”占主导，同时受传统文化观念影响较深。而欧阳力胜（2006）的研究指出了农民工消费观念上存在的一些问题，如文化消费的观念并未得到农民工群体的重视，绝大部分农民工的消费观念还停留在低层次的消费上，也有一部分农民工不顾自身的经济条件，盲目模仿城镇居民的消费习惯。

越来越多的学者开始关注农民工在城市生活的满意度，李国珍和雷洪（2011）利用社会调查的研究方法，从互动理论视角展开研究发现，尽管农民工与城镇居民是一种互生共荣的关系，但其在城市的生活满意度并不高。李丹和李玉凤（2012）不仅关注进城农民工的生活满意度，还以此为视角对农民工的市民化意愿进行研究，结果显示就业环境公平化、社会福利均等化有助于促进农民工市民化进程。

除了农民工在城市消费和生活外，学者也开始广泛关注农民工的权益保障，主要从理论和实证两个层面展开研究。一是对农民工的权益保障进行理论分析，主要是对农民工权益受损的表现形式、受损原因以及应对策略进行分析。例如，李新伟（2006）认为农民工在城市工作生活时其工作权和受教育权时常受到损害；江丽华等（2005）认为，法的合法性主张与事实有效性之间存在的张力，地方政府及其公职人员在其目标、利益与责任上存在矛盾和冲突，使农民工权益难以得到保障。关于农民工权益保障的实证研究主要集中于对农民工权益保障现状的影响因素进行分析。刘林平和郭志坚（2004）利用对珠三角地区农民工进行问卷调查，从企业规模和性质、农民工的个人特征和政府作用三个层面分析农民工权益保障状况的影响因素。刘敏（2007）通过调查发现农民工完全被排斥在城镇社会保障体系之外，他们缺乏应有的养老、失业、劳动、医疗方面的社会保障待遇；由于经济地位和社会地位相当低下，工作及日常生活中农民工常遭遇到群体性的偏见、歧视，权益得不到保障。此外，也有学者关注农村的土地权益对农民工城乡迁移决策的影响作用。陈会广等（2012）将土地权益及其社会保险效应纳入经典的 Todaro 模型进行中国化改进，利用南京市调查数据进行分析后认为，土地权益尤其是土地保障机制的发挥影响着农民工的城乡决策。郭晓鸣和张克俊（2013）认为目前农民的土地承包经营权、宅基地使用权、集体收益分配权具有财产权属性，并提出要加强户籍、就业、医疗、住房、教育和社会保障等方面的配套改革，为农民进城创造良好环境。

（3）农民工市民化机制与障碍研究。

大量研究表明，目前我国绝大多数进城农民工仍然处于“半城市化"，或者"不完全城市化"的状态中，总体农民工市民化的程度不高。因此，诸多学者不仅关注农民工市民化机制的形成机理，农民工市民化过程中的障碍研究也是其较为关注的一个方面。当前我国市民化的进程仍然艰难重重，从国内外已有研究看，影响农民工市民化的制约因素大致可以分为主体性障碍、制度性障碍、社会性障碍和经济性障碍。主体性障碍主要是来自农民工自身的主观性因素，主要分为素质障碍、文化障碍和认知障碍三大方面：一是素质障碍，主要是文化素质不高、职业技能缺乏导致市场竞争处于劣势地位，故只能从事高强度、低报酬的工作（张世友，2004；高华，2007；中国皮书网，2015）；二是文化障碍，是由于进城农民工受到城市居民的歧视性对待，因而形成一种自我封闭的心理，自觉选择与城市文化、价值观念、行为规范等方面的隔离（甘满堂，2005）；三是认知障碍，由于进城农民工依旧保有传统的"小农"思想，其观念陈旧落后，从而导致与现代城市社会的思想观念、社会规范等方面产生脱节（裘涵等，2004；杨东，2003）。

其次，农民工市民化的进程还面临着诸多制度性的障碍。在中国农民工市民化进城的制度化障碍主要表现在三个方面：一是城乡分割的户籍制度以及附着其后的教育、医疗、社会保障等差别化制度，使转移农民很难享有与城市市民平等的权利与福利，在事实上被排斥在城市社会福利保障体系之外，从而不得不继续依赖农村土地作为保障，难以割断与农村土地的纽带关系（卢海元，2004；陆林，2007）；二是城乡割裂的二元劳动力市场，使"首属劳动力市场和次属劳动力市场之间有一条难以逾越的制度性鸿沟"（李斌，2004），迫使大多数农业转移人口不得不通过次属劳动力市场，进入那些劳动强度大、收入报酬低、工作稳定性差的非正规性和边缘性就业岗位，从而很难实现与城市主流社会的融合（闫文秀，2005；国务院研究室课题组，2006）；三是僵化的农村土地承包制度和宅基地制度，前者缺乏流动性和经营权转让市场，后者缺乏合理的退出机制，使农民始终无法彻底脱离乡村土地到城镇生活，从而很难实现完全的市民化

(卢海元，2002；杨浩，2009)。

再次，农民工市民化还面临着一些社会性障碍，这些障碍主要有三个来源：一是来自城市政府，由于长期户籍制度思想的根深蒂固，我国城市流动人口管理政策，普遍存在着重管理而轻服务、重义务而轻权益、重城市而轻农村的取向，城市管理更多的是在现有框架下寻找减少人口流动负面效应的途径，这种管理上的错位，客观上加剧了转移农民边缘化的倾向（单菁菁，2012）；二是来自城市居民，长期城乡“二元”制度不断加剧城乡之间的发展差距，城市居民一直享有远高于农村居民的生活水平和福利待遇，并因而形成一种高高在上的优越感，这种优越感使城市居民对进城农民工产生一定的疏远感继而形成排斥心理，成为阻碍转移农民融入城市社会的又一重要原因(钱正武，2006)；三是来自农民工本身匮乏的社会资本，农民工转移到城市居住生活，放弃了原有在农村已建立的社会网络，同时由于各方面的差距，故农民工在城市很难与城市居民建立较为密切的关系，而仅仅在小范围内与身份背景相似的进城农民工建立一定的社会网络关系。这种同质性强、异质性差的社会资本很难为农业转移人口实现市民化提供相应的资本支撑（都阳等，2001)。

最后，农民工还面临着一些经济障碍。经济障碍主要是指农民工在市民化过程中面临的高额的经济成本，Linn 早在 1982 年就指出发展中国家不断加快的城市化进程正在使其面临如何支付城市化成本的难题。近年来，随着我国对农民工市民化研究的不断深入，一些学者也开始关注到农民工市民化的成本问题，指出目前农民工市民化进展缓慢，表面上是户籍制度、就业制度、社会保障制度、城乡土地制度等二元体制改革的滞后，但根本原因还是改革这些制度需要付出高额的社会成本等棘手难题（张国胜，2008；刘传江等，2008)。

（4）农民工城市融入相关研究。

目前学界关于农民工城市融入的研究主要包括城市融入维度研究、城市融入现状研究和城市融入影响因素研究三个方面。

城市融入维度方面，田凯（1995）认为城市融入包括经济融入、社会融入和心理文化融入三个维度。该观点得到诸多学者的认可。同时，有学者在此基础上发展了自己的观点，认为城市融入维度划分为社会经济融入、行为融入和心理融入，强调了行为融入对于农民工城市融入的测量的重要性（孔祥利等，2016；张蕾等，2013）。杨菊华（2010）则认为城市融入维度应包括显性和隐性两个方面，经济整合和行为适应属于显性指标，文化接纳和身份认同属于隐性指标。前者是其在城市谋生、立足的客观基础，后者则是测量农民工城市融入深度和广度主观维度。也有学者认为城市融入涉及农民工城市生活的各个方面，包括家庭经济、生活方式、社会认可、与当地市民的关系和生产劳动五个维度（风笑天，2004）。近年来，农民工身份认同受到诸多学者关注。如卢海阳（2016）利用2013年全国东部、中部、西部21个省份的进城农民工问卷调查数据，将农民工的城市融入划分为经济、社会、文化、心理和身份5个维度。

城市融入现状方面，学者们普遍认为国内农民工城市融入程度较低。纪韶（2012）运用因子分析法分析农民工城市融入状况，发现目前农民工的整体城市融入水平较低。王桂新等（2008）从经济融合、政治融合、公共权益融合、社会关系融合四个维度对上海市农民工进行实证分析，发现尽管上海外来农民工的社会融入状况较之前有所改善，但总体融入度仍然不高。此外，有学者从代际角度分析农民工城市融入现状。何军（2012）在江苏省选取747位农民工进行城市融入测量，发现江苏省农民工城市融入程度仅达到“半”市民化水平，且新生代的城市融入程度要远高于老一代农民工。彭安明等（2014）对上海、广州、深圳等城市的724位新生代农民工和老一代农民工的城市融入程度进行测量，结果显示新生代农民工不仅整体城市融入水平高于老一代农民工，且在职业融入、社会融入和政治融入三个方面的融入程度也具有一定优势。

城市融入影响因素方面，学者们多从农民工的自身因素、制度因素和其他社会因素展开研究。例如，程川（2017）基于2011年CGSS调查数据从人力资本角度分析农民工城市融入的影响因素，认为受教育程度、专业技能和工作年限对城市融入具有显著作用。江立华（2004）发现农民工自身文化素质、思想价值观念也影响其城市融入程度。何军（2017）从代际角度分析了农民工城市融入的影响因素，认为收入水平、社会资本和受教育水平是影响两代农民工城市融入的关键，且受教育水平对老一代农民工城市融入程度影响更大，社会资本则对新生代农民工城市融入影响更大。同时，我国城乡分立的二元户籍制度是阻碍农民工城市融入的最大障碍（李强，2001）。户籍制度将农民工屏蔽在城市社会资源之外，导致其无法与城市市民享受同样的城市社会待遇。除户籍制度制约外，城市市民和其他社会群体对农民工的社会歧视也是造成其城市融入度低的重要原因。有学者表示存在相当一部分城市市民对农民工持有歧视态度，认为农民工群体素质低下、观念落后，严重影响城市的社会秩序，并在一定程度上占有原属于城市市民的社会资源。这使城市市民不愿与农民工交往，影响其城市融入度（吴振华，2005）。

（5）农民工城镇落户意愿研究。

我国学者对农民工城镇定居问题的研究始于2003年，侯红娅等（2004）完成的全国性调查显示，有近一半的农民工愿意放弃农村的土地和农业性的劳动，进入城市从事非农工作并在城市定居。此后，陆续有学者进行相关的实证研究并发现，农民工往城市迁移的意愿随着时间的推移基本处于波动上升的趋势。根据李兴华（2007）的调研数据显示，约有62%的农民工愿意留在城市发展并定居。而一年后，则有学者调查得出，明确在城市定居的农民工占42%，超过1/3的农民工则处于摇摆不定的阶段，这一现象也折射出定居城市对于农民工的部分吸引力减弱（黄乾，2008）。总的来说，农民工迁移意愿的走向虽有波动，但整体呈现上升趋势。因此，为探究农民工城镇落户问题，须弄清农民工迁移问题、定居问题，挖掘影响其意愿的影响因素。通过对相关文献的梳理，发现影响农民工落户意愿影响因素的研究主要围绕农民工的个体特征、家庭状况、经济基础和社会心理等4个视角展开。

个体特征方面，诸多学者从性别、年龄、受教育程度等方面对落户意愿的影响展开了理论和实证研究。现有多数研究均肯定了性别因素对于农民工城镇落户意愿产生的影响。段志刚和熊萍（2010）对此现象的解释是，男性较女性而言，承担了更多的社会责任，在工作中也承受了更大的工作压力，焦虑感较强，因而男性更不愿意留在当前工作城市，而倾向于返乡。由于年龄差异，年轻与年长的农民工成长环境、教育背景有所不同，在城镇落户意愿上也表现出明显的代际差异。大部分学者通过调查发现，年纪较轻者在城市生活中面临的压力相对较小，表现出较强的留城意愿，更愿意迁进城市，而年纪较长者在城市的就业限制较多且缺乏社会保障，其留城意愿随着年龄的增大而逐渐减弱（聂伟等，2016）。受教育程度对农民工落户意愿的影响研究方面，学者们同样未能取得一致结论。大部分学者认为两者之间存在正向线性关系（王玉君，2013），部分学者认为其两者的关系并非线性关系（秦伟等，2003）。

家庭状况方面，主要集中在配偶、子女以及父母三个方面。研究显示，配偶随同在同一工作地的农民工更倾向于留城，家庭式的生活会增强其落户意愿，举家进城的农民工落户意愿就会比较强（段志刚等，2010）。除配偶外，子女情况已逐渐成为影响农民工城镇落户的重要因素，子女教育问题尤为突出。期盼子女留在城市发展的农民工越倾向落户城市（蔡禾等，2007），同时，农民工的居留意愿也会因为其适龄子女就学状况不同而存在明显差异（周元鹏，2011）。此外，现有研究表明，父母的身体状况及生活保障情况是影响农民工城镇落户意愿的重要因素。李强（2014）指出，农民工将需要赡养的老人接到城市居住，会给自身造成较高的生活成本以及可能的医疗成本，在此情境下，为了履行自身的义务，多数农民工会考虑不永久迁移到城市。

经济基础方面，收入水平、城市住房状况显著影响农民工城镇落户意愿。同时，研究发现农民工通常会权衡农村土地价值的增值以及城市的落户成本进而做出落户决策，因此，老家的土地资源禀赋也是重要因素。稳定的工作收入是农民工进城落户的保障，收入越高，农民工城镇落户的可能性则越高（马瑞等，2011）。有学者表示，对于全家进城农民工而言，收入越低，越倾向于在城镇落户，而对于较高收入者而言，户口所带来的便利则对其没有吸引力（刘燕等，2015）。还有部分学者认为当农民工在城市所得收入足够高时，即便无法获得城市居民相同社会保障，仍旧能够负担起城市居民相同的生活方式时，他们考虑的则是不返回农村，而是居住在城市。农民工城市住房状况是考察农民工城镇落户意愿的重要影响因素之一。魏万青（2015）则更是将农民工住房状况进行细化，分为寄住在公司的宿舍居住与自我租房或买房的社会居住，研究表明，农民工住房状况显著影响其入户意愿，并且，较之于宿舍居住而言，社会居住的农民工能够与家人共同居住，其入户意愿则显得更为强烈。农民工土地财产权主要表现为宅基地使用权、土地承包经营权以及集体收益分配权三种权益，而针对农民工土地财产权的处置与保障问题已成为制约农民工城镇落户的核心因素（郭晓鸣等，2013）。大多数农民工认为，宅基地具有储存家庭财物、支持副业以及保障养老等功效，即便有补偿机制，也不愿放弃拥有的宅基地（廖柳文等，2011）。一项针对西安市全家进城农民工城镇落户需求研究显示，全家进城农民工在考虑落户问题时，是否放弃土地对其落户意愿并没有太大的影响（刘燕等，2015），可见，当家庭因素融入其中，土地对于农民工城镇落户决策的影响力则会下降。

此外，农民工城镇落户决策已逐渐趋向理性，但除了经济理性外，还受其他社会心理因素的作用。社会网络、城市工作生活满意度以及对城市的归属感等都是影响农民工是否选择在城镇落户的重要因素。

1.3.4 研究评述

城镇化即人口不断向城市集聚的过程，因此，人口迁移流动是伴随城镇化进程的必然趋势。国内外学者对城镇化进程中人口迁移的理论和现实问题展开了较为全面的研究，得到多种经典的人口迁移理论，并对城市化、二次城市化（逆城市化）中人口迁移新动向和文化适应，以及中国农民工问题展开了理论和实证研究，得到一系列研究成果，为本书研究提供了丰富的理论基础。然而，针对中国特有的户籍制度背景下农民工落户问题的研究仍然存在以下不足。

第一，在研究内容上，偏重对农民工落户意愿及其影响因素的探讨，缺乏对落户行为以及“意愿—行为”转化机制的分析。意愿只是一种心理倾向，农民工有了城镇落户意愿未必产生实际落户行为，因为这个过程中还受到个人因素和外部环境因素的影响。落户行为以及“意愿—行为”的转化是研究关键。

第二，在研究方法上，偏重于实证检验，缺乏对农民工落户意愿与行为关系的严密逻辑演绎和案例分析。由于没有架构起落户“意愿—行为”分析框架和统一的测量方法，在实证研究中运用多种数据来源，致使对落户意愿影响因素假说的实证检验出现结果不一致情况，削弱了研究的说服力。尤其不同类型城市间经济发展、落户门槛相差较大，需要分类研究。

第三，在研究对象上，偏重于对未落户农民工的意愿调查，忽略了对已经在城镇落户农民工行为特征的研究。事实上，只有深入挖掘已经在城镇落户农民工的落户行为特征，才能完整分析其当初由落户意愿到实际落户行为之间的转化机制，而且农民工城镇落户行为的区域特征、落户后的生活状况以及落户行为对区域城镇化的作用等都是对相关政策制定具有参考价值的信息和资料。

鉴于此，本书试图综合运用质性和实证的研究方法，基于扎根理论构建理论模型，通过心理测量技术设计调查问卷，在对已落户与未落户两类农民工群体展开访谈和问卷调查基础上收集一手数据，并结合二手数据的分析，对农民工城镇落户意愿、行为及其转化机制展开系统全面的理论和实证研究，找到引导农民工城镇落户的关键要素，通过政策引导和制度设计，推动农民工城镇落户。

1.4 研究内容与思路

本书以社会管理理论、人口迁移理论、行为科学理论为基础，以户籍制度改革和新型城镇化为背景，以农民工为研究对象，以城镇落户意愿和行为及其转化为主线，以提出针对性的政策建议为目标，主要研究如下内容：

（1）理论研究。针对研究相关的理论和方法，如人口迁移的经典理论、行为科学理论、社会管理理论进行系统梳理，找到研究的理论背景和理论支撑。

（2）历史经验与政策变革。对国外城镇化的进程与历史经验进行总结，同时对农民工落户政策的历史沿革进行梳理，了解政策演变的过程以及导向趋势。

（3）农民工城镇落户“意愿—行为”理论框架构建。通过文献研究和前期调研，在对不同类型城市农民工落户意愿的产生、落户行为的实现过程进行访谈、追踪调查基础上，运用扎根理论的三级编码对访谈资料进行分析处理，构建农民工城镇落户行为研究框架，并通过逻辑演绎方法进行验证和阐释。

（4）农民工城镇落户现状考察。通过走访调研收集和跟踪案例信息，利用国家卫计委流动人口监测数据、国家统计局农民工监测报告等二手数据收集，分别采用案例研究和统计分析方法对农民工城镇落户现状进行了分析。

（5）农民工城镇落户意愿研究。考虑到现有研究对农民工城镇落户意愿问题有较深入和全面探讨，本书未做重复研究，仅针对目前研究关注较少的“90后”农民工落户意愿进行了统计分析和实证研究。

（6）农民工城镇落户行为的实证研究。借鉴心理测量技术对落户态度、意愿、行为等进行测量；在“意愿—行为”研究理论框架下，通过问卷调查和结构方程技术对模型进行实证验证。具体包含 3 个方面内容：第一，基于计划行为理论的农民工落户行为实证研究；第二，不同类型城市农民工落户行为的比较研究；第三，家庭视角下农民工城镇落户行为研究。

（7）农民工城镇落户“意愿—行为”转化机制研究。在构建的理论分析框架基础上，通过实证调查数据进行验证性分析，挖掘落户意愿到落户行为转化过程中的突变因子，找到外部情境要素对意愿的阻碍或强化作用。

（8）已落户与未落户农民工社会融入的比较研究。利用中国综合社会调查（CGSS）2013 年度“迁移”模块数据，识别已落户与未落户农民工，通过主成分分析法提取公因子并构建农民工城市社会融入指标体系，并进行比较分析，探讨两类农民工群体的社会融入程度。

（9）促进农民工城镇落户引导策略研究。根据研究结论，从国家政策层面、城市发展层面和农民工自身能力层面分别提出了相关政策建议，以促进农民工更好落户和融入城市。

1.5 研究方法与技术路线

1.5.1 研究方法

（1）文献研究法。文献研究法是指通过对相关文献进行搜集、鉴别与整理，并对文献进行科学研究，从而形成科学认识的方法。本书通过广泛搜集、阅读国内外现有文献，深入研究计划行为理论、社会管理理论、人口迁移理论等理论知识，梳理国内外人口迁移、城镇化、农民工等理论研究和实证研究成果，融合人口学、社会学、行为科学相关理论，构建农民工城镇落户行为研究框架，掌握农民工城镇落户领域研究的现状。

（2）深度访谈法。访谈法作为定性研究中资料收集主要方法之一，是本书深入挖掘在城市工作农民工的心理和行为特征，同时为本书收集最基层信息的良好方法。课题组选取江苏省不同类型城市为样本对象，于2016年4～5月走访了特大城市南京、Ⅰ型大城市苏州、Ⅱ型大城市徐州和昆山、中等城市镇江、小城市句容和睢宁，对76名农民工的城镇落户情况进行了深度访谈。通过访谈提纲挖掘、追溯其针对城镇落户的态度、心理和行为。

（3）扎根理论法。扎根理论分析法是一种定性研究方式，其主要宗旨是从经验资料中提炼、归纳、总结并建构理论模型。研究者在研究开始之前一般没有理论假设，直接从实际观察入手，从原始资料中归纳出经验概括并上升为系统的理论，是一种自下而上的理论构建方式。由于鲜有关于农民工城镇落户行为研究成果，故本书针对已经在城镇落户的农民工开展深度访谈，运用扎根理论方法和Nvivo 10软件工具对访谈资料进行编码和分析，构建农民工城镇落户行为模型。

（4）问卷调查法。在部分成熟量表基础上，本书运用心理测量技术进行量表开发，多角度挖掘农民工落户的心理和行为信息，形成问卷。选取北京、上海、广东、浙江、江苏、山东、湖北、河北、福建、广西、湖南等11个地区为样本地区，这些地区是农民工流入或者流出较多的地区，同时结合不同类型城市进行取样。运用问卷调查、专家咨询等方法获得农民工城镇落户现状、特征等一手资料。

（5）实证研究法。在数据收集基础上，运用AMOS、SPSS等统计分析工具实现对数据的分析，开展实证研究。具体采用SPSS统计软件对问卷调查数据进行描述性统计、因子分析、相关分析等统计分析处理，运用结构方程模型（AMOS17.0）对变量间的影响关系和作用路径进行分析，验证理论模型与研究假设。

1.5.2 技术路线

本书研究的技术路线如图1－1所示。

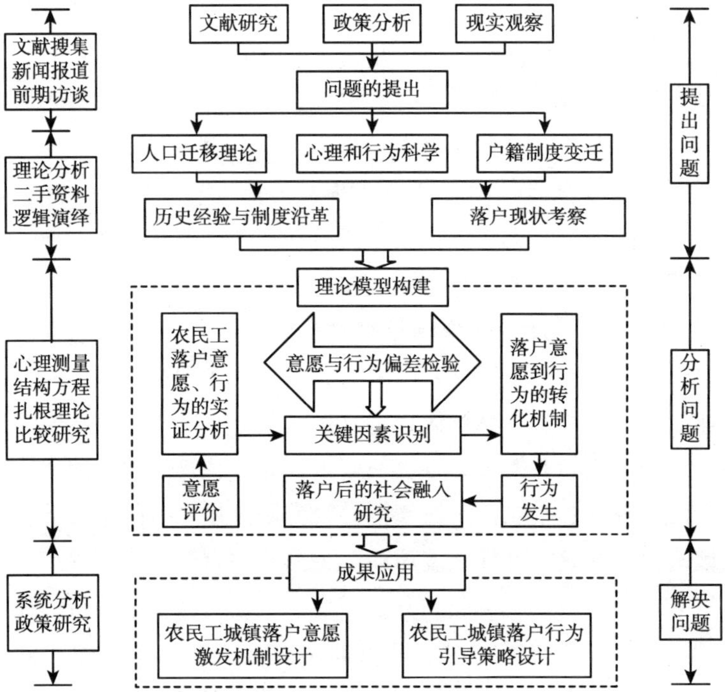

图 1－1　研究技术路线

1.6　研究的创新之处

（1）研究视角独特。与现有研究关注农民工城镇落户意愿不同，本书的落脚点为落户行为，重点在于挖掘由意愿到行为的转化机制。现有研究多止于农民工落户意愿的影响因素分析，未关注到农民工落户意愿到行为的转化，尤其未能明晰转化进程受阻的现实难题下具体阻力和原因何在。本书分别针对尚未落户和已经落户两类农民工群体展开调查，分别探讨其落户意愿和实际落户行为，并实现对“意愿—行为”转化机制的完整分析，具有一定的创新性。

（2）理论模型新颖。与现有研究基于统计数据探索因果关系不同，本书基于大量访谈的现实情况，运用扎根理论等规范的方法探索事物间因果关系，构建理论模型。现有研究偏重于统计数据，缺乏对农民工落户意愿与行为关系的严密逻辑演绎和理论分析相比，本书将社会学中扎根理论方法和 Nvivo 质性分析和编码软件应用于建构理论，基于大量的深度访谈和走访调研，架构起落户“意愿—行为”分析理论框架，弥补了现有研究理论基础方面的不足。

（3）研究方法新颖。与现有研究普遍采用多元线性回归的统计分析方法相比，本书运用更具优势的结构方程模型及其分析软件 AMOS 17.0 进行变量间因果关系的分析和验证。线性回归对数据要求极高，而且不擅长对抽象的构念进行估计与检定。结构方程模型允许回归方程的自变量含有测量误差，可以同时处理多个因变量，可以在同一模型中同时处理因素的测量和因素之间的结构，允许更具弹性的模型设定，擅长对潜在构念进行分析，在实证研究上更具优势。

（4）研究手段创新。与现有研究普遍采用的二手数据库难以有针对性满足个性化研究需要相比，本书专门针对研究需要设计调查问卷，并将心理测量技术引入人口学研究中，较好实现了对农民工落户过程中诸多难以直接观测的“潜变量”的测量，避免了用单一统计指标代表某研究变量导致的误差，较好地提高了数据收集的质量。

第2章　研究理论基础

2.1 人口迁移经典理论

自从有人类以来，人口迁移就已经存在。原始时期的迁移活动是与人们的生存紧密相连的，是为了获取维持生命所需的水源和食物而移动，严格意义上说是一种求生本能的迁移活动。到了近代，随着社会的发展，为了寻找更好的就业和生活环境，“乡—城”之间的人口迁移逐渐登上历史舞台，人口不断向商业活动频繁、生产活动集中、生活更加便利、交通出行便捷的城市集聚，城市化成为人类经济社会发展的必然趋势，城市化最明显的特征是人口的城乡流动，城镇人口占总人口的比例逐渐提高。国内外学者关于人口迁移的研究成果丰硕，其中人口迁移理论的研究也逐渐形成了一整套理论体系。促使人口迁移的最主要因素是经济因素。因此经济学理论在解释人口迁移方面具有很大的优势，主要包括新古典经济学和新迁移经济学。这两个理论与双重劳动力理论以及国际体系理论是解释移民的4大重要理论，除此之外，还有诸多学者也关注到人力资本和社会资本对迁移行为的解释。

2.1.1 新古典经济理论

新古典经济学理论主要强调从微观个体出发，从经济学的角度来分析个体进行迁移决策的动机，强调迁移的过程同时也是个体理性选择的过程。迁移行为的决策是建立在迁移个体计算迁移成本和迁移收益的基础上，将迁移成本与迁移收益进行对比的过程。新古典经济理论认为，只有当迁移收益远高于迁移成本的情况下，人口才会进行迁移。新古典经济学理论中的经典理论包括博济（Bogue，1959）和李（Lee，1966）等的推—拉理论、刘易斯（Lewis，1954）的二元结构理论、拉尼斯—费景汉模式（Rains and Fei，1961）、托达罗（Todaro，1969）的预期收入人口迁移理论等。新古典经济学理论尝试从经济视角解释人口迁移的发生机理和动因，不仅在一定程度上完善了人口迁移理论，而且对于人口迁移过程中经济因素的作用具有较强的解释力（见表 2 - 1）。

表 2 - 1　　人口迁移的新古典主义核心观点

学者及年份	主要观点
Ravenstein（1885，1889）	受歧视、受压迫、沉重的负担、气候不佳、生活条件不合适都是促使人口流动的原因，其中经济因素是最主要的
Lewis（1954）	农村人口转移模型，也叫两部门理论（Two Sectors Theory）。发展中国家或地区的经济特征是二元结构，即同时存在着传统落户的农业部门与现代发达的城市工业部门，其中后者是经济增长的主导部门。两部门的劳动生产率与劳动边际收益率存在差异，引起农业剩余劳动的产业间流动，工业成为吸纳农业剩余劳动力的部门
Bogue（1959）	人口迁移的推—拉模型（push and pull theory），较为全面地概括了影响人口迁移的 12 个方面的推力因素和 6 个方面的拉力因素
Schultz（1957）	把“个人和家庭流动以适应不断变化的就业机会”作为人力资本投资的一种形式，迁移者在做出迁移决策时必然会考虑迁移的成本和收益问题
Lee（1966）	引起和影响人口迁移的因素：①迁出地因素；②迁入地因素；③中间障碍因素；④迁移的介入因素
Rains 和 Fei（1961）	接受二元结构观点，但指出 Lewis 忽视了农业在工业增长过程中的促进作用，认为农业生产率提高进而出现剩余产品是劳动力流动的先决条件，并根据此提出城乡劳动力转移的三阶段理论
Sjaastad（1962），Todaro（1969）	人口迁移的预期收入理论，就迁移个体而言，存在一个经过迁移的成本—收益计算后并做出迁移决策的过程，人口流动取决于城乡实际收入差距和城镇就业概率，这两个变量决定了迁移者在城镇中的预期收益
McGee（1971）	劳动力供需的空间差异是人口区际流动的根本原因。相对于资本，具有劳动力禀赋的地区工资水平较低，具有资本禀赋的地区工资水平较高，这种资源禀赋的空间差异直接导致劳动力从低收入地区流向高收入地区

2.1.2 新家庭迁移理论

20 世纪 70 年代以后，国外人口迁移模式开始从个体迁移向家庭为单位的集体迁移转变，因此人口迁移理论的研究重心也开始从个人特征转向家庭特征的研究。不同于以往学者大多关注人口迁移理论的研究，利用定量方法解释迁移行为的研究趋势开始盛行。此外，在诸多围绕国际流动人口迁移动因的研究中，学者在解释迁移行为时更加关注家庭单位在进行迁移决策时会考虑的因素。该理论主要以学者 Stark 的研究为代表（Stark and Bloom, 1985; Stark and Lucas, 1988)，他认为迁移对于家庭意味着放弃现有家庭所能触碰到的资源，转而寻找预期收入更大化的区域进行迁移。家庭迁移理论的 3 个重要假设是“风险转移”假设、“制度约束”假设和“相对贫困”假设。

三种假设的具体含义是，“风险转移”假设指假定在当地市场条件下，家庭的收入是稳定不变的，家庭为了能够弥补迁移行为带来的成本并保有稳定的工作，他们往往会综合考虑这些因素并以家庭为单位进行迁移，以规避因当地收入单一所带来的收益风险；“制度约束”假设是指在当地政府没有提供相应的例如失业保险和信贷支持等保险制度的背景下，而唯一勉强可以提供保障的也只是家庭农作物的耕种，倘若丧失了农作物的保险，为了突破这些发展的限制因素，家庭成员部分选择外出挣钱，以获得必要的资金和技术。“相对贫困”假设不同于之前的两种假设，是在解释人口迁移行为时引入“预期收入”的概念，预期收入包括绝对预期收入和相对预期收入两层概念。相对收入水平是指尽管自家收入得到了提高，但是如果考虑到参照当地人群的收入而言，就处于相对贫穷，因此这会促使他进行转移。

2.1.3 双重劳动力市场理论

古典经济学理论尝试从经济层面解释国际人口的迁移行为，而新家庭迁移理论着眼于探索家庭层面阐释迁移行为的条件和因素。古典经济学理论和新家庭迁移理论都是将微观层面的要素作为研究视角，来探讨国际人口迁移产生的驱动因素及其影响机理。实际上，人口迁移产生背后的解释动因不仅仅局限于微观层面的因素，整个劳动力市场也存在构成人口迁移行为动机的宏观要素，双重劳动力市场理论恰恰填补了这一研究空白。迈克尔·皮奥雷（Piore，1970）是较早提出从劳动力市场的特点来解释人口迁移现象的学者。他认为目前劳动力市场在自然的状态下被分割成两种形态，第一种形态下的劳动力市场工作机会多、工作稳定、工作晋升快且收入较高；第二种形态下的劳动力市场工作机会有限、工作流动性大、工作发展空间不足且收入较低。分别在这两种劳动力市场里工作的劳动力在人力资本方面并不存在显著的差异，劳动力市场的自我选择成了能够解释此现象的重要论点。

2.1.4 国际体系理论

随着时代的不断发展，国际经济已经成为一个高度统一且不可分割的共同体。现阶段，跨国移民的迁移已经取代了区域之间的迁移，成为当今世界人口迁移的主要形式。该理论的主要观点包括：随着国际进出口贸易的大力发展，经济全球化的浪潮席卷了整个世界，各国之间的资源，包括信息等无形资源和商品等有形资源，正在无时无刻地流通在世界的各个角落。此外，国家间的发展差异也是导致国际移民产生的重要原因，一方面，一些霸权主义发达国家将军事基地搬迁至尤为隐蔽的偏远落后国家；另一方面，一些跨国集团看重了发展相对落后地区廉价的劳动力，并将加工工厂搬迁至此，大量的剩余劳动力开始向这些工厂聚集地进行迁移。此外，国际局势的动荡不安也是移民浪潮触发的一大原因，部分地区饱受战火的纷扰，大规模国际难民被迫地向局势稳定的地区进行迁移。

2.1.5 人力资本和社会资本的解释

除了前述四种关于人口迁移理论的经典理论，还有许多学者从人力资本和社会资本的角度对人口迁移进行了解释。家庭迁移理论的出现使学界的一大部分学者开始关注微观迁移个体的研究，而基于个体差异的研究一般被统一归纳为人力资本的研究。如有关学者发现，与年纪较长者相比，年轻人的迁移意愿往往更为强烈；与女性相比，男性更愿意为了自身发展前景进行人口迁移；受教育程度较高者由于预期其自身可在迁入地获得更高的职业故更愿意进行迁移；一般而言，与已婚的群体相比，未婚者由于没有老家的父母妻儿的牵挂，他们向经济较为发达地区进行迁移的概率更高。在迁移行为决策的过程中，个体层面的人力资本要素对其决策的制定发挥着不可或缺的作用。

国外学界已经认识到人口迁移的产生不单单是人力资本要素的作用过程，社会资本对迁移行为的决策过程也会产生影响。一般而言，社会网络关系代表着迁移者的社会资本，而这种关于迁入地生活和工作的信息极大地左右着个体的迁移决策。当大量来自不同区域的移民在迁入地定居，这就可能形成移民网络，移民网络实质上是一系列人际关系的组合。移民网络作为衡量人力资本的一个重要方面，不仅增加了人口迁移途径的多样性，而且对已经实施迁移的移民群体而言，一旦在移民社区建立稳固牢靠的移民网络，将有助于移民群体不受外部环境的干扰，对维持移民群体内部长期稳定的状态具有积极作用。

2.2 行为科学理论

行为科学理论是基于古典管理理论的经典思想发展而来的，该理论是将个体的行为作为研究的落脚点，结合人类学、社会学、心理学和经济学等研究范式对人类行为的产生机理和实施条件进行研究的学问。行为科学理论按照其研究思路大致可以分成两类，即广义行为科学理论和狭义行为科学理论。广义行为科学理论强调用科学的研究方法对人类行为产生过程中的各个具体环节进行探索，目的是基于科学的研究结果对人类行为实施管理和规制来获得相应的经济效益。狭义行为科学理论是指将构成行为科学理论的一般原理运用到更为具体的领域中，以期完成初期设定的目标。如在生产车间，借助行为科学理论探索生产工人的消极怠工行为的产生机理，基于研究成果提出具体的应对措施，并制定相应的激励制度以提高工人的工作效率，达成组织目标。

2.2.1　行为科学的产生

行为科学理论最早是由美国哈佛大学管理学教授——梅奥在霍桑工厂进行实验时发现的。古典管理理论认为人是“经济性动物”，其一切行为都是受经济因素所驱动，获得工资报酬是其从事工作的最终目的。而梅奥教授的霍桑实验则是以“人是理性的”这一假设为理论基础，试验表明工人的行为不仅仅受工资的控制，虽然会受到经济因素的影响，但工人并不是独立、被动的个体，此外，工人的工作积极性和效率的影响因素不是待遇和工作条件，而是工作中的人际关系。据此，梅奥提出了自己的观点：工人不仅是“经济人”，还是“社会人”；组织中不仅有正式组织发挥作用，还存在着非正式组织；新的领导能力在于提高工人的满意度。梅奥的这一理论在当时被称为人际关系理论，也就是早期的行为科学。

随后，许多社会学家、人类学家、心理学家、管理学家都从事行为科学的研究，先后发表了大量优秀著作，提出了许多很有见地的新理论，逐步完善了人际关系理论。1949 年在美国芝加哥召开的一次跨学科的会议上，首先提出了行为科学这一名称。行为科学本身并不是完全独立的学科，而是心理学、社会学、人类文化学等研究人类行为的各种学科互相结合的一门边缘性学科。从霍桑试验至今，行为科学的研究和应用通过把握人的心理和行为的发展变化规律，来提高对其个体、群体、组织心理及行为预测、引导、控制能力，及时协调个人、群体、组织之间相互关系和其与外部环境的关系，从而调动人的积极性、主动性和创造性。这对于提高企事业单位的管理水平和推动社会进步、推动社会经济发展，发挥了十分重要的作用。

2.2.2 行为科学的研究内容

行为科学以人的行为及其产生的原因作为研究对象。具体来说，它主要是从人的需要、欲望、动机、目的等心理因素的角度研究人的行为规律，特别是研究人与人之间的关系、个人与集体之间的关系，并借助于这种规律性的认识来预测和控制人的行为，以提高工作效率，达成组织目标。其研究的主要内容包括个体行为、群体行为、领导行为和组织行为等四个方面。

个体行为主要是对人的行为进行微观的考察和研究。它是从个体的层次上考虑影响人的行为的各种心理因素，包括人的思维方法、归因过程、动机、个性、态度、情感、能力、价值观等方面。所有这些又与实际活动中的需要、兴趣、行为等有着密切的关系。群体行为主要研究群体行为的特征、作用、意义、群体内部的心理与行为、群体之间的心理与行为、群体中的人际关系、信息传递方式、群体对个体的影响，个人与组织的相互作用等。领导行为包括领导职责与领导素质论、领导行为理论、领导权变理论等，它把领导者、被领导者及周围环境作为一个整体进行研究。组织行为研究组织变革的策略与原则，变革的力量及其成就衡量方法等，对变革进行目标管理。此外，工作生活质量、工作的扩大化与丰富化、人和环境诸因素的合理安排、各种行为的测评方法等方面，也都在行为科学的研究范围之内。

2.2.3　行为科学的经典理论模型

美国学者 Fishbei 和 Ajzen 于 1975 年率先提出理性行为理论（theory of reasoned action，TRA）的解释框架和研究范式。不同于以往预测人类行为的相关理论，理性行为理论将研究重点落实到行为产生机理和驱动力上，目的是更好地对行为进行管理和规制。根据 Fishbei 和 Ajzen 对理性行为理论的阐述，理性行为理论适用的前提条件为人都是“理性”的，几个重要的概念包括行为意向、态度和主观规范。行为意向是指行为实施的倾向，不仅是作用于行为产生的直接驱动力，而且也是态度和主观规范综合作用的结果。态度是个体对于行为意愿产生的积极或消极的态度，一般与个人偏好、情感传统等因素有关。主观规范是个人对于行为发生外部条件的主观判断，即自我对于所处的环境或拥有的资源等是否有助于行为落实的分析，并直接作用于行为意图。行为科学理论的模型见图 2－1。图 2－1 清晰地描绘了理性行为理论的内在机理，具体而言，关系行为的产生是直接受行为意向所驱动的，而行为意向的前置影响因素包括态度和主观规范，各因素之间的作用关系构成了理性行为理论。

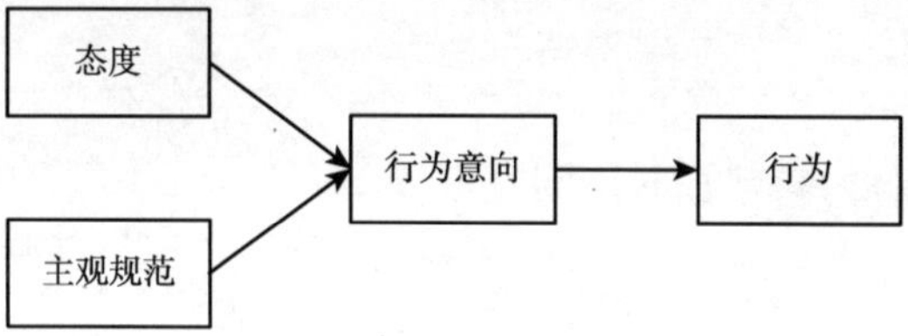

图 2－1　理性行为理论模型

构成理性行为理论的基本观点是：行为产生背后深层次的原因是个人对于事件主观意识的集合体，因此可以通过主观意愿来科学地预测行为。随后，Ajzen 结合理性行为理论的内涵阐释，开创性地提出了计划行为理论（theory of planned behavior，TPB）。计划行为理论认为，个体行为的产生机理和运作模式是极其复杂的，如果不能综合各类驱动因素并厘清影响要素的作用路径，难以科学地对行为进行细致深入的研究。计划行为理论在保留行为意向、态度和主观规范等概念的基础上，增加了知觉行为控制的概念，并将其定义为反映个体对行为产生的促进或阻碍效果的感知，因此这种控制行为的知觉与个人对行为意向产生的积极或消极的态度密切相关。计划行为理论的基本模型见图 2－2。理性行为理论是计划行为理论发展的基石，而计划行为理论对理性行为理论做了开拓性发展和补充，其更加适用于人类群体一般性行为的研究，且更具有科学性和可靠性。计划行为理论通过行为态度、主观规范和知觉行为控制三个变量全面揭示行为意向的产生机理，且作用路径可以更好地解释行为的产生。

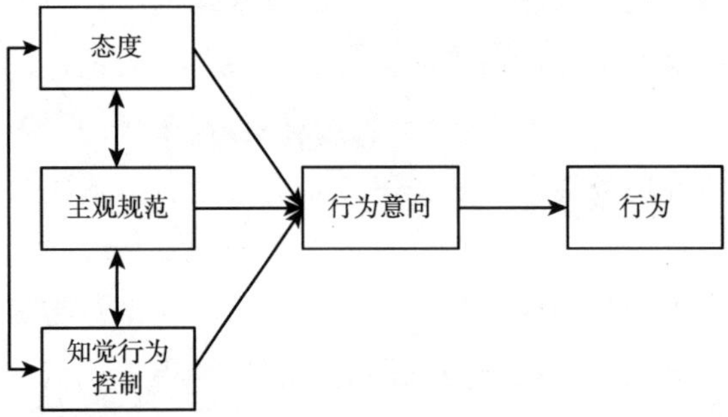

图 2－2　计划行为理论模型

2.2.4　行为科学在我国的发展

行为科学理论研究在我国仅有 10 余年时间，早期学者认为西方行为科学的管理理论是在西方古典管理理论的基础上产生和发展的。西方行为科学提出了“社会人”的概念，研究了“需要、动机、激励理论”“人的特性理论”及“管理价值理论”，它在管理哲学上的突出贡献是提出了“以人为中心”的口号，带来了管理与人关系的重大转变，奠定了西方管理哲学的人本主义基础。近年来，行为研究呈现出这样几种趋势：范围越来越广，向着社会宏观和生物微观两个方向深入；在个体和社会水平行为的研究，更注重为本国的公共政策提供科学建议和技术支持；更多的学科加入对行为的研究，除了原来被认为构成行为科学的心理学、社会学、文化人类学、精神医学、动物学等学科外，遗传学、神经科学、生态学、政治学、经济学、人文科学等都不同程度地加入了行为研究的行列。

后来也有学者提出，行为科学作为管理科学的基础之一，研究需要动机理论和群体行为、领导行为及劳动者的心理活动，这些都直接促进了人力资源的管理和开发，为科技教育和经济社会发展带来了新的推动力。随着知识化、全球化、多元化、变革化的新形势的出现，行为科学面临人的观念从“组织人”向“自主人”发展演化等因素的挑战。在此背景下，有学者分析了建立在人群关系理论上的行为科学管理组织理论的方法论；也有学者关注行为科学在企业管理中的应用问题，强调要从心理学、社会学的角度研究企业的管理，秉承关心人、尊重人、目中有人、以人为中心的管理思想。在探索了行为与法律、行为与道德、行为与环境的相关性后，有学者引出行为之“必须”、行为之“应当”、行为之“可以”等三个支点，从而提出法律、道德、环境对人们行为的影响。

2.3 社会管理经典理论

2.3.1 社会管理与城市社会管理

社会管理是一项十分古老的社会实践活动。从广义上来理解，“自从人类突破家庭生活的界限、进入社会状态开始，为实现社会关系和谐以及社会有序运行所进行调控的活动都属于社会管理（童中贤等，2012）。具体来说，社会管理实际上是一种活动和过程，即政府、各类社会组织和社会公民个体作为管理主体，在一定的价值观念的基础上、一定的规章制度下、一定的法律框架下，对社会生产和生活的各个层面进行监控、组织、协调和服务，从而创造一个有序和充满活力的社会生态，进而维持社会秩序和解决社会问题，并最终促进社会的发展。

城市社会管理是社会管理的重要组成部分，是社会管理活动在城市地域内的延伸和扩展。只要是与人们的社会生活相关的领域都可以纳入管理的范畴包括人口管理、社会秩序管理、社会保障事业管理、文化教育管理四个方面。城市建构要素众多，随着社会的不断进步，现代城市管理已经突破单一的经济和政治事务，不断向社会生活各方面拓展，更加注重对城市环境、治安、卫生等贴近居民生活的方面进行管理和不断改善。

城市发展的一切归根到底都是人口及其社会活动的结果，做好城市人口管理是城市可持续发展的重要保障。城市人口管理的基本内容包括计划生育管理、流动人口管理、人口普查与预测、户政制度、人口就业管理等。而在城市管理中，社区发挥着越来越重要的作用。城市社区是城市社会的细胞，是社会的一个“全息缩影”。城市社区管理是指在市、市辖区人民政府的领导下，以街道为主导、居委会为协同，以社区组织和社区成员为依托，运用多种手段合理调配和利用社区资源，促进社区经济和社会协调发展的过程。

2.3.2 公共治理理论

公共治理理论是20世纪80年代以来欧美社会针对新的社会情况提出的社会管理理论。它旨在打破政府独自“统治”的观念，引入“共同治理”的观念，希望借助多元化的主体、多样化的管理手段对越来越复杂的社会进行管理。80年代开始，西方国家的政府行为也开始由“统治”向“治理”转变。公共治理理论的主要观点有以下几点。

第一，管理主体多元化。公共管理并非仅仅只有政府这样一个主体，非政府机构和社会组织在公共事务中都扮演着十分重要的角色。

它们直接面对社会的中观层面，在政府和市场交叉的领域中活动，处理一些政府不便或难以参与的事务。由于其自身的特性，在诸如社会突发事件、社会道德维护、社区内部事务和弱势群体关怀等方面，这些社会组织往往更具效率，覆盖面也更广。

第二，政府职能方向发生转向。公共治理理论认为，政府不再具有最高的权威，其职能在于引导社会行为主体发展的大方向，规范其行为准则。在一些“基础性工作”中，政府应该扮演关键性的角色，而在一些社会细节领域，政府应该明智地选择自己的立场，不能随意干预。总的来说，政府要运用新的工具和技术来控制、指引、协调与整合各种社会组织的行为，在社会管理中突出其引导者的角色。

第三，公共管理格局是一种自主化的网络化格局。公共治理理论认为与管理主体多元化相伴随的是主体之间相互依赖的关系。也就是说，一方面，公共管理的各个主体等级制色彩消退，单靠任何一方力量都无法解决现实社会问题，双方必须联合起来，成为一种合作伙伴。各个主体基于自身的利益诉求，通过合作和对话建立关系，树立共同的目标，实现共同目标的过程也是满足自身利益需要的过程。另一方面，在互动的方式上，协商、谈判和交易将是主体间互动最常见的形式。并且通过这些方式，各主体会增加相互的信任和相互的理解，最终建立起一个风险共担的社会事务联合体。

第四，公共服务的领域界限开始模糊，事务领域开始扩充。由于国家政府对于市场和私人生活领域的干涉，公共领域和市场领域界限不再如以前那般分明，政府的行为已经直接影响到市场的运作和私人生活的进行。与此同时，私人部门和社会组织也开始成规模地进军社会经济领域，名目繁多、性质多样的组织开始承担越来越多的社会事务，非政府组织在社会事务上责任的扩大已经成为全球范围内的一种发展趋势。

2.3.3 社会规制理论

社会规制是政府规制的一种。规制理论认为，政府规制主要包括经济性规制和社会性规制。其中社会性规制是指国家和政府对损害公共利益与公民权利的活动施加标准、进行规束的过程。其针对的对象并不是特定行业或者具体领域，而是指向市场上所有生产者和消费者。从本质上来讲，社会规制的根本目的在于纠正因“市场失灵”而导致的资源的无效率配置和不公正的分配，并在此基础上维持社会稳定，促进社会发展，实现社会总体福利水平的提高。社会规制是脱胎于经济规制的，因而从本质上来讲，社会规制的主要目标是增进社会福利，是要在保证“可生存性”的基础上去追求资源配置的高效率和社会公平。经济性目的是社会规制的主要指向之一。社会规制的主要内容有环境规制、安全规制、健康规制以及专利和文化规制。由此产生的方法包括影响评价制度、许可证制度、产权交易制度、信息提供制度、收费补偿制度等。

社会规制的理论主题主要有以下三个方面：第一，生命和道德。生命价值和道德理论是政府强制实行社会规制的最主要理由，是社会规制的内生变量。社会规制的结果在很多情况下是一种无形的效应，这种无形的效应影响着人们的生活舒适度，反映了人类对幸福和美好生活的追求。第二，风险规制。预防社会生活各种各样的风险是社会规制的主要目的，如香烟盒上的警告标志、对新药品的检验、安全带的强制推行、工作场所安全隐患的消除等。个人因为信息不对称的原因，难以获得完全的用以规避风险的信息，社会规制的重要功能就是通过各种制度设置将这些风险信息传达到公众之中，从而控制真正存在的风险。第三，成本—效益分析。社会规制将焦点投向责任与道德，针对的是对社会公共利益的规制。社会规制的结果难以像经济规制一样用价值单位计量。因而在社会规制中，成本—效益分析将各政策方案按照单位的成本（如每挽救一个生命的成本）或单位成本的效果（如每万元挽救的生命数）排出优先顺序，然后从中选择单位成本最低或单位成本效果最大的方案作为最终方案。

总之，人的需要和发展是启发社会规则的动因。但在具体的规制过程中，国家、政府与市场中的产业组织是规制的主体，同时政府的规制政策并非对广大公众和社会提出的要求的直接回应，相反是以经济组织为着力点，意图规约经济活动外部性。其目的在于预防经济活动带来的社会问题，或者是处罚不遵循标准的经济活动，所以它对公共利益的补偿是间接的，社会规制并不能完美达到公众的利益期望。因此，即使以公民权利、社会福利和社会正义为出发点，从规制对象、过程和结果看，社会规制仍是有经济意义的。

2.3.4　社会管理创新

社会管理的主体创新。随着我国社会经济的发展、民主政治的不断完善、公民意识的持续增强，传统的那种以“大政府，小社会”为主体的一元社会管理形式已经难以胜任我国社会管理的需要。因此，根据我国现阶段的基本国情，党的十六届四中全会提出“建立健全党委领导、政府负责、社会协同、公众参与的社会管理格局”。新的社会管理格局的提出，不仅明确了当今我国社会管理的主要内容和框架，而且对各个管理主体的角色进行了定位，对各自的职责和功能进行了划分。可以说，新的社会管理格局是各个主体相互配合、相互协调、相互联系的一个系统。在这个系统中，党、政府、社会组织、公众各主体各司其职，互动合作，共同实现我国社会管理创新的目标。社会管理创新的基本任务有以下几个方面：

第一，协调社会关系是加强和创新社会管理的主要任务，是社会管理和建设的重要内容。因此必须充分认识各种不同社会关系的利益格局，抓住它们发展变化的根本原因，从利益分配、冲突解决等角度入手，最大限度地协调各种利益诉求，最大限度地兼顾各方面。第二，规范社会行为。在社会管理过程中，必须重视对于社会行为的规范，努力建立一个能够适用于整个社会的、具有普遍约束力和强制性的社会行为规范，从而实现对全体社会成员社会行为的引导、约束和规范。第三，解决社会问题。社会问题无时不在、无处不在，只要存在社会，就会有社会问题。社会的发展，也正是在解决各种各样的社会问题中实现的。第四，化解社会矛盾。不同的时期有不同的社会矛盾，这些矛盾的存在严重阻碍社会的发展，严重时还会影响社会的稳定，防范和化解社会矛盾已成为我国社会管理创新的首要任务。第五，促进社会公正。社会公正的基本含义是在社会生活中公平合理地配置社会资源、分配各种利益。社会公正不仅能够形成积极向上的社会价值观，而且能够推动社会秩序平稳维护与实现社会公平与正义。目前我国社会各种不公正的现象依然存在，如收入分配制度、城乡二元户籍制度、城市农民工社保制度等。这些不公正现象的存在，严重影响了我国社会的稳定与团结，对社会现代化建设产生了严重的阻碍。第六，应对社会风险。在社会转型变迁过程中，社会风险增多是一种必然现象。由于社会结构变化、利益关系调整、思想观念产生多样性和多变性，人们行为自由度提高，社会规范处于变动调整之中，在社会生活中产生利益矛盾、行为冲突的不确定性因素增加，使社会风险增多。同时，全球化趋势加快，从国内外来看，我们处在一种高度开放竞争的环境中，信息传播迅速、人员流动广泛、文化交流扩大、舆论变化多端。竞争激烈、变化加快，也使社会生活中不确定性因素增加，导致社会风险增多。

第3章　历史经验与政策变革

3.1 国外城镇化进程与历史经验

人口迁移是城镇化发展的推进器和加速器。20世纪80年代一些发达国家的城镇化率已经达到70%～80%，人口迁移在国外城镇化发展进程中起到非常重要的作用。分析研究国外人口迁移特点及其城镇化的经验，对中国人口迁移以及城镇化发展具有借鉴作用。

3.1.1 国外人口迁移特点

人口迁移早就有之。例如，在游牧社会，人们逐水草而居。然而，伴随着资本主义关系的产生和建立，尤其是资本主义工业化的发展和土地制度变革，人口迁移变得更加普遍和频繁。可以说，工业化是促进这些国家人口大规模流动的最重要的力量。一方面，工业化的不断发展和壮大致使其对于劳动力的需求量逐渐增长；另一方面，城镇工厂内较高的工资对农村人口产生了巨大的拉力，双重作用下农村人口不断向城镇转移。以英国为例，许多新兴工业部门成为吸引农村人口向城镇转移的重要渠道。19世纪后半期，英国农林渔业劳动力开始减少，而新兴的矿产业和制造业成为吸引人口的重要领域。据显示，19世纪后半期到20世纪初，英国北部矿产业人口增长了116%，南部制造业人口增长了106%，其中很大部分是由于人口流动导致的。

人口迁移都伴随着重大的土地制度变革和农业劳动生产率的提高。16世纪初至20世纪，圈地运动在英国国内大范围进行。圈地运动的直接结果是使农民的土地被征收，大批自耕小农变为无地的无业游民，迫使这部分农民进入城镇，成为新兴产业工人。同时，农业劳动生产率的提高，也促进了农村人口向城镇转移。在美国，城市化、工业化快速发展的同时，农村地区出现大农场形式的大规模农业生产方式，农业机械和其他生产技术的投入使农业劳动生产力得到巨大提升。生产率的提高致使农村人口产生分化，分化的结果则是一部分农村人口进入生产率高的农场，另一部分则进入城市成为新兴工业工人。可见，国外发达国家的人口迁移与土地变革和劳动生产率的提高息息相关。

人口迁移动机与经济背景相关。在产业革命时期，工矿及建筑行业是吸引农村劳动力的重要场所。在英国，纺织业和矿产业兴起，成为城镇吸引因圈地运动失去土地和工作的农村人口的主要拉力。19世纪中后期的美国工业化快速发展，导致工矿建筑劳动力的增长速度快于其他行业劳动力增长速度。到了当代，纺织业、建筑行业以及其他制造行业对于农村劳动力的吸引力逐渐下降，第三产业成为吸引农村劳动力的重要场所。美国就是一个非常典型的例子，1920～1975年末，美国共增加劳动力 4188.2 万人，其中，第一产业减少 802 万人，第二产业、第三产业共增加 4990.2 万人，而第三产业净增 3995.4 万人，占比高达 80%。

人口迁移过程中存在非正式部门。发展中国家在人口大规模向城市转移的过程中，具备相应能力的非农产业并不充足，使大批农村向城镇转移人口流入城镇的非正式部门。非正式部门的存在对于城镇吸纳农村转移人口具有重要影响。对于城镇来说，非正式部门的存在，一方面可以节约就业资金，有效利用本地资源，推动城镇化发展；另一方面，非正式部门的存在容易导致棚户区和贫民窟的形成，造成严重的环境污染、交通拥挤、治安混乱等城镇社会问题。对于农村转移人口来说，非正式部门对其产生的影响也是双重的。一方面，非正式部门的存在可以吸收大量操作不熟练、技术较低的农村人口，推动农村人口向城镇转移，进而加快城镇化进程；另一方面，非正式部门一般具有劳动力密集且生产率低下、生产过程不稳定等特征。农业人口在非正式部门会承担到福利待遇差甚至失业的风险。

3.1.2 国外人口迁移方式

城乡人口迁移作为一种地域空间转移，一般具有两种形式：直接转移和间接转移。国外一些国家的人口迁移步骤主要是以这两种转移方式进行的。英国人口迁移属于直接转移。产业革命时期的圈地运动迫使大量农民转移到城镇的工厂，成为产业工人。因此可以看出直接转移主要体现在两个方面，一是区域转移，即从农村地区直接转移到城市地区；二是职业转变，即从农民直接变为产业工人（市民）。对于发展中国家，托达罗则认为农村人口向城镇迁移是以间接转移为主的，农村人口首先流入的城镇传统或是非正式部门，而后则进入城镇新兴产业或是正规部门。根据托达罗的定义，传统或是非正式部门指的是个人或是家庭所有的、使用劳动密集方式和简单技术的小规模生产和服务活动部门，这些部门具有资本规模有限、就业稳定性低、技术水平低下、劳动生产率低和退休金与劳动保障福利差等特征。

3.1.3 国外城镇化的历史经验

（1）人口迁移与城镇化。

人口乡城迁移是城镇化和非农化的一种机制，人口迁移对于城镇化的作用主要体现在两个方面：一是通过农业人口向城镇转移，使城镇人口迅速增长；二是农业人口向城镇工业部门转移无疑增加了劳动力数量，提高了劳动生产率，促进城镇经济快速发展。根据国外城镇化经验可以发现，西方发达国家在产业革命时期主要是通过农村向城镇转移人口来实施城镇化建设的。在产业革命的历史条件下，城镇人口占全国总人口数量较低，且城镇人口的自然增长率较低，加快城镇化建设主要取决于农村向城镇转移人口的机械式增长方式。以英国为例，1780 年，英国城镇的人口出生率为 40%，死亡率为 39%，自然增长率仅为 1%。在这样极低的城镇人口自然增长率下，英国城镇化主要源于农业转移人口。圈地运动导致大量人口向城镇转移。农业人口大量向城镇转移一方面增加了英国城镇人口数量；另一方面增加了产业工人数量，促进了英国工业经济快速发展。

国外较高城镇化水平的背后也存在十分突出的人口回流现象。人口回流即那些已经流动到迁移地的人口重新返回迁出地长期生活的现象，并不包括短期返乡探亲或是度假的返乡人口。有学者发现，1870～1940年美国存在1000万迁移人口由于各种原因返回迁出地定居，其中包括大量生活在经济水平较低的加勒比海岸地区人口，这些地区的人口原本就计划着到美国赚钱，并不准备长久居住。同样的情况在西欧也出现过，大量来自摩洛哥、埃及和阿尔巴尼亚等北非地区的迁移人口在西欧仅仅取得了工作机会，并没有获得长久的居住证明，最终选择返回家乡的迁移人口比例占全体迁移人口的一半左右。

人口回流对于城镇化存在重要的影响。一方面，人口回流能够促进人口迁出地的社会经济发展。迁移人口在城市或是经济条件较好的迁入地受到了良好的教育、学习到较先进的技术、获得了广泛的人脉关系、积累了大量原始资本，为其在迁出地的发展提供了便利的条件，如波兰和印度等国将吸引高新技术人才作为国家发展的重要策略，而印度尼西亚的回流人口带回的大量资本用于扩大农业生产，提高其劳动生产率。这些国家的案例均体现了人口回流对于社会经济发展的重要性。另一方面，人口回流也可能会带来一些不利的影响。例如，墨西哥的部分回流人口由于受到美国城市文化的影响，不愿意将其获得的资本投资于农村事业，更倾向于投资城市企业，从而导致墨西哥城市经济进一步提升，而农村事业止步不前，加剧了城乡不平等现象。因此，根据国外人口回流的经验可知人口回流对于城镇化发展利弊共存。

（2）工业化与城镇化。

城镇化是人口就业结构、经济产业结构等要素进行重新配置的过程。国外城镇化的成功经验表明人口迁移、工业化与城镇化基本上是同步进行，这一过程与国家非农化发展的历史过程相吻合。产业集群使城镇具有充裕的生产要素，增强了城镇的聚集功能和辐射功能，成为推动国外发达国家城镇化成功的重要动力。工业化水平的高低在一定程度上决定城镇化的成败。首先，工业化的发展扩大了社会生产规模，小城镇发展为大城市；其次，工业化发展使人口就业结构发生转变，吸纳了诸多农村劳动力转移到城镇；最后，工业化促进生产集中、产业集聚形成一些大规模城镇。例如，19 世纪中期到 20 世纪中期，英国的工业化水平和城镇化水平高度相关，相关度高达 90%。同时其他城镇化水平较高的国家的工业化也都保持在较高的水平。因此，工业化和城镇化具有高度相关性，只有发展工业化，才能实现可持续的城镇化发展。

（3）农业现代化与城镇化。

农业现代化促进城镇化进程，城镇化推动农业现代化发展。农业现代化与城镇化两者之间的作用是相互的。农业现代化对城镇化的作用主要体现在农业现代化推动农业人口分化，农业劳动力转移必须以商品性农业的发展作为推动力。商品经济的发展会促进越来越多的人口与农业分离，造成工业工人增加、农业人口减少的现象。这是由于农业商品化与社会分工和农业规模经营相联系，而社会分工和农业规模经营又是劳动力转移的条件。因此，农业商品化发展结束了农业人口定居的时代。除此之外，城镇化也会加速农业现代化。主要表现在城镇化可以扩大农业生产规模、为农业发展提供技术和资金支持。以美国为例，其城镇化水平与农业现代化发展具有高度的相关性。由于农业现代化的迅速发展，美国农业劳动力在后期大量转向非农产业，这种转移是以农业商品化发展为基础的。农业商品化发展造成专业化的分工，大大提高了美国农业劳动力生产率，农业劳动力需求量下降，导致大量农业人口向城镇转移。与此同时，农业人口转移导致土地集中生产，生产规模进一步扩大，加上城镇工业对农业提供现代化物质技术和资金支持，美国农业现代化得以快速发展。

3.2　户籍制度历史沿革

户籍制度一般指国家行政机关依法收集、确认公民的出生、死亡、亲属关系、法定地址等人口基本信息的法律制度。广义的户籍制度还包括与户籍管理相关的法律制度，如通过户籍查验身份、进行资源和财富二次分配等。户籍制度的形成与不断发展变化，至今成为影响农民工城市化的重要因素。为更好理清农民工户籍管理的历史和现状，有必要对中国户籍制度的发展历程进行梳理。1949 年以来我国户籍制度的发展历程可划分为三个阶段：户籍制度形成阶段（1949～1957 年）、户籍制度发展阶段（1958～1978 年）、户籍制度改革阶段（1978 年至今），改革阶段包含了一系列改革举措，本书将分别探讨。

3.2.1　户籍制度形成阶段（1949～1957 年）

中国户籍制度的发展与我国的政治、经济是密不可分的。新中国成立初期中国的主要任务是巩固政权和恢复经济发展。户籍制度在当时被称为“治安户籍”。所谓“治安户籍”是指澄清城市人数户数，摸清每个人的阶级关系，不限制公民迁徙自由。“治安户籍”理念也具有明确的制度保障。1949 年 9 月第一届中国人民政治协商会议公布《中国人民政治协商会议共同纲领》，将自由迁徙作为公民的基本权利；而后 1954 年第一届全国人民代表大会发布的《宪法》明确规定中华人民共和国公民享有居住自由和迁徙自由的权利。

1950 年 11 月，第一次全国治安行政工作会议确定了“先城市，后农村”的户籍管理工作思路。1951 年，公安部颁布了《城市户口管理暂行条例》，是 1949 年以来最早的一个关于城市户籍管理的法规。目的在于维护城市公共秩序，恢复城市经济建设，保障公民的人身安全和迁徙自由。同时，该条例规定在全国城市建立统一户口管理制度。随后1954年内务部、公安部、国家统计局联合发布《关于共同配合建立户口登记制度的联合通知》标志着农村户口登记制度正式建立，其目的在于掌握农村人口的数量情况。直至1955年，国务院颁布《关于建立经常户口登记制度的指示》，标志着全国范围城乡户口登记制度正式确立。

1949~1956年，农民在迁徙自由的环境下大量涌进城市，使城市的容纳能力受到挑战。政府自1953年开始先后八次劝阻农民迁入城市，并开始将控制城市人口数量、限制农民入城等政策纳入户籍制度中。

3.2.2 户籍制度发展阶段（1958~1977年）

1958~1977年，中国经历了“大跃进”、“文革”、三年经济困难时期等，国民经济在摸索中前进，发展十分缓慢，城市劳动力开始出现大量剩余。为控制城市人口规模，此时期户籍制度较为严格。国家提出了精简职工、知识青年上山下乡、干部下放农村等政策，出现了大量城市人口流向农村的现象。户籍制度也进入一个自我强化、固化的过程，最终形成了一系列较为严格的户籍制度。

1958年，全国人民代表大会常委会颁布了《中华人民共和国户口登记条例》，首次提出对公民迁移的限制性政策。该条例的公布进一步规范了全国户籍管理制度，成为全国城乡统一户籍制度正式形成的重要标志，也是中国户籍制度发展史上最重要的户籍法规，并且一直沿用至今。同年，国务院颁布《关于实行粮食的计划收购和计划供应的命令》，全面启动了与计划经济体制相配套的粮食统购统销政策。1963年，公安部根据是否吃国家供应粮明确将户口划分为“农业户口”和“非农业户口”。自此，非农业户口开始附着相应的利益。1964年国务院批转了《公安部关于处理户口迁移的规定（草案)》，该文件主要体现户口迁移的两个“严加限制”：一是对从农村迁往城市、集镇的要严加限制；二是对从集镇迁往城市的要严加限制。1975 年 1 月第四届全国人大第一次会议通过的《宪法》历史性地去掉了关于“中华人民共和国居民有居住和迁徙的自由”的条文，标志着我国公民自由迁徙和自由居住的权利失去了宪法保障。1977 年 11 月，国务院转批的《公安部关于处理户口迁移的规定》强调对农村人口进入城镇，从其他市迁往北京、天津、上海三市的人员进行严格控制。这是第一次正式提出严格控制“农转非”的政策。

从以上一系列政策可以看出，中国的二元户籍正式建立并不断完善，公民被强制性划分为“农业人口”和“非农业人口”两类人群，并且户籍与利益之间建立紧密的关系，城乡二元社会结构逐步形成并日益稳固，城乡壁垒更加森严。

3.2.3 “农转非”政策的出台（1978～1992 年）

1978 年 12 月，十一届三中全会的召开标志着我国进入改革开放的新时期，随即户籍制度也进入了改革阶段。这一时期户籍制度表现出强制性与诱导性结合、逐渐深入、地方化和价值化等特点。改革开放以后，我国经济体制改革在城市和乡村全面拉开，计划经济转向市场经济。特别是家庭联产承包责任制的推行，使农村劳动力得以解放，出现大量剩余劳动力，全国上下随之而来的是“民工潮”和人才流动潮。为了适应大环境，人口迁移限制也逐步放宽。为此国家出台了多项“农转非”政策。1980 年 9 月，公安部、粮食部、国家人事局联合颁布《关于解决部分专业技术干部的农村家属迁往城镇由国家供应粮食问题规定》，允许高级专业技术干部、有重大发明创造者以及专业技术人才进行“农转非”。1984 年 10 月，国务院发出《关于农民进集镇落户问题的通知》，允许到集镇务工、经商、办服务业的农民和家属办理常住户口并发放《自理口粮户口簿》。1985 年，公安部颁布《关于城镇暂住人口管理的暂行规定》，放开了超过三个月以上暂住人口的“农转非”条件。

据统计，1978～1986 年，全国共办理口粮达 163 万户，共计 453

万人。然而由于“农转非”数量增长过快，1989 年 10 月，国务院发布《关于严格控制“农转非”过快增长的通知》，采取了政策和指标双控的方式，压缩“农转非”数量。尽管以上政策在落户对象上存在种种限制，但也打破了中国几十年来严格的城乡二元户籍制度。

3.2.4 小城镇户籍改革阶段（1993～2001 年）

随着改革开放的不断深入，城乡间流动人员也逐渐增加，但严格的城乡分立户籍制度严重阻碍普通农民的迁移。为此，深化户籍制度改革迫在眉睫。1993 年 9 月，户籍制度改革的重点由全面改革转向小城镇户籍制度改革。1995 年 7 月，国务院发布《小城镇户籍管理制度改革试点方案》。1997 年，国务院正式批转公安部《小城镇户籍管理制度改革试点方案》，允许已经在小城镇就业、居住并符合一定条件的乡村人口在小城镇办理城镇常住户口并继续严格控制大中城市人数数量的增长。1998 年，国务院批转了公安部《关于解决当前户口管理工作中几个突出问题的意见》，规定新生儿可随父母志愿落户政策、子女投靠政策、夫妻投靠政策，与此同时还放宽了农民进城的条件，主要表现是：一是不再强调中等城镇落户数量的限制；二是进城农民不需要上交承包地和自留地。同年 10 月，十五届三中全会通过《中共中央关于农业和农村工作若干重大问题的决定》，提出了发展小城镇是带动农村经济和社会发展的一个大战略。2001 年，国务院批转公安部《关于推进小城镇户籍管理制度改革的意见》，标志着小城镇户籍制度改革开始全面推进。同年，国务院规定全国范围内迁移的“农转非”居民不再办理市镇居民粮食供应转移证明，粮油迁移关系随之取消。

此时期户籍制度更为松动，主要体现在两个方面：一方面，户籍制度改革不断深入，改革重点由全国户籍制度转向小城镇户籍制度；另一方面，户籍与其附着的利益开始剥离，如农民进城落户不再需要上交土地、粮油迁移关系取消等政策。总而言之，小城镇户籍制度改革是我国户籍制度改革历程上又一大进步。

3.2.5 大城市户籍改革阶段（2002～2012 年）

21 世纪是户籍改革的新时期，伴随着小城镇和中等城市户籍制度的不断松动，大城市户籍制度也开始出现松动的现象。2005 年，公安部表示拟取消农业、非农业户口的界限。事实上，成都市 2004 年就已经做出了相关规定。成都推行一元户籍制度改革，打破了长久以来二元户籍登记制度，取消了“农业”和“非农业”户口的性质划分。2010 年，沈阳、鞍山、抚顺、本溪、营口等 8 个城市实行“一元化”户口管理，鼓励各类人才落户，统一购房落户标准，放宽了“三投靠”落户政策等。2012 年，公安部决定在北京、天津、上海、重庆、广州、深圳等地推行非本市户籍就业人员和在读大学生办理出入境的便民措施，在一定程度上都实施了一定限度的开放政策。由此可见，全国各地正在加速推进户籍制度改革。“十二五”规划明确提出，稳妥积极地推进城镇化，坚持走中国特色城镇化道路。

可见近十年间，大城市户籍制度改革也在有序进行。户籍制度改革继小城镇户籍改革后得到进一步深化。

3.2.6 差别化城市户籍改革阶段（2013 年至今）

小城镇、中等城市以及大城市户籍制度的不断松动，全国呈现出大城市人口集聚、人口承载压力大等特点。为解决该问题，新一轮的户籍制度改革拉开了帷幕。2013 年，国务院出台“居住证”管理办法，分类推进户籍制度改革。同年 6 月我国将全面放开小城镇和小城镇落户限制，有序放开中等城镇落户条件，合理设定大城市的落户条件。这是我国第一次明确提出各类城市具体城镇化路径。2014 年 7 月，国务院印发《国务院关于进一步推进户籍制度改革的意见》，明确建立城乡统一的户口登记制度，取消了“农业”和“非农业”户口性质的区分，然而，我国二元户籍管理模式真正退出历史舞台还有一段路要走。2015 年 4 月，《关于全面深化公安改革若干重大问题的框架意见》提出“扎实推进户籍制度改革，取消暂住证制度，全面实施居住证制度”。2016 年 10 月，国务院办公厅印发《推动 1 亿非户籍人口在城镇落户方案》，明确提出了推进 1 亿非户籍人口在城镇落户的主要目标，并提出到 2020 年，全国户籍人口城镇化率提高到 45%，各地区户籍人口城镇化率与常住人口城镇化率差距比 2013 年缩小 2 个百分点以上的具体目标。在“十三五”规划中，我国进一步加快新型城镇化建设，推进户籍管理制度向一元化迈进。

2013 年至今，户籍制度改革呈现出多元化的特点，由单一的小城镇户籍制度改革转向有差别的全面城镇户籍制度改革时代。此外，户籍制度改革更加深入，各项政策均提出推动非户籍人口在城镇落户，提高我国城镇化水平。总而言之，户籍制度改革依然在不断深化，差别化对不同类型城镇的户籍制度进行改革成为时下户籍制度改革的重点。

3.3　农民工落户配套政策

推进农民工在城镇落户关系到全面小康社会的建成，关系到农民工“都市梦”的实现，关系到当下社会主要矛盾的缓解。近年来，为提升农民工城镇落户意愿，提高农民工城镇落户比例，有关部门在不同方面制定了相应配套政策措施，为农民工城镇落户提供了全方位保障。然而，不可否认的是，部分政策在贯彻实施层面遇到一些困难和阻力。

3.3.1　完善农民工社会保障制度

1990 年国务院颁布《失业保险条例》，首次在制度上为农民工提供失业保险保障。而后，诸多社会保障制度相继出台。例如 2009 年，国务院办公厅转发人力资源和社会保障部、财政部联合发布的《城镇企业职工基本养老保险转移接续暂行办法》，对流动人口社会保险的转移接续做了规定。2014 年 2 月，国务院发布《关于建立统一的城乡居民基本养老保险制度的意见》，决定将新型农村社会养老保险和城镇居民养老保险两项制度合并，在全国范围内建立了统一的城乡居民基本养老保险制度。同年 11 月，《关于进一步做好基本医疗保险异地就医医疗费用结算工作的指导意见》指出要进一步完善异地就医结算工作的目标任务。2014 年 12 月，《关于进一步做好建筑业工伤保险工作的意见》发布，着重解决一线建筑工人特别是农民工工伤维权能力弱、工伤待遇落实难等问题。2016 年 1 月，国务院发布《关于整合城乡居民基本医疗保险制度的意见》，就整合城镇居民基本医疗保险和新型农村合作医疗，建立统一的城乡居民基本医疗保险制度提出了规划建议。党的十九大报告同样提出要“完善统一的城乡居民基本医疗保险制度”，我国针对农村人口、城镇非就业人口分别建立的新型农村合作医疗、城镇居民基本医疗保险制度将实现统一。

3.3.2　建立农民工住房保障制度

2007 年，建设部等部委印发《关于改善农民工居住条件的指导意见》，明确把改善农民工居住条件作为解决城市低收入家庭住房困难工作的一项重要内容。2011 年 9 月，国务院办公厅发布《关于保障性安居工程建设和管理的指导意见》，目的在于解决中等偏下和低收入人群家庭住房困难问题。2013 年，《关于继续做好房地产市场调控工作的通知》发布，规定在 2013 年年底将地级以上城市符合条件的外来务工人员纳入当地住房保障范围。2014 年，国务院法制办颁布《城镇住房保障条例》，将外来务工人员纳入住房保障体系。2015 年，住房城乡建设部颁布《关于加快培育和发展住房租赁市场的指导意见》，加快培育和发展住房租赁市场，以租赁形式解决进城务工人员城镇住房问题。农民工城镇居住条件是农民工落户城镇考虑的关键因素，因此，为推进农民工在城镇落户，应着力提升农民工城镇居住条件，完善农民工城镇住房保障制度。

3.3.3 保障农民工劳动就业合法权益

农民工劳动就业权益保障也在不断完善中，2005 年，劳动和社会保障部等部委发布《关于加强建设等行业农民工劳动合同管理通知》，要求规范签订劳动合同行为，完善劳动合同内容，维护农民工合法权益。2006 年，国务院发布的《关于解决农民工问题的若干意见》中明确要求消除农民工就业歧视和促进就业机会平等。2007 年，《就业促进法》《劳动合同法》以及《劳动争议调解仲裁法》相继出台，基本形成了消除农民工就业歧视和促进就业机会均等的法律框架。2009 年，国家安全监管总局颁布《关于进一步加强农民工安全生产工作的指导意见》，提出应强化农民工生产安全培训、加大安全生产监督力度，维护农民工的生命安全和职业健康权益。2014 年，按照国务院要求，“春潮计划”得以实施，该计划目的在于提升农民工就业技能并加强农民工就业保障。可见，农民工劳动就业保障体系愈加成熟。

3.3.4 保障农民工子女受教育权

农民工子女在城镇受教育问题一直是农民工市民化过程中较为突出的问题，也是制度层面和学术层面关注的热点问题。随着户籍制度改革的不断深入，农民工子女受教育问题得到一些改善。2003 年，国务院发布《关于进一步做好进城务工就业农民子女义务教育工作的意见》，规定农民工子女义务教育接收地主要以流入地的公办学校为主。2012 年，教育部等部委发布《关于进一步做好进城务工人员随迁子女接受义务教育后在当地参加升学考试工作意见》，要求稳妥推进随迁子女随迁考试工作。随后有 10 余省市区先后公布了各自的异地高考方案，其中，黑龙江、安徽、浙江等 8 省市在 2013 年正式实施异地高考方案。然而，现实情况离政策要求还有较大差距，尤其近些年大多数农民工子弟学校都被拆撤，并入公立学校体系。超大、特大城市对外来务工人员的子女入学设置较高门槛，很多农民工子女难以满足条件，不得不回家上学。这样又导致了新的问题，孩子由谁照料？很多孩子父母同时在城市打工，在老家没有监护人或者没有合适的监护人，迫使农民工只能返乡，农村出现新失业群体，超大、特大和一些大城市的教育资源没办法惠及本已经在城市工作生活的农村人。但这一矛盾在中小城市并不突出。

第4章　农民工城镇落户“意愿—行为”理论框架构建

4.1 相关概述

自2014年7月国务院发布《关于进一步推进户籍制度改革的意见》以来，全国已有31个省区市宣布建立城乡统一的户口登记制度，并在不同程度上放宽了落户条件。然而，城市户籍对农民工的吸引力并不大。据国家发改委一项基于全国30个城市3154份样本的“城市非户籍常住人口户籍改革意愿”调查发现，明确表示不愿意落户城市的比例达到了四成，高于愿意落户的比例，还有相当一部分人倾向不明确；即使是东部地区、超大型城市的流入农民工也没有表现出很强的落户意愿。据四川统计局2014年调查发现，明确愿意将户口转为城市户口的农民工仅10.7%。农民工从之前政策壁垒下的“不能落户”到现在政策放开后“不愿落户”，受怎样的心理和行为影响，引起学者的广泛关注。

农民工是中国转型期特有的人口迁移群体，其特殊性是由20世纪50年代建立的城乡二元户籍制度造成的，随着改革开放、新型城镇化进程的不断推进，户籍制度改革也从未停止，学者对该问题的研究呈现出较强的政策背景。1984年，国务院印发《关于农民进集镇落户问题的通知》，允许农民通过进城务工、经商等方式获得非农业户口。自此，大量农民开始迁移到城市务工或从商。当时，学者们普遍认为经济因素是驱动农民工迁移的主要因素（堪新民，1999；赵黎等，1993），同时表现出一定的个人特征，文化程度高的农民更倾向于成为本地正式人口（朱宝树等，1991）。此外，研究发现农民工群体中男性更倾向于在城镇落户（张杭等，1999）。

2001年，国务院批转公安部《关于推进小城镇户籍管理制度改革的意见》，进一步降低了小城镇落户的门槛，农民工在小城镇落户变得较为通畅。此后，对农民工城镇落户问题的研究方兴未艾，诸多学者从经济、社会心理、制度等层面展开研究。经济方面，有学者认为经济收入是影响农民工城市居留意愿的显著因素（王春兰等，2007）。农民工获得比较收入越多，永久性迁移意愿越强（熊波等，2009）。也有学者持不同意见，一项针对成都农民工的调查发现，经济因素在影响农民工城镇落户意愿上的作用并没有显示出统计意义（秦伟等，2003）。社会心理方面，农民工对新环境适应性越强，永久性迁移意愿越强（熊波等，2009）。对城市的认同、对土地的态度会影响农民工城市化进程（秦伟等，2003）。制度因素方面，熊彩云（2007）通过实证分析建立了农民工城市定居转移决策推拉模型，认为户籍制度是阻碍农民工城镇落户的障碍。近年来，随着户籍制度改革的深入，有学者认为户籍对农民工的排斥力正在下降，附着在户籍上的福利也越来越少，因而户籍制度在促进农民工定居城市的作用是有限的（姚俊，2009）。

2013 年，国务院出台“居住证”管理办法，分类推进户籍制度改革。2014 年，“新户改”明确了根据四种类型城市的户籍政策，全面放开中小城镇落户限制，并合理设置大城镇落户条件。研究发现，这一时期农民工城镇落户意愿总体较低（聂伟等，2013）。影响农民工城镇落户的因素也发生了一些变化，子女教育成为影响农民工落户意愿的关键因素（唐宗力，2015）。人力资本对农民工城镇落户的影响程度也在扩大，人力资本积累越多，农民工城镇落户意愿越强（陈昭玖等，2016；秦立建等，2014；杨肖丽等，2014）。除此之外，家庭因素对农民工城镇落户意愿的影响也逐渐凸显，农民工与子女同在城市居住能够增加其落户城市的概率（李楠，2010），农民工与配偶在同一城市打工更倾向在城镇落户（张佳静等，2014）。

可见，农民工城镇落户问题一直是学术界关注的焦点，学者们对不同户籍制度下农民工城镇落户意愿进行了调查分析。在“新户改”背景下，研究重点转向农民工城镇落户意愿低的深层次心理和行为、个体与社会等诸多方面的原因，以及什么因素促使农民工落户由“意愿”到现实“行为”的转化。现有研究多采用问卷调查和实证分析的方法，对农民工城镇落户的现状有比较好的把握，但难以针对农民工城镇落户进行心理和行为层面的深入挖掘，鲜有研究对农民工城镇落户行为进行深入的理论分析和质性研究，尤其缺乏对农民工城镇落户“意愿—行为”转化的机理分析。本书在对江苏省不同类型城市 76 名农民工深度访谈的基础上，基于扎根理论、采用 Nvivo 10 质性分析软件对录音文本进行编码，试图构建“新户改”背景下农民工城镇落户“意愿—行为”转化机理模型。

4.2 扎根理论的基本方法

4.2.1 研究方法选择

考虑到农民工这一群体文化程度不高，对于一些标准化的问卷、量表等并不熟悉，要真正在他们身上获取数据只有与他们面对面接触、交流。因此，本书采用“深度访谈”的方法，根据制定好的访谈提纲挖掘、追溯其针对城镇落户的态度、心理和行为。因此，本书收集了丰富的质性数据。扎根理论是分析质性数据的绝佳工具，最早由 Glaser 和 Strauss 于 1967 年提出，其初衷是帮助研究者在众多的质性材料中梳理、拓展并建构理论，恰适合本书研究的需要。扎根理论方法主张理论导向，也就是在数据收集前设定一个指导性的模糊定位，目的是促进问题意识的形成，而不是大海捞针似的收集碎片化数据。而扎根理论方法论所要坚持的立场是在资料分析过程中，进行明晰化、聚焦、校正，然后代码的剔除或是重设均基于对资料的持续比较和修正聚焦。

4.2.2 扎根理论的优势

扎根理论作为人文社会学分析方法中较为流行的质性方法，其在实证研究领域贡献大致可以分为以下几个方面：

（1）在传统的实证研究中，研究者需要就实证研究对象提出预先的理论假设，并检验这些理论假设的正确性。而扎根理论注重从研究者角度挖掘问题的根本，用开放的方式收集资料，了解研究者对研究问题的看法及思维方式。

（2）传统实证研究的步骤是从现有的、已经被科学领域认可的相关概念出发，通过梳理现有相关学者的研究成果进行逻辑认证并建构理论。扎根理论打破了这一传统模式，是一种从研究的原始素材出发，运用逻辑主线对原始素材进行归纳分析并逐步产生理论，并且继续进行理论回归素材的往复建构理论的方法。

（3）传统的实证研究大多仅仅关注理论模型中的相关对象，而扎根理论则克服了这种只从固定的角度或几个凝固的点出发，无法追踪事件的全过程，也无法从整体上把握整个研究对象的缺点。扎根理论对研究的对象进行探索性研究，注重了解事件发展的动态过程。

4.2.3　Nvivo 分析软件

由于数据信息庞大，本书在编码过程中借助 Nvivo 10 质性分析软件进行数据整理和分析，其全称是 non - numerical unstructured data by techniques of indexing，searching and theorizing，即非数量化之无结构资料的索引、搜寻与理论化。Nvivo 是一款功能强大的质性分析（qualitative analysis）软件，该软件不仅能够处理文字资料，还能处理音频、视频、图片等各类非定量的数据资料，不仅能够对资料进行分析，还能帮助研究建构相关理论，并且支持团队成员多人合作进行编码，支持自动对编码的一致性进行统计分析，是质性研究的最佳工具。

4.3 样本选择和数据搜集

基于扎根理论的质性研究通常采用典型抽样或目的性抽样方法，两者的逻辑和优势均在于选择信息丰富的案例来进行深入探讨，研究者可以从中获得很多对研究目的至关重要的事件。考虑到江苏省是经济发达、吸引外来农民工较多的东部地区省份，同时江苏省经济发展呈现出苏南、苏中、苏北三大区域不平衡，恰似中国东部、中部和西部经济发展的缩影，具有较好的代表性，故选取江苏省为调研对象。

本书根据2014年11月《国务院关于调整城市规模划分标准的通知》进行具体城市的选择和抽样，最终确定7个城市为样本城市：南京（特大城市）、苏州（Ⅰ型大城市）、徐州（Ⅱ型大城市）、昆山（中等城市）、镇江（中等城市）、句容（小城市）、睢宁（小城市），样本选取涵盖了苏南、苏中、苏北三个区域。样本数的确定则按理论饱和原则进行，即通过理论抽样形成类属的属性，直到没有新的属性再出现，这样的数据就达到理论饱和。由于理论饱和直接影响研究者建构的理论框架，因此饱和状态判断实际上有一定的困难。从理论上看，样本数越多，理论越趋于饱和。但从经验来看，样本在30以上就为大样本。

考虑到不同类型城市的落户政策、落户需求均有差异，本书尽量保证不同类型城市样本数量的理论饱和，每个城市选取10名左右农民工开展访谈工作，共计76名，样本时长3580分钟，样本的基本情况如表4-1所示。考虑到只有针对已经在城镇落户的农民工进行调研才能挖掘其落户行为的关键影响因素，以及“意愿—行为”转化机理，故访谈对象包含已落户与未落户两类农民工群体。根据扎根理论要求，在访谈过程中，研究者并没有局限于原本设定好的访谈提纲，而是保持一种开放性的态度与访谈对象进行深入交流从而获得更多的信息。

表 4-1　　访谈对象基本情况一览表

编号	地区	性别	年龄	城市工作年限（年）	行业类型	户籍所在地
A1	南京	女	24	3	南钢冶金	湖南湘潭
A2	南京	男	29	6	建筑	江苏南通
A3	南京	男	31	8	个体私营	盐城响水
A4	南京	男	33	12	机电机械	安徽砀山
A5	南京	女	25	25	服务业	盐城东台
A6	南京	男	24	6	建造	湖北
A7	苏州相城	男	24	4	车间主管	江苏兴化季中镇
A8	苏州相城	男	31	6	服务行业	原籍泰州－现落户苏州相城
A9	苏州相城	男	26	2	网络管理	陕西省咸阳市乾县
A10	苏州相城	女	33	9	教育	河南省辉县市
A11	苏州相城	男	25	1	服务业	安徽省宿州市
A12	苏州相城	女	27	5	社会组织社工	盱眙县盱城县
A13	昆山	女	23	1	食品加工	山东菏泽
A14	昆山	女	27	5	教育	安徽安庆
A15	昆山	女	26	4	汽车模具	湖北十堰
A16	昆山	男	26	2	物流服务	江苏徐州
A17	昆山	男	26	4	机械	安徽寿县
A18	昆山	男	23	3	机械	南通如皋
A19	昆山	男	24	3	机械加工	陕西咸阳
A20	镇江	男	30	10	餐饮	江苏宿迁
A21	镇江	男	35	14	服务业	现落户镇江
A22	镇江	女	29	6	建筑	江苏溧阳
A23	镇江	男	28	5	建筑工程	江苏徐州
A24	镇江	女	25	1	行事	江苏常州
A25	句容	男	23	2	餐饮	现落户镇江
A26	句容	男	45	15	园林工人	现落户镇江句容
A27	句容	女	30	6.5	网络公司	江苏无锡锡山区

续表

编号	地区	性别	年龄	城市工作年限（年）	行业类型	户籍所在地
A28	句容	男	22	1	建筑	现落户镇江句容
A29	句容	男	32	3	建筑	湖南
A30	睢宁	男	34	8	私企	现落户江苏睢宁
A31	睢宁	男	31	4	制造业	沈阳
A32	睢宁	女	30	6	核算	现落户江苏睢宁
A33	睢宁	女	29	7	文员	现落户江苏睢宁
A34	睢宁	男	45	3.5	纺织	山西运城
A35	睢宁	男	40	2	纺织	山西运城
A36	徐州开发区	女	30	8	制造业	徐州丰县
A37	徐州开发区	女	22	4	制造业	徐州沛县
A38	徐州开发区	男	25	3	食品	江苏铜山
A39	徐州开发区	男	30	3	食品	江苏邳州
A40	徐州开发区	女	30	14	纺织	徐州市鼓楼区大庙镇
B1	南京	男	24	1	通讯	安徽
B2	南京	女	36	16	电子	现落户南京栖霞区
B3	南京	男	32	16	服务	安徽来安县
B4	南京	男	29	1	台资企业	安徽
B5	南京	男	26	4	电子	河南延津
B6	苏州相城	男	31	3	公路建设	陕西渭南
B7	苏州相城	男	19	1	电工	安徽宁国
B8	苏州相城	男	33	10	保安	山东泰安
B9	苏州相城	男	36	12	制造	湖北麻城
B10	苏州相城	女	28	5	服务行业	陕西渭南
B11	昆山	女	24	4	文员	湖南监湘横铺镇
B12	昆山	男	26	3	教育培训	江苏徐州半县
B13	昆山	男	38	22	食品加工	安徽东至县－现落户昆山
B14	昆山	男	24	3	计算机软件	淮安楚州区

续表

编号	地区	性别	年龄	城市工作年限（年）	行业类型	户籍所在地
B15	昆山	男	38	9	机械	江西抚州－现落户昆山
B16	镇江	女	30	13	餐饮	江苏淮安南闸市
B17	镇江	女	27	9	保安公司	山东临沂市莒南县
B18	镇江	男	39	10	保安公司	贵州省遵义市
B19	镇江	男	34	12	建筑开发	现落户镇江丹徒高资镇
B20	镇江	男	29	7	销售	江苏徐州睢宁
B21	镇江	女	30	8	超市服务	江苏盐城阜宁县
B22	句容	女	49	11	环卫处	现落户江苏句容大岗
B23	句容	女	25	2	网络公司	现落户江苏句容亭子
B24	句容	女	25	1.5	网络公司	现落户江苏句容后白镇
B25	句容	男	24	0.5	农业合作社	江苏泰州靖江
B26	句容	男	26	6	工程	河南新乡市原阳县
B27	睢宁	女	30	7	制造业	湖北广水市太平乡
B28	睢宁	男	31	13	制造业	湖北孝感市大悟县
B29	睢宁	男	28	9	食品	现落户江苏睢宁（城镇）
B30	睢宁	女	29	12	食品	现落户江苏睢宁
B31	睢宁	女	21	1	食品	现落户江苏睢宁（城镇）
B32	徐州开发区	男	32	9	电子行业	现落户江苏徐州
B33	徐州开发区	女	26	4	汽车制造	河北省唐山市丰润区
B34	徐州开发区	女	26	2	医药质量管理	甘肃省白银市会宁县迁至徐州
B35	徐州开发区	女	34	11	纺织	现落户江苏徐州市区
B36	徐州开发区	女	27	4.5	医药	河北石家庄市赵县

4.4 质性分析与三级编码

国内外学者对扎根理论三级编码的翻译不同。陈向明（2000）将其翻译为开放式登录、关联式登录、核心式登录。而卡麦兹（2009）将其整理为初始编码、聚焦/轴心编码、理论编码，但两者的思路是一致的。本书参照卡麦兹（2009）对三级编码表述，在初始编码阶段逐行逐句阅读原始数据并建立初始代码，聚焦编码阶段建立类属和亚类属，使类属的属性和维度具体化，理论编码阶段构建理论模型。本书编码人员全部由参加了实地调研和深度访谈的教师、博士和硕士研究生组成，编码成员中有精通质性研究的教师，全体成员均参加过 Nvivo 软件使用培训。

4.4.1 初始编码

初始编码是对所获文本资料的初步编译，需要紧紧贴合数据，代码名称尽量保留资料中的原话，不能把已有的概念、观点、类属应用到数据上，也就是用开放性的态度最大限度地保证编码与原始数据的一致性。此时，编码人员注重的并不是精炼、提升，而是将材料打撒、捏碎，不错过任何一个细节。本书全部编码工作在 Nvivo10 软件中进行，该软件能够很方便地进行编码一致性检验。通过对 76 份录音转换文本进行逐句分析，最终得到 742 个自由节点，即初始代码，如房价太高、不打算转行、签订了劳动合同、农村环境好、农村有拆迁动向等。初始编码示例如表 4－2 所示。

表 4－2 初始编码示例

数据摘录	（自由节点）初始代码
摘录 1：访谈地点：苏州市，访谈对象：幼儿园副园长 因为我现在的级别就是幼儿园副院长嘛，可能薪酬就在 5000 元钱，所以你是现在想让我买房我是肯定买不起的，而且现在苏州的房价很高，所以你说要落户，对于这块刚开始我没有打算，可能 4～5 年以后回老家，现在发现老家的生活跟这边还是不一样，我还是会不习惯，所以我是会定期回家，寒暑假，“五一”、国庆都会回家的，但是在家里待的时间会短一点，不太适应的，等我有念头在这边的时候，苏州的房价已经让我接受不了了	幼儿园副园长、工资水平 5000 元 买不起房、苏州房价高 老家生活和城市不一样 定期回老家 不适应老家生活 房价涨得快
摘录 2：访谈地点：昆山，访谈对象：汽车检具公司技术人员 想迁，特别是结婚以后感觉就是说，以前感觉自己还是个小孩子，真的是。然后从结婚以后就感觉家庭的责任落在这上面了，也是在想迁，但是就是说户口迁移现在限制还是太多了。因为就像我刚刚说的，上学的时候没好好学习，然后文凭上面也是很大的一个坎，就卡在这里。因为转户口的话，现在我们了解的情况就是说，它是要大专以上的，就是通过人才引进。 别的途径就是买房子。买房子的话，它要求的是房产证到手的那个日期以后的三年，还有一个的话就是说社保要交满 5 年，然后还要在单位里面那个人事聘用合同满 5 年。那像我这样周周转转，我应该 30 多岁的样子才能够完成这个事情	结婚后有落户意愿 想迁户口 户口迁移限制多 人才引进落户要大专以上 文凭成为落户困难 买房子落户 房产证满三年可落户 落户要求缴纳社保满五年 落户预期

4.4.2 聚焦编码

聚焦编码是卡麦兹对初始代码进行范畴化的过程，因此具有较强的选择性和指向性。需要使用最重要或出现最频繁的初始代码，通过使用大量的数据来筛选代码，以判断其是否能够充分地反映所搜集的数据，从而得到类属和亚类属，即 Nvivo10 软件中的树状节点和子节点。在 Nvivo 10 中，研究者通过对初始代码的反复梳理、思考，将初始代码标记在不同的子节点下，然后放在某个树状节点下，或者新建相应的树状节点。如果不能够确定初始代码归属为哪个子节点，则暂时作为自由节点。待聚焦编码完成后，再根据各节点的内容进行筛选、修改和合并。例如，在处理到“城市经济压力大”“城市消费水平高”和“城市工作压力大”这三个初始代码时，发现这三个初始代码均与城市压力有关，于是将其标记为“城市压力”子节点，并新建“城市”树状节点，将“城市压力”子节点放置在该树状节点下，同理对其他初始代码进行处理。最终在综合分析的基础上构建了16个树状节点和28个子节点，包含初始编码中742个自由节点中的绝大部分，少数自由节点仍然作为自由节点，没有发展为类属。部分节点及材料信息见表4-3。其中材料来源表明有多少份样本提及该节点，参考点数表明了原始资料中提及该节点的总次数。

表4-3　　　　聚焦编码示例（节选）

树状节点和子节点（类属和亚类属）		节点材料来源	参考点数	初始代码举例
城市居留意愿		21	33	想留在城市，发展好就留在城市
城镇落户意愿		52	95	没有落户意愿，不考虑落户城市，有落户意愿
流动人口入学政策		33	69	上学按学区划分，孩子入学名额有限，积分入学
城镇落户行为		31	44	买房落户，就地城镇化，已落户城市
政策了解		40	68	
	政策了解渠道	20	38	向朋友咨询落户政策，人才市场了解落户政策
	政策了解程度	20	30	我没有真正去了解过，不了解相关政策
城市层		65	227	
	城市发展前景	30	51	城市发展迅速，城市潜力大
	城市公共服务	36	72	城市基础设施好，城市医疗资源好，城市教育好
	城市社会融合	36	67	对城市有感情，可以融入城市
	城市压力	19	37	城市经济压力大，城市消费水平高，城市工作难找

续表

树状节点和子节点（类属和亚类属）		节点材料来源	参考点数	初始代码举例
家乡层		66	247	
	乡土情结	40	80	习惯老家生活，老家是根，对老家有感情
	农村发展现状	22	27	农村基础设施不便利，农村的教育没有城市好
	土地拥有及收入状况	62	140	老家面临拆迁，老家有土地，土地被征用
落户门槛		67	194	
	城市住房状况	53	72	自己租房，公司提供住宿，住施工现场，城市有房
	城市社保缴纳状况	63	122	没有缴纳社保，公司缴纳三险，公积金缴纳比例低
……	……	……	……	……

4.4.3 理论编码

理论编码是编码过程中的第三阶段，也是理论模型构建阶段。理论编码是在类属的基础之上发展核心类属，同时根据一条完整的故事线将这些核心类属联结起来，进而构建理论模型。在前期访谈、初始编码、聚焦编码过程中，农民工城镇落户行为的线索逐步变得清晰。农民工城镇落户行为产生的前提是有落户意愿，而落户意愿并非凭空或直接产生，相当少农民工一进城就奔着户口去，更多的是到城市找工作的。在城市就业的农民工中，很大一部分仍然认为土地是“根”，农村是“家”，依旧保持“候鸟式迁移”的务工模式，并不打算落户城市。另一部分则打算在城市长久居住，最初他们并没有过多考虑户口问题，随着他们在城市就业、居住到一定的时期或阶段，感觉到城市户口的重要性或者遭遇了没有城市户口带来诸多工作或生活不便、福利的缺失，此时他们才会产生城镇落户意愿。因此，城市居留意愿是产生落户意愿的前提条件。鉴于此，本书发展了“城市居留意愿”“城镇落户意愿”和“城镇落户行为”3个核心类属。而聚焦编码中的其他类属和亚类属均通过一定的逻辑与这3个核心类属联结：个人层、家庭层、城市层、家乡层4个类属从不同层面影响“城市居留意愿”；城市户口影响力、流动人口入学政策、农村户口的福利则是从“城市居留意愿”到“城镇落户意愿”的促进因素；政策了解、落户门槛、落户审批是影响农民工城镇落户“意愿—行为”转化的关键类属。本书构建的理论模型如图4－1所示。

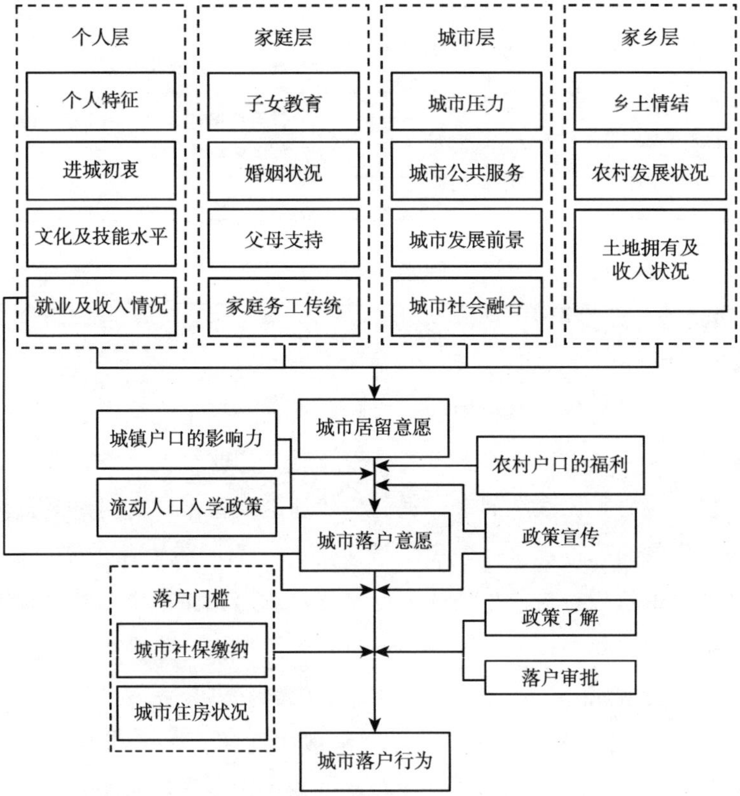

图4－1　农民工城镇落户“意愿—行为”转化机理模型

由于扎根理论不是对研究者事先设定的假设进行逻辑推演，而是从资料入手进行归纳分析。这就要求理论一定要可以追溯到其产生的原始资料，一定要有经验事实作为依据。本书聚焦编码中的类属和亚类属通过一定的逻辑关系与 3 个核心类属联系，这些逻辑关系均来源于原始资料，由于文本限制，本书仅摘录原文中的某句话作为示例。

(1) 个人层、家庭层、城市层、家乡层是影响城市居留意愿的 4 个类属。农民工自身条件和情况、家庭情况、打工城市的工作和生活状况、老家的经济发展情况和乡土人情等都会影响到其是否选择在城市长期居住。

①个人层指与农民工自身相关的个体条件。通过编码发现了个人基本特征、进城初衷、文化及技能水平、就业及收入情况 4 个亚类属。

个人特征。主要指向农民工个体的性格、心态、偏好和阅历等。访谈发现，农民工的性格越独立、阅历越丰富、越喜欢城市生活，其对城市的向往程度越高，在城市居留的意愿越强烈。以下为原始数据中的摘录。

每个人可能都是根据自己所喜欢和所热爱的东西去选择的，现在跟以前不一样，现在每个家庭相对于以前来说要好一点，都是有自主选择权。我比较独立吧，从小就喜欢一个人去做一些事情。（访谈记录：A24）

进城初衷。主要指向农民工选择从农村流动到城市的原因。编码发现物质和精神两个方面因素。如对较高收入、物质回报的追求；或对都市梦、城里人身份的追求。

长远的计划来讲，回去的概率很大的。因为跟现实结合的话，当初想到外面来，怎么讲呢，年轻啊想出来奋斗。结合实际的话当时想法挺天真的。（访谈记录：A6）

文化及技能水平。调研发现文化程度高、技能水平高的农民工在城市合法稳定就业的可能性高，更愿意继续留在城市。

早之前考虑过兄弟尽量在一起，相互有个照应，毕竟大城市和家里是有区别的，各方面的条件也都比较好，那时候也想出来，但是就文凭低一点，找也只能找操作工，他属于汽车类，后面看还是家里面好一点，就没出来了。（访谈记录：A16）

就业及收入情况。农民工在城市的工作类型、工作稳定性、收入水平直接影响其在城市生活状况，以及是否继续留在城市。同时，对落户“意愿—行为”转化有重要影响，农民工有落户意愿时，只有就业及收入情况能够给予农民工在城镇落户所需的物质支持，才能保证落户意愿转化为行为。

这要看我以后的发展情况了，好的话肯定留在这边，不好的话就回南通老家吧。（访谈记录：A18）

②家庭层指由父母、子女、配偶、亲属等组织起来的集合体。编码发现家族务工传统、子女教育、婚姻状况、父母支持4个亚类属。

家族务工传统。农民工的父辈或亲戚有外出务工经历会影响其是否到城市就业及定居。通常，有家族务工传统的家庭会引导后辈到城市工作。

因为我叔叔在这边年限、时间比较长，差不多有十多年了，当初也算过来投靠他的，现在和他们住在一起。（访谈记录：B11）

子女教育。访谈发现，很多农民工由于自身文化水平偏低，希望给子女创造更好的学习条件，城市恰能提供优质的教育资源。

我不管是落在哪个地方，讲实话，我肯定是愿意落在燕子矶这边，因为相对教育的那个师资力量肯定是比农村要好，像我们那儿的幼儿园教学设施什么的都不行，我是肯定愿意在燕子矶这边上学。（访谈记录：B2）

婚姻状况。调研发现已婚农民工夫妻双方一方在城市工作，一方在老家，其在城市居留意愿会明显较弱。夫妻双方均在城市工作，其在城市居留的意愿便会大大加强。有的未婚女性农民工表示，若原本在城市中打工，待其结婚以后可能跟随丈夫的脚步选择回老家生活。

家里的建议就说，因为有老婆孩子嘛，就不能走远，因为孩子还小，一两岁。（访谈记录：B5）

父母支持。父母的观念对农民工尤其独生子女农民工城市居留意愿的作用明显。如果父母反对子女到城市定居，则农民工选择在城市居留的意愿较弱。

我爸妈希望我能留在南京，希望我有自己的事业。（访谈记录：A3）

③城市层指农民工工作所在城市的基本情况。编码发现城市压力、城市公共服务、城市发展前景、城市社会融合 4 个亚类属。

城市压力。初始编码发现，城市压力包括工作压力，如找工作、工作过程中的制度约束、产量等绩效指标等带来的压力，以及经济压力，如很多受访者表示城市生活成本高，城市消费水平高是农民工不愿在城市居留的因素。

因为这个城市压力比较大，还有就是你在这边每天都是嗡嗡嗡一天，回老家每天都是蓝天，而且城市比较大嘛，到哪，虽然说你在这待久了，到哪边都很熟了，但是你到我们那边的话，我眼睛闭着都可以把整个城市都走完。到哪边都认识。这边也不认识人啊也不干嘛的。而且这边消费水平也比较高。（访谈记录：A2）

城市公共服务。访谈中很多农民工表示城市的交通便捷、环境好促使其选择在城市居留。城市教育资源、医疗资源也是吸引其留在城市的重要原因。

还有一个我是感觉这边交通很发达，如果跟我老家比，你要到哪去，车子转来转去，那肯定不是很方便。这边的话有高铁，你想到哪里很快，到南京就两三个小时就到了。（访谈记录：B15）

城市发展前景。包括城市发达程度和发展潜力两个方面。很多新生代农民工表示发达城市就业机会多、都市感强，比较符合年轻人的追求。而城市未来的发展潜力则决定了他们是否继续待在这座城市。

这边市场至少我这个行业还是比较有发展潜力的，跟其他地方相比，这个地方节奏也是比较适合生活的。（访谈记录：A24）

城市社会融合。访谈发现农民工比较在乎别人的眼光。农民工在城市不能融入，也会导致其流出城市。

是的，你想我在城市这么多年了，说扎根啊，其实也没有，看似好像你在这儿了，可是你根本就不在。(访谈记录：B2)

④家乡层指农民工老家的基本情况。编码发现乡土情结、农村发展状况、土地拥有及收益状况3个亚类属。

乡土情结。指农民工对家乡的依恋，调研发现很多农民工虽然身在城市，但十分怀念老家的生活，言语之间表达出对老家风土人情的眷恋。

城里可能门对门，出来嘛都不认识。像我们在老家出来的比较喜欢跟人家搭讪。看到长辈啊叔叔好，阿姨好啊什么的。在城里对方看到你也可能就点个头然后关门就进去了。在我们农村不存在，也可能吃个饭，有可能跑到这一家跑到那一家去。(访谈记录：A3)

农村发展状况。农民工从农村流入城市重要原因就是农村的发展状况与城市差距较大。这种差距体现在经济发展速度、公共服务、收入水平等方面。尤其很多农民工表示老家工作机会少，希望到城市寻找适合的工作。

在这边生活久了回去第一反应是条件还跟不上这边，或者回去感觉最基本的一个，气候没这边好。因为苏北那边的话基本上比较干燥。还有基础设施路啊什么的。我们县生活条件，环境没那么好。(访谈记录：A12)

土地拥有及收益状况。调研发现，多数农民工在老家拥有宅基地或田地，土地给农民带来的收益不能满足农民的经济需求，进而导致农民工从农村流出，寻找更好的经济来源。也有不少农民工表示，农村的土地在增值。

说是我们那里快拆迁了，拆到我们隔壁就停了，但也说不准有政策变动。(访谈记录：A16)

(2) 城市户口影响力、流动人口入学政策、农村户口福利是联结“城市居留意愿”到“城镇落户意愿”的关键类属。

城市户口的影响力。访谈发现，农民工在城市就业、居住、生活如果没有发现不便并不会特地考虑将户口迁到城市，当某种重要事项如医疗、教育涉及户口所在地时，他们才会考虑迁户口。因此，城市户口对农民工城市生活的影响力越大，其落户意愿越强。

因为我们户口不在这，我们是没办法办城市医疗的。嗯，我们必须办那个农保。就是这里说的保八项。然后孩子一般农保的话，我们看病一般就是在徐州医院，不能跑到老家去看病吧！小孩要是发烧感冒的，然后我们就没有享受过医保。（访谈记录：A36）

流动人口入学政策。流动人口入学政策因城市不同而不同。大部分城市的小学要求有当地户口才能入学，公办幼儿园需要当地户口。并且学校基本优先招录本地市民子女，其次才会考虑农民工的子女。甚至农民工子弟学校也要求有当地居住证，而居住证的办理需要合法稳定住所证明，很多农民工难以承受租住正规小区的高额房租，而选择租住民居，难以获得房产证等相关证明材料。调研发现，大多数农民工产生在城镇落户的意愿是为了孩子入学考虑。然而，由于城市的入学难，也有少数农民工会因此放弃落户想法。

考虑比较多的就是可能现在小孩小，一岁，不到两岁。可能再过个两年，小孩都要上学了，上幼儿园，上幼儿园应该还算能接受，在那边应该费用还是能接受的，不过到上小学，我了解了一下，像我们这个不属于当地户口的，上学可能这一块儿还是比较麻烦的，至少比当地户口的小孩支出费用要多，这肯定的。只能走一步看一步，到时候再说。（访谈记录：A39）

农村户口的福利。与农村户口捆绑的一些福利如宅基地使用权、土地承包权、集体收益分配权等越来越被农民看重。调研发现，部分农民工不愿意将户口迁入城市，其原因是农民工预期到土地征用或者房屋拆迁能够带来相应的收益。而这些收益是因为拥有农村户口才能够享受到的福利。

可能是和我家庭条件有关系，农村嘛，我们都有田地，家里 10 亩左右田地。虽然我不种田，但是我要把户口调过来的话，家里再要种田就没有了。还有一个我们那块在搞新农村嘛，近两年可能涉及拆迁那块，就是近两年之内不会考虑。（访谈记录：B12）

（3）政策了解、落户门槛、落户审批是农民工城镇落户“意愿—行为”转化的关键类属。

政策了解。有落户意愿的农民工了解相关政策是首要工作，并且政策具有时效性，需要关注政策的变动。

这个没有，毕竟当时买房子了嘛，想着还是买房子了，不用去跑那些，很烦琐嘛，主要是通过新闻嘛，国家公布一些政策嘛，平时比较关注这些问题嘛，关注与自己相关的享受的福利嘛。（访谈记录：B9）

落户门槛。不同类型城市为农民工落户设置了不同条件，主要是社保缴纳和住房情况两个方面。

因为我们在这边买房，买房的话是要满三年。房产证那个满三年才可以迁嘛。应该也快了，但是它对社保的要求可能会更长一点点。然后还有那个人才引进一块嘛，就是大专的话也是需要两年。（访谈记录：A14）

落户审批。审批工作是农民工实现在城镇落户的最后一步。部分农民工表示办理落户程序烦琐，通常在提交材料时才被告知某个材料不合格，需要重新办理，甚至排队、手续烦琐导致部分农民工在心理上对办理落户产生恐惧。

现在就是那个落户啊，审批方面时间太长了。就是交上去审批时间费时，20 天，他说 20 个工作日。时间有点长，因为本身房产啊什么东西都有嘛，但是这个审批时间还是有点长。（访谈记录：B9）

此外，有一些类属不止联结了两个核心类属，如政策宣传不仅联结“居留意愿”和“落户意愿”，也联结了“落户意愿”和“落户行为”。访谈发现，农民工群体获取政策信息的渠道有限，通常不知道具体的落户条件是什么。信息只有传播到个体，才能引导个体思想以及行为。当有机会接触到这些信息，他们会自己评价是否能够将户口迁移过来，进而产生落户意愿。并且，政策宣传有利于农民工明确办理流程，更好指导他们产生实际的落户行为。

宣传的话，微信公众平台上有宣传过看到过。还有就是她们有那个张浦生活网，没记错的话就是这个上面看到的。（访谈记录：B12）

综上所述，城市层、个人层、家庭层、家乡层的各种因素影响农民工进城务工并且是否愿意在城市长期居住，当农民工决定留在城市工作和生活，发现户口对其基本生活有限制和约束，在权衡迁户口的利弊得失后，为了更好在城市生活，享受城市公共服务，部分农民工产生了落户城镇的意愿，此时，农民工对相关政策的了解、城市的落户门槛和落户审批会影响其“意愿—行为”的转化。

4.5　研究发现与启示

在对已落户与未落户农民工进行深度访谈基础上，基于扎根理论，运用Nvivo10质性分析工具，通过初始编码、聚焦编码和理论编码构建了农民工城镇落户“意愿—行为”转化机理模型并具体阐释了各变量之间的逻辑关系。研究发现：(1）农民工“城镇落户行为”缘起于“城市居留意愿”。在有居留意愿基础上，在流动人口入学政策、城市户口影响力、农村户口福利、政策宣传的多重作用下，农民工产生“城镇落户意愿”。(2）农民工就业及收入情况、政策了解、政府政策宣传、城镇落户门槛、落户审批是农民工城镇落户“意愿—行为”转化的关键要素。(3）个人、家庭、城市、家乡4个层面因素直接影响农民工城市居留意愿，间接影响其落户意愿和行为。个人因素有个人特征、进城初衷、文化及技能水平、就业及收入情况；家庭因素有子女教育、婚姻状况、父母支持、家族务工传统；城市因素有城市压力、公共服务、发展前景、社会融合；家乡因素有乡土情结、农村发展状况、土地拥有及收入状况。

基于此，本书得到以下研究启示：(1）重点解决在城市有长期居留意愿的那部分农民工落户问题，如办理暂住证/居住证满一定年限，可以直接转为当地城市户口。并且，保障在城镇落户农民工其农村的土地权益，解除农民工对农村户口附着福利消失的顾虑。(2）相关部门加大落户政策宣传。通过社区、工作单位、政府网站、短信等多渠道宣传和解释当地的落户条件和程序。同时，简化落户审批。建立“便民服务中心”或者“农民工落户一站式服务中心”，地方政府应该真正重视这一群体的落户需求，让符合条件的农民工能够及时办理落户手续。(3）在人口红利消失的当今社会，企业和有关部门应该重视农民工群体的人力资源开发，通过各类继续教育、技能培训提升农民工在城市的就业能力，提高收入水平，帮助其在城市合法稳定就业、居住。

第5章 农民工城镇落户现状考察

5.1 农民工的迁移特点

实现非户籍人口在城镇落户有利于推动城镇化进程。近年来，国家逐步放开各类城市的落户要求，并提出到2020年实现1亿左右农业转移人口与其他城镇常住人口在城镇落户。2017年国民经济和社会发展统计公报显示，2017年年末我国城镇常住人口81347万人，城镇化率为58.52%，比2016年年末提高1.17个百分点，户籍人口城镇化率为42.35%。2018年年末我国户籍人口城镇化率为43.37%，比2017年年末有所提高，但与同年度常住人口城镇化率有16.21个百分点的差距（见图5-1）。

图5-1 2011~2018年我国城镇化率变化

5.1.1 农民工迁移规模

目前，我国农民工迁移呈现出“规模扩大、增速放缓”的趋势。2018年农民工总量为28836万人，比上年增加184万人，增长

0.6%。农民工增量比上年减少297万人，总量增速明显比上年回落1.1个百分点。事实上，2011~2015年增速一直处于迅速下降阶段。2012年、2013年、2014年和2015年农民工总量增速分别较上年分别下降0.5个、1.5个、0.5个和0.6个百分点。2016年、2017年农民工增速分别较上年回升0.2个百分点。

除规模和增速上出现变化外，农民工构成也发生了一些变化。2018年本地农民工和外出农民工总量分别为11570万人和17266万人，各占农民工总量的四成和六成左右。近年来外出农民工增速出现逐年回落的趋势，2011~2018年，外出农民工增速分别为3.4%、3%、1.7%、1.3%、0.4%、0.3%、1.5%和0.5%。外出农民工占农民工总量也由2011年的62.8%下降到2018年的59.88%。本地农民工增速分别为5.9%、5.4%、3.6%、2.8%、2.7%、3.4%、2.0%和0.9%，总体来说本地农民工增速回落明显（见图5-2）。

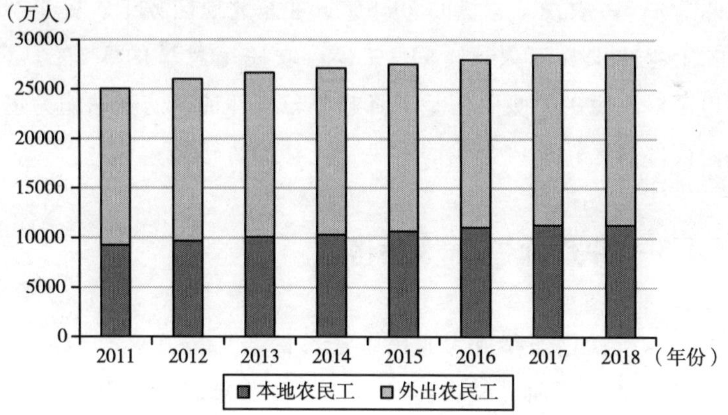

图5-2　农民工总量及构成

5.1.2　农民工流向及分布

近年来，由于东部沿海地区产业结构升级，土地成本及劳动力成本上升、环境容量约束的增强，东部产业西进等原因，农民工群体开始呈现出逐渐向西部转移的趋势。根据2018年农民工监测报告显示，从输出地看，东部地区农民工总量为10410万人，比上年减少20万人，减少0.2%，占农民工总量的36.1%；中部地区农民工9538万人，比上年增加88万人，增长0.9%，占农民工总量的33.1%；西部地区农民工7918万人，比上年增加104万人，增长1.3%，占农民工总量的27.5%；东北地区农民工970万人，比上年增加12万人，增长1.3%，占农民工总量的3.4%。可见，西部地区农民工人数增长快于其他地区，且西部地区农民工增量占新增农民工的56.5%。

从输入地看，在东部地区务工农民工15808万人，比上年减少185万人，下降1.2%，占农民工总量的54.8%；在中部地区务工农民工6051万人，比上年增加139万人，增长2.4%，占农民工总量的20.9%；在西部地区务工农民工5993万人，比上年增加239万人，增长4.2%，占农民工总量的20.8%；在东北地区务工农民工905万人，比上年减少9万人，下降1%，占农民工总量的3.1%。可见，东部地区对农民工的吸引力呈下降趋势，西部地区的吸纳能力逐步增强。向西部地区转移成为我国农民工迁移的新趋势。

5.1.3 农民工迁移方式新变化

第一，家庭化迁移成为农民工迁移的主要方式。早期的农民工主要由于经济原因而向城市转移，他们往往年轻力壮并且具有一定的经济活动能力，离开家庭独自进城务工，随着社会经济的快速发展和城镇化进城的推进，农民工对家庭生活的需要逐渐上升，开始出现投靠亲友或是举家迁移的迁移方式，且在流入地城市工作和居留开始趋向长期化和稳定化。家庭化迁移相对于个体迁移，一方面，可以促进农民工在城市居住和工作的稳定性，家庭化迁移的农民工会偏向选择稳定性较高的工作，在就业之后也会因为更加珍惜岗位而更加努力工作；另一方面，家庭化迁移可以提高农民工城市适应能力，促进其融入城市社会。家庭可以对农民工提供多方面支持，包括资金资助、生活照顾等有形的支持和信息提供、情感慰藉等无形的支持。这种相互支持可以减轻甚至消除个体对于城市的对抗和不满情绪，甚至主动地融入当地城市社会和社区生活。根据2016年国家计生卫生委流动人口司发布的《中国流动人口发展报告》显示，家庭化迁移成为我国流动人口迁移的一个明显趋势。报告还显示，在家庭化迁移中，流入地有3名家庭成员的比例较高，接近32%。拥有1名或2名家庭成员的均占25%左右。其中农民工是这部分家庭化迁移流动人口的主要构成。

第二，城城流动成为农民工流动的新形势。近年来伴随着农民工规模的不断扩大，出现农民工从大城市、东部地区城市向中小城市或是中西部地区城市转移的现象，这种从城市到城市的流动方式被称为"城城流动"。2016年10月国务院办公厅印发《推动1亿非户籍人口在城镇落户方案》，根据方案的安排，未来几年会有1亿左右的人进城落户，主要去向以中小城市为主，以目前的发展格局来看，我国中小城市的就业机会、发展机会相比大城市来说依然存在差距。但随着社会经济的快速发展，中小城市对于农民工的吸引力和接纳能力会得到进一步提高，城城流动人口的规模也会进一步扩大。据调查显示，目前以"城城流动"方式进行迁移的农民工数量正在逐渐增加，"城城流动"人口数量在流动人口总额中的比例从原来不到10%上升为30%。

第三，农民工返乡成为热潮。事实上，农民工返乡并不是一种新的迁移现象。然而近年来，随着国家"大众创业、万众创新"战略的深入推进，出现了大量农民工返乡创业的现象。截至2016年年底，我国各类返乡下乡人员已达700万，其中农民工返乡创业人数达到480万，比上年增加30余万人，约占农民工总数的2%。可见，选择返乡的农民工数量在不断增加。造成这一现象的原因主要包括个人因素、经济因素和制度因素。个人因素主要分为两类：一类是年龄因素，许多老一代农民工表示随着年龄的增加，已经没有精力在城乡之间奔波，希望能回到家乡享受晚年；另一类是个性，较为年轻的农民工表示返乡创业可以实现自我价值，希望能够在农村开创一片天地。经济因素主要体现在城市房价高、物价高导致在城市的生活成本和生活压力过高，迫使农民工选择返乡。制度因素主要表现在国家政策扶持方面，近年来，为鼓励农民工返乡创业，相关部门出台了一系列利好政策。如国务院办公厅发布的《关于支持农民工等人员返乡创业的意见》、人社部公布了该部联合五部门下发的《关于实施农民工等人员返乡创业培训五年行动计划（2016～2020年）的通知》等，在政策扶持、资金支持、创业培训等方面为农民工提供支持。

5.2 农民工城市就业及生活现状

为掌握我国流动人口数量、分布及流动迁移等情况，国家卫生计生委自2009年开始，每年在全国范围内组织流动人口动态监测调查，9年来积累了宝贵的数据资源。本书自2013年开始持续关注国家卫生计生委流动人口服务中心发布的数据信息，现已成功申请2013～2017年连续五年的流动人口动态监测数据。首先基于2013～2017五年的流动人口动态监测数据，根据问卷中“被调研者基本情况”模块中的题项101F“户口性质：①农业；②非农业；③农业转居民；④非农业转居民；⑤居民；⑥其他”筛选出选择“①农业”的样本，这部分群体仍旧持有农业户口。其次，在此基础上根据题项101N“本次流动的原因：①务工/工作；②经商；③家属随迁；④婚姻嫁娶；⑤拆迁搬家；⑥投亲靠友；⑦学习培训；⑧参军；⑨出生；⑩其他”筛选出选择“①务工/工作”或者“②经商”的样本。即满足户口是农业户口且流动原因为工作或经商的这部分群体为农民工样本，据统计，2013年农民工样本量为150852份，2014年农民工样本量为

149418 份，2015 年农民工样本量为 30963 份，2016 年农民工样本量为 100911 份，2017 年农民工样本量为 105777 份。为了解农民工城镇生活现状，基于 2013 ~ 2017 年流动人口动态监测数据中的农民工样本数据，运用 SPSS 统计分析软件，对农民工收入与支出、就业状况、社会保障等方面进行分析，了解和掌握进城农民工在城镇生活现状。

5.2.1　收入与支出

如表 5 - 1 所示，农民工“过去一年家庭在本地月总收入”波动不大，总体呈上升趋势。通过分析农民工月总收入的极差发现，不同农民工收入差距逐年扩大，此结论与“随着现代化城市的发展，社会内部贫富差距继续扩大”的现象相契合；如表 5 - 2 所示，从农民工在“过去一年家庭在本地月总支出”的情况看，农民工在本地家庭总支出呈现逐年上升的趋势，说明随着城镇化进程和生活质量的提高，城市生活成本也随之增加。

表 5 - 1　2013 ~ 2017 年农民工月收入现状　单位：元

年份 / 月总收入	2013	2014	2015	2016	2017
均值	5091.23	5608.97	4339.39	6911.06	6643.76
众数	5000	5000	3000	5000	5000

表 5 - 2　2013 ~ 2017 年农民工月支出现状　单位：元

年份 / 月支出	2013	2014	2015	2016	2017
均值	2402.06	2680.44	2095.43	3452.67	3405.27
众数	2000	2000	2000	3000	3000

5.2.2 就业状况

由于近5年调查问卷对农民工工作行业的划分不是很一致，为了更加客观展现调查结果，本书分别进行统计，详见表5-3、表5-4和表5-5。不难发现，农民工的工作行业依旧以制造、批发零售、建筑和居民服务、住宿餐饮、居民服务、修理和其他服务业等为主，进城农民工由于缺乏相应的知识技能支撑，只能从事技术含量较低、工作环境较差的劳动密集型产业。同时也发现，从事金融和房地产等行业的农民工比例有所上升，但具体从事的岗位不得而知，因此，难以判断农民工的素质能力是否得到提升。

表5-3　2013年进城农民工工作行业分布　单位：%

工作行业＼年份	2013
制造业	20.1
采掘	0.9
农林牧渔	2.7
建筑	8.7
电煤水生产供应	0.5
批发零售	21.8
住宿餐饮	13.8
社会服务	10.6
金融/保险/房地产	0.8
交通运输、仓储通信	3.5
卫生、体育和社会福利	0.8
教育、文化及广播电影电视	0.6
科研和技术服务	0.7
党政机关和社会团体	0.2
其他	7.7

表 5－4　　2014～2016 年进城农民工工作行业分布　　单位：%

工作行业＼年份	2014	2015	2016
农林牧渔	3.9	0.9	2.5
采矿	1.0	0.8	1.0
制造	19.5	25.8	17.8
电煤水热生产供应	0.6	0.5	0.5
建筑	9.4	5.2	9.3
批发零售	21.5	17.4	26.2
交通运输、仓储和邮政	4.1	2.2	4.4
住宿餐饮	15.4	16.6	14.8
信息传输、软件和信息技术服务	1.8	3.0	1.9
金融	0.3	1.1	0.6
房地产	1.0	1.4	1.2
租赁和商务服务	0.8	1.0	0.6
科研和技术服务	0.5	0.9	0.5
水利、环境和公共设施管理	0.3	0.2	0.3
居民服务、修理和其他服务业	16.6	16.1	15.5
教育	0.6	2.2	0.7
卫生和社会工作	1.2	2.1	1.1
文体和娱乐	0.9	1.8	0.7
公共管理、社会保障和社会组织	0.4	0.8	0.4
国际组织	0	0	0

表 5－5　　2017 年进城农民工工作行业分布　　单位：%

工作行业＼年份		2017
农林牧渔		2.2
采矿		0.6
制造	食品加工	3.7
	纺织服装	4.7

续表

工作行业 \ 年份		2017
制造	木材家具	1.7
	印刷文体办公娱乐用品	0.9
	化学制品加工	0.5
	医药制造	0.3
	专业设备制造	1.0
	交通运输设备制造	1.2
	电气机械及制造	1.2
	计算机及通讯电子设备制造	1.7
	仪器仪表制造	0.2
	其他制造业	7.5
电煤水热生产供应		0.3
建筑		7.7
批发零售		21.1
交通运输、仓储和邮政		3.3
住宿餐饮		12.7
信息传输、软件和信息技术服务		0.6
金融		0.3
房地产		2.4
租赁和商务服务		0.3
科研和技术服务		0.1
水利、环境和公共设施管理		0.3
居民服务、修理和其他服务业		10.7
教育		0.6
卫生		0.7
社会工作		0.5
文体和娱乐		0.6
公共管理、社会保障和社会组织		0.2
国际组织		0

从工作单位性质的统计看（见表5－6），与机关事业单位相比，个体工商户和私营企业的进入门槛较低，多数农民工工作单位的性质集中于个体工商户和私营企业。通过表5－7可知，进城农民工群体中的一半以上的工作身份是雇员，这反映了农民工在城市生活的工作角色尚未摆脱“打工仔”的历史角色，同时发现，雇主和自营劳动者身份的农民工越来越多，这说明农民工并不甘愿担任一直为别人打工的工作身份，也在通过勤劳和智慧谋求自主创业之路，尽管可能是小商贩、小买卖。

表5－6　2013～2017年进城农民工工作单位性质　单位：%

单位性质＼年份	2013	2014	2015	2016	2017
机关、事业单位	1.0	1.8	2.3	1.3	0.9
国有及国有控股企业	3.1	1.1	5.1	3.6	2.5
集体企业	2.0	4.1	1.2	0.8	0.8
股份/联营企业	/	1.5	6.7	3.2	2.5
个体工商户	41.6	44.6	32.8	46.1	41.9
私营企业	29.2	30.9	35.5	26.3	23.1
港澳台独资企业	1.9	1.9	4.3	1.1	1.6
外商独资企业	0.8	0.4	2.7	1.0	1.0
中外合资企业	1.6	0.2	1.9	0.9	0.8
社团/民办组织	/	1.6	0.5	0.3	0.2
其他	0.8	0.4	1.5	3.0	2.0
无单位	10.2	11.2	5.3	12.4	13.1
土地承包者	1.5	/	/	/	/

表5－7　2013～2017年进城农民工工作身份　单位：%

就业身份＼年份		2013	2014	2015	2016	2017
雇员	有固定雇主	53	56.5	84.3	50.3	40.0
	无固定雇主					8.5

续表

年份 就业身份	2013	2014	2015	2016	2017
雇主	8.2	8.9	2.8	9.7	5.0
自营劳动者	30.3	33.1	11.8	38.4	35.6
家庭帮工	2.2	0	0	0	0
其他	0	1.5	1.1	1.6	1.3

5.2.3 社会保障

表5－8是2013～2017年进城农民工参加社保情况，随着政府实施推进的新型农村合作医疗保险，农民工群体中的参保率呈现逐年上升。越来越多的农民工加入城镇职工医疗保险，说明城镇企业的保障制度不再像以前仅针对持有当地户口的职工，随着《劳动法》《劳动合同法》的实施，只要企业雇佣的全日制用工均需要购买养老、医疗等社会保险，使在企业工作的农民工同样能够参保。此外，农民工公费医疗的比例有所上升但仍然十分低，与现实相符。从总体上看，实现进城农民工社会保障全覆盖的道路任重而道远。

表5－8　2013～2017年进城农民工参加社保情况　单位：%

年份 医疗保险	2013	2014	2015	2016	2017
新型农村合作医疗保险	75.8	72.6	60.7	73.5	77.6
城乡居民合作医疗保险	—	1.5	4.2	3.6	3.6
城镇居民医疗保险	3.4	3.3	4.6	3.0	3.4
城镇职工医疗保险	12.5	13.4	25.7	12.5	13.3
公费医疗	—	0.1	0.1	0.3	0.9

5.3　农民工落户现状的案例分析

5.3.1　产业转移与农民工迁移（基于上海—昆山的案例）

本部分主要探讨超大城市与周边县级市产业转移背景下的人口转移——基于上海昆山的案例分析。我国目前城市化进程中突出的问题是农民工“落户难”与“不愿落户”现象并存，其原因在于“就业机会与落户机会相互分离”。大城市、超大城市提供大量就业岗位，也需要外来农民工从事临时性、服务性工作，却难以容纳这些农民工落户；中小城镇全面放开落户限制，却无法提供充足的就业机会。这一矛盾随着近年来超大城市部分产业向周边县级市转移带来的人口迁移而有所缓解。“十二五”期间，上海加快产业对外转移步伐，众多企业通过新建厂房、兼并重组、整体搬迁等多种方式，逐渐将产能转移至市外。受劳动力成本上升、土地等资源紧缺及环境承载力等因素的制约，广东省政府不断把劳动密集型、资源密集型产业从珠江三角洲等发达地区转移至山区及东西两翼区域的小城市。随着超大城市产业转型升级，周边的县级市承接大城市低端制造业等劳动密集型产业转移成为常态。

伴随产业转移过程还有人口的迁移。例如，产业的大规模转移带来了上海常住人口数量的巨大变化。截至 2016 年年末，上海市常住人口总数为 2419.70 万人，其中外来常住人口 980.20 万人，与 2015 年相比减少 1.45 万人。2013 年以来上海常住人口增长数呈下降趋势。超大城市与周边县级市间的产业转移不仅缓解了超大城市与日俱增的人口压力及资源环境问题，并且，随产业迁移至周边城市的农业转移人口为承接地经济发展提供劳动力支撑，有助于缩小城市差距，促进协调发展。课题组在昆山的调研就发现，诸多昆山的外来人口有在上海工作生活的经历。昆山毗邻上海的地缘优势及沪昆两地便捷的立体交通网络为他们的生活提供了便利。通过承接地有效承接相应产业，提升地区经济发展动力和对劳动力的吸纳能力，有利于实现以城市群为主体的大中小城市和小城镇协调发展，还有利于解决农民工落户的难题。鉴于此，本书基于超大城市与县级小城市产业转移这一现实背景，以上海和昆山两座典型的城市为案例，通过深入的社会调查，探究产业转移背景下，超大城市农民工再迁移行为的内在影响机理，为解决城市化进程中的“大城镇落户难”“小城市无人去”难题提供参考借鉴。

5.3.2 研究方法与案例简况

目前学者研究多集中于东西部地区产业转移下的人口迁移行为。发现劳动力流动与产业空间结构具有联动性（李晓颖，2017）。人口迁入与产业集聚相互强化，经历低水平匹配、匹配程度逐渐下降、严重不匹配、匹配程度逐渐提高、高水平匹配的非线性变化互动过程（敖荣军等，2016）。从东部地区转移至中西部地区的第二、第三产业能够使中西部地区劳动力省外迁移减少（方鸣等，2015）。东部与中西部间的产业转移也影响着农村劳动力的区域流动格局，改变着农村劳动力的城镇落户意愿（申鹏等，2014）。总体来说，东部与中西部间的产业转移推动了中西部地区的经济发展、城镇化水平的提升以及农民工在东中西地区的迁移流动，增强了地方政府承担农民工市民化的社会成本的能力，有利于推动农民工市民化的实现（黄宁等，2015）。从微观视角看，随产业转移的人口迁移是农民工二次流动问题。调查发现近六成的农民工发生过二次流动，且“抱团流动”特征明显（赵海涛等，2017），即二次流动决策对伙伴群体效应的依赖程度较高（朱玉蓉等，2013）。人力资本拥有量较低、年龄偏大的农民工更容易进行二次流动，且难以在城市安居落户很大程度上刺激了农民工的二次流动（常进雄等，2015）。然而，农民工随产业转移进行二次流动的机理尚未得到科学研究，鉴于此，本书试图从宏观和微观视角，探讨产业转移背景下农民工的人口迁移规律。

考虑到本书研究农民工城市间的再迁移问题，是一个正在发生且与当前社会发展密切相关的客观现象，研究涉及的背景是复杂变化的，适合采用案例研究方法（Yin，2003）。课题组调研发现，昆山作为一个县级市能够得到众多流动人口青睐，吸引了众多流动人口从上海迁移至此定居生活，这一现象背后存在着多方面、深层次原因。由于上海昆山产业转移下的农民工迁移具有一定的典型性，故以此为案例展开研究，探讨农民工从超大城市迁移至附近县级市的内在机理。案例资料主要源于一手实地访谈：课题组于 2016 年 4 月至 5 月前往昆山市进行了多次调研。通过访谈、问卷调查等方式获取昆山市农民工迁移、落户状况的一手资料。深度访谈主要围绕：您为什么会选择来昆山工作？您有在昆山落户的意愿吗？您觉得昆山的落户政策如何？这三个开放性问题展开。此外，统计年鉴数据、昆山市发展规划、媒体报道等二手资料也是本案例的重要资料。梳理相关访谈资料发现，回答三个基本问题对理清产业转移背景下上海—昆山间的人口迁移具有重要意义：为什么离开上海这一超大城市？为什么选择昆山这一县级市就业生活？为什么在昆山定居落户？

20 世纪末的昆山还是个农业县，市域面积 931 平方公里，人口总数不足 60 万，经济发展比较落后。现在的昆山已然成为人流、物流、资金流和信息流交汇的国内“百强县”之首。自长三角经济圈崛起后，昆山作为最邻近上海的城市之一，主动接受上海的辐射，对上海“产业转移”照单全收，并积极主动大规模招商引资，吸引众多台资、外资企业入驻昆山，至今昆山已聚集了越来越多的制造业工厂，也成为来自五湖四海，且长居上海的人们的首选消费娱乐地。据相关数据显示，昆山市外来流动人口约达 170 万，是整个苏州市流动人口登记数最多的区域，如今的昆山俨然就是一座现代移民城市，外来人口占全市总人口近 70%。与此同时，昆山 2016 年全市实现地区生产总值 3160.29 亿元，比上年增长 7.4%。城乡居民人均可支配收入达 54400 元、28370 元，分别增长 7.6%、8.8%[①]。蝉联中国综合实力百强县、最具投资潜力百强县“两个第一”。事实上，昆山发展的奇迹除了来源于自身努力，“上海效应”成为绝对重要因素。外来投资者看中昆山所具备的“上海地缘”优势：昆山毗邻上海，因而许多上海具有的优势，同时也是昆山的优势。昆山有着上海作为全国金融、信息及航运中心的优势，同样成为长三角地区经济发展重镇。同时，昆山又克服了上海的某些劣势，如昆山拥有比着上海低的土地和人力成本，成为上海部分产业转移的首选之地。此外，昆山当地的政策红利成为吸引投资者的诱因，使昆山成为许多企业理想的投资地，成就了昆山“全国百强县”之首的伟绩。

5.3.3 案例分析——迁离上海

一直以来，大城市所拥有的就业机会多、工资水平高、医疗条件好等资源优势不断吸引着众多农民工离开农村进入城市工作、生活、消费。但这种吸引力正不断减弱。在昆山实地访谈过程中，诸多受访农民工表示“自己是从邻近的大城市上海离开后来到昆山工作的”。是什么原因迫使农民工离开上海？通过访谈调研和反复讨论，得出以下几个关键因素。

（1）高落户门槛。

目前我国北上广深等超大城市都实行积分落户政策，而上海是唯一一个“居转户”不实行积分落户的城市。按照上海市现行的户籍政策规定，持有上海市居住证的外地人员如须申请上海市常住户口，还须同时满足以下五大条件：持居住证满 7 年、社保缴纳年限满 7 年、持证期间依法纳税、在上海市被评聘为中级及以上专业技术职务或具有技师（国家二级以上职业资格证书）以上职业资格、无违反计生政策及不良行为记录。此外，尽管外来人口暂时无法通过积分落

① 数据来源：昆山统计局．昆山年鉴（2017）[Z]．昆山统计局，2017.

户，上海仍设置了居住证打分制度，达到相应的分数，持证人可以享受相应的公共服务。持证人的居住证积分达到120分，其子女可以在上海市参加高考。由此可见，上海的落户条件多，落户门槛高。农民工由于自身受教育程度不高、技术水平较低，很难满足上海的“居转户”条件，难以获得申请落户上海的资格。加之上海作为超大城市，外来人口较多而城市建设用地指标有限，上海的住房价格居高不下。面对高昂的房价，很多农民工还是无力支付，只能蜗居在几平方米的狭窄空间里，难以在城市扎根落户。由于缺乏合法的制度性身份，农民工不能享受到上海本地人所拥有的子女教育、医疗养老等城市福利，最终迫使他们产生离开大城市、产生再迁移的想法。

（2）低城市融入度。

访谈中一些受访者表示“就算我能在上海有房、落户，也未必会觉得有归属感。”相比小城市，上海的人情淡然，排外心理较为严重。同时，农民工在文化程度、技能水平上的弱势限制了其工作属性，使其多在二级劳动力市场从事临时性、辅助性工作，人力资本和社会资本的缺失也使其很难融入当地主流社会，从而成为城市的边缘群体。而城市归属感在农民工城市定居决策中发挥着重要作用，城市归属感越强，农民工城市融合度越高，其城市定居意愿也就越强烈，反之亦然（王玉君，2013）。

（3）子女入学难。

在我国，父辈对子女利益的考量有着深刻的文化传统，因而农民工进入城市工作、定居的动机不仅仅只是为了自身发展，还有着对子女利益的考量。通常来说，农民工对子女教育有着较高的期望，子女教育期望与农民工城市定居意愿具有正相关性（汪润泉，2016）。农民工子女入学途径主要有：进入教学资源较好的公办学校，或者选择借读费较高的私立学校，或者选择民工子弟学校。公办学校在教学质量、师资条件等方面都具有优势，然而吸收能力有限，多数农民工子女并不能享受到与本地适龄儿童同样的教育机会。私立学校学费高昂，农民工的收入水平难以承受。现实情况是，大部分农民工只能将子女送到城乡接合部的民工子弟学校，这些民工子弟学校多数都尚未通过当地教育部门的审批和认可，其在办学条件、教学质量、师资条件、课程设置等方面也存在很大的不规范性，所以常常遭到当地治安联队的禁止和取缔，这些都严重影响着农民工子女的受教育质量。农民工对子女教育的高期望与其子女入学难现状相互冲突，逼迫农民工重新考虑城市就业和定居落户问题。

（4）就业压力大。

近年来，随着超大城市经济结构转型升级的需要，产业由东部地区向中西部转移、由大城市向中小城市转移的趋势日益明显。上海这一发达经济体也不例外，受土地成本、劳动力成本、商务成本等的持续上升、资源环境压力的不断增大以及自身经济转型、产业结构升级的影响，上海产业不断向沪外进行转移，实现跨区域产业分工的趋势也越来越明显。据相关数据显示，“十二五”期间，上海累计完成产业结构调整项目超过3000项，其中对外转移项目344项，约占到调整总量的11.5%，项目大多迁往长三角地区，并主要集中在小钢铁、小化工、传统建材、轻工等行业领域①。低端制造业等产业用工量骤减，就业机会减少，就业压力不断加剧，一些农民工在上海市难以找到合适的就业岗位，转而进行二次迁移到其他城市就业。上海市市长杨雄也曾表示，上海常住人口降低源于产业结构调整造成了一部分劳动力随着产业结构调整而迁移。

5.3.4 案例分析——迁移至县级市昆山

面对上海的落户难、人情冷、生活成本高等现状，许多农民工选择离开上海这一超大城市，转去其他城市定居落户、工作生活。那么，离开上海的他们为什么会选择昆山这一县级市呢？这其中有哪些因素在影响着他们的决策？昆山这一县级市又是如何吸引了这么多农

① 数据来源：上海统计局．上海年鉴（2016）[Z]．中国统计出版社，2016.

民工流入，并在此工作、消费、生活。通过实地访谈和相关资料收集，发现如下昆山吸引农民工流入的重要拉力。

（1）上海都市圈。

昆山地处苏沪交界处，是长江三角洲经济圈核心区域。随着昆山城市建设与上海接轨，城际交通的发展，如从上海到昆山的高铁、动车5~10分钟就有一班，11号线从迪士尼直通花桥，昆山的区域优势则显得更为明显。依靠上海作为全国经济中心的多重溢出效应，不断发展自身，提升城市实力。

（2）就业机会多。

昆山是苏州地区外向型经济的代表城市，经济发展迅速，二三产业发达。其依靠自身沿沪优势，主动承接上海产业、资金、人才、技术等溢出效应为已所用，推动了昆山产业创新发展。据相关数据显示，2016年昆山全市实现地区生产总值3160.29亿元，比上年增长7.4%。其中，第二产业增加值1708.82亿元，增长4.8%；第三产业增加值1421.40亿元，增长10.8%，第三产业增加值占地区生产总值比重高达45%[①]。迅速发展的服务业逐渐成为带动整个昆山经济发展的主力军，与工业共同发力，为昆山这一县级市创造了数量庞大的就业岗位，不断提升着昆山的就业吸纳能力。昆山的发展前景让许多离开上海的农民工看到了这座城市未来的潜力，最终选择来到昆山工作、发展。

（3）生活环境佳。

良好的环境感知是促进外来人口主动融入城市，实现市民化的重要基础和基本前提（林李月，2016）。较之上海的难融入和拥挤生活，昆山这座县级市则显得更加温暖宜居。访谈过程中当问及“为什么选择来昆山呢”时，部分已落户受访者表示“昆山社区服务很好，邻里关系和睦，是个人情温暖的城市，不像上海人那样排外”。除了拥有温馨的人文环境外，昆山良好的生态环境也为其吸引农民工

---

① 数据来源：昆山统计局．昆山年鉴（2017）[Z]．昆山统计局，2017.

流入做出了重要贡献。2016 年昆山市通过加快中心城区污水管网建设、实施农村生活污水治理和中心城区绿化增量提质工程等多项举措，使昆山市的生态环境质量得到持续改善。为流入人口提供了良好的居住环境，因而吸引着农民工的不断流入。

5.3.5 案例分析——落户昆山

农民工从上海转移至昆山仅仅只是实现了就业的转移，制定合理的落户政策，帮助农民工获得当地的居民户口，并享受到政府提供的各项公共福利，城市才能真正留住这些外来农民工。通过实地调研和访谈，总结出昆山在吸引农民工落户以下几个方面的优势。

（1）落户门槛相对较低。

目前昆山市正进一步放宽城市在引进人才、投资、购房落户等方面的条件限制，鼓励智力移民、投资移民，降低进入城市的门槛。总的来说，目前昆山落户途径主要有以下三种：一是买房落户，二是人才引进，三是户口随迁投靠等。考虑到农民工自身的受教育程度和工作技能水平，其大部分是通过第一种途径落户昆山，根据《昆山市户籍准入登记暂行办法》第七条第二款规定：购买本市成套商品住房，房产证办理 3 年以上，面积达 80 平方米以上，且被本市单位合法聘录用 5 年以上（劳动合同由劳动和社会保障部门签订意见），参加社保、医保 3 年以上的，允许其本人、配偶及其未成年子女整户迁入。据统计，2017 年上海二手房均价 54886 元，昆山二手房均价 11469 元，仅为上海房价的 1/5，以农民工的工资水平在昆山买房更具可能性。

（2）落户政策宣传到位。

为了吸引高技能、有贡献、符合条件的外来务工人员扎根昆山，满足昆山产业发展、城市发展的需要，昆山上至市公安局下至各街道社区全部都在积极开展落户政策的宣传工作。昆山市政府不仅通过电视、报纸等传统媒介方式宣传本市的落户政策，还积极利用微博、微信等自媒体高效传播落户政策消息，努力提高外来务工人员对本地落户政策的知晓度，与此同时，还开通了落户政策便民热线，帮助外来务工人员正确解读昆山的落户政策，解答他们的落户疑问，确保昆山市外来务工人员落户工作的顺利进行。同时，昆山各街道社区也通过利用辖区宣传窗、黑板报等宣传载体，在各小区、建筑工地、警务室等外来务工人员集中的地方张贴《昆山市户籍准入登记暂行办法》等相关落户政策，确保外来务工人员能更便捷、高效地了解落户政策信息，积极主动地宣传当地落户政策。

（3）落户办理程序简明。

昆山市政府在不改变现有昆山市户籍准入办法的前提下，对昆山户籍准入审批程序、登记办理流程以及相关证明材料都进行了相应简化。户口迁移中需要审批的事项，除疑难复杂户口可由省辖市公安机关审批外，其余一律由县级公安机关负责审批。对省（市）外迁入昆山由公安机关审批的购房类、投资类、经商办企业类、投靠类等户口证明材料也进行了一定程度的精简，对一些可相互验证的证明材料进行了相应简化，如工资收入证明、劳动合同等不再需要提供。简单来说，昆山市外来人口购房落户迁入流程包括以下几个步骤：申请人提出落户申请；昆山公安机关受理户口迁入申请材料；材料齐全者呈报上级审批；符合条件者，2个工作日内发放证件。落户办理流程简便、不烦琐，办事效率高。访谈过程中就有许多受访农民工表示"昆山落户快，程序没那么复杂，并且可以就近办理，不用大老远跑到市里，很方便。"相比一些城市需原户籍地出具无参加国家禁止组织的记录证明等材料的做法，昆山落户审批简单高效。

5.3.6　农民工上海—昆山迁移落户行为过程

通过上述分析可以梳理农民工从超大城市上海迁移至县级市昆山的决策路线，包含迁离超大城市、选择县级市、落户县级市三个阶段（见图5－3）。三阶段中各主客观因素共同作用于农民工的流动决策，最终促成了农民工在县级市昆山落户定居这一现实行为。

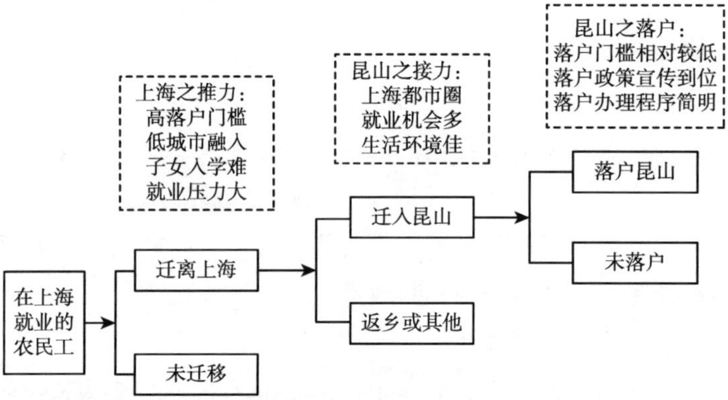

图5－3 城市间产业转移背景下人口迁移过程

大城市流动人口数量与日俱增，由于城市规划滞后于人口集聚的速度，导致城市拥挤、环境、管理等多方面“城市病”问题严重，大城市不断提高的落户门槛，造成大量农民工难以在大城市扎根落户。通过上海昆山的案例分析，建设以超大城市为核心的城市群，充分发挥超大城市周边县级市和小城镇的人口吸纳、产业承接作用，引导人口在城市群内部流动和再分布。以昆山为典型的超大城市都市圈周边县级市因长期接受超大城市经济圈辐射，具有良好的工业基础和经济发展潜力，同时具有较低的落户门槛与落户成本，应成为我国新型城镇化的重要战略区域。事实上，吸引并留住外来农民工也可为这些县级市的循环良性发展提供新的人口红利。本书通过探讨农民工从大城市二次流动到县级市定居落户的行为过程规律，为疏解当前我国大城市人口压力，进一步推进农民工市民化进程提供参考借鉴。

第6章 农民工城镇落户意愿研究

6.1 农民工的代际分化

针对农民工城镇落户意愿及其影响因素问题，已有诸多学者展开了比较全面的研究，得到了较为丰富的研究成果，前面1.3.3小节第(5)项已经进行了详细的综述，本书不进行重复研究。同时考虑到本书研究的重点和落脚点并非落户意愿，而是农民工的落户行为，落户行为研究整体模型将一并考虑落户意愿及其影响因素，因此本部分不做单独研究。然而，农民工的代际分化现象值得本书关注。现有部分研究关注到新生代农民工的落户问题，但针对“90后”这一青年农民工群体的研究较少，尽管“90后”农民工同样属于新生代农民工群体，但相比“80后”，他们的利益诉求、落户期望仍有较大差异，为充实现有研究，本书针对代际差异背景下“90后”这一群体的落户意愿展开研究。

随着老一代农民工“告老还乡”，农民工群体出现了明显的内部分化，新生代农民工成为农民工的主体。尤其2016年农民工监测报告显示，“90后”农民工已经占农民工总数近1/3。这一庞大群体的利益诉求无法回避。相比老一代农民工，新生代农民工具有两高、两强的特点：文化程度高、职业期望高、融入城市愿望强、平等意识强。客观上他们少有回乡务农的可能，主观上他们迫切希望成为城市人。因此，在农民工代际分化的现实背景下，代际差异成为研究需要考虑的问题，并且，老一代农民工的养老保障是学者关注的热点，而“90后”农民工群体在城市工作生活状况以及落户意愿成为研究的重点。

“90后”农民工是“中国制造”向“中国创造”转型背后尴尬的“中间人”，曾经的产业大军当今同样面临转型难题。与老一代农民工外出务工“进可攻、退可守”，年老选择返乡归巢的状态不同，缺乏农业生产经营经验而又向往都市生活的“90后”农民工不能也不愿再回到农村。事实上，随着我国人口红利逐渐消失，劳动年龄人口增速放缓甚至减少，“90 后”农民工已经成为中国制造向中国创造转型过程中不可或缺的技能型人力资本的重要来源和中坚力量。工业化、新型城镇化迫切需要引导这部分群体在城市定居落户。

学术界最初针对“90 后”农民工的研究多从群体特性、职业能力等方面展开（王兴周，2013；刘方涛，2012），探讨其在社会生活中遇到的各种现实问题。随着国家“十二五”规划将农业转移人口城镇落户问题作为推进城镇化的重要任务（王玉君，2013），近年来农民工城市定居、社会融合问题等已引起政府、学界的高度关注。一些学者调查和探讨了新生代农民工的城市定居意愿及其影响因素，取得了一定的成果（姚植夫，2014；夏显力，2012；罗小峰，2013）。然而，有针对性讨论“90 后”这一群体定居问题的成果依旧较少。考虑到目前“90 后”这一群体恰逢 18 ~ 27 岁的年龄阶段，对于农民工来说正是青壮年，需要定位自己和规划未来的年龄。了解他们在城市工作生活的基本状态，以及是否有城市定居意愿能够有效掌握这一群体的需求，进而通过正确的引导帮助他们摆脱“城乡双重边缘化”的尴尬境地。

6.2 数据来源及样本特征

6.2.1 数据来源

本书研究的数据来源于 2015 年中国卫生和计划生育委员会的全国流动人口动态监测项目，是流动人口的专项调查数据。调查覆盖全国 31 个省、自治区、直辖市和新疆建设兵团共 32 个省级单位；调查目标总体是调查前一个月前来本地居住、非本区（县、市）户口且 2015 年 5 月年龄在 15 周岁及以上的流入人口；调查内容主要是流动人口的个人基本特征、家庭成员以及收支情况、就业情况、基本公共卫生和计划生育服务等多个方面；调查样本共计206000个，本书试图从全体数据中析出“90后”农民工的相关数据。

关于农民工的界定，目前学术界大致有两种解释：一种解释是指从农村流入城市工作生活并持有农村户口的农村劳动力（卢海阳，2015）；另一种解释是持有农村户口并在农村长大、在持续教育经历中没有接受过高等教育且现已进入城市务工经商的16～60岁之间的农村劳动力（杨肖丽，2014）。本书参考第一种解释，选取全体样本中第101题F项户口登记类型选择为“①农业”，并且，L项本次流动原因为选择为“①务工经商”，同时，C项出生年月为1990年及之后出生的样本，共计22915条有效数据，这部分来自全国范围的样本符合本书“90后”农民工的界定，符合本书研究的需要。

6.2.2 样本特征

对样本进行描述性统计分析，详见表6－1。不难发现，“90后”农民工第一次离开户籍地时间基本都在近10年之内，结合其18～27岁的年龄，表明“90后”农民工大多在农村户籍地成长，这与老一辈农民工的成长环境并无太大差异。从个人特征看，“90后”农民工男女比例基本持平，学历层次不高，有56.3%的“90后”农民工都是初中及以下学历。而根据《2015年农民工监测调查报告》显示，我国整体农民工男女比例约为2∶1，初中及以下学历农民工约占75%，学历层次更低。这表明“90后”农民工相较于整体农民工，男女比例更为均衡，受教育程度有所提高。

表6－1　“90后”农民工基本特征　　单位：%

男女比例	男性（52.5）			女性（47.5）	
婚姻状况	未婚（69.47）	初婚（30.25）	再婚（0.11）	离婚（0.17）	丧偶（0）

续表

男女比例	男性（52.5）		女性（47.5）	
受教育程度	初中及以下（56.3）	高中及中专（31.7）	专科（9.5）	本科及以上（2.6）
第一次离开户籍地时间	2004 年以前（4.3）	2005~2010 年（33.1）	2011~2015 年（62.6）	

6.3　“90 后”农民工城市工作生活概况

6.3.1　家庭情况

根据《中国流动人口发展报告》可知，流动人口家庭化迁移比例正逐步提升，越来越多的流动家庭开始携带老人、小孩流动。因此，本书对“90 后”农民工的家庭情况展开分析，详见表 6－2。可以看出，大部分“90 后”农民工仍独自居住，较少有“90 后”农民工选择将父母或子女接到身边。这可能是由于“90 后”农民工正处青年，尚未有足够的经济实力在城市支撑起一个家庭，因而选择独自闯荡。而这也正造成了“90 后”农民工家庭月支出偏低的现象，因为独自居住，其个人月支出也就构成了其家庭月支出。对于家庭支出的构成，“90 后”农民工平均月食品支出为 1006.16 元，平均月住房支出为 501.76 元，可见“90 后”农民工相当部分支出是用于食品。尤其有 26.6% 的“90 后”农民工没有住房支出，大部分（44.6%）的“90 后”农民工住房支出在 500 元以下，说明其工作单位可能提供住房，免收或者象征性收费，对于农民工来说，大大降低了住房成本。

表 6－2　　“90 后”农民工家庭情况　　单位：%

本地同住人数	1 人 (54)		2～4 人 (42.5)	5 人以上 (3.5)
父母伴随	未陪伴身边 (81.8)		陪伴身边 (18.2)	
子女伴随	未陪伴身边 (85.1)		陪伴身边 (14.9)	
家庭每月住房支出	0 元 (26.6)	0～500 元 (44.6)	500～1000 元 (17.9)	1000 元以上 (10.9)
家庭每月食品支出	0～500 元 (31.2)	500～1000 元 (39.6)	1000～2000 元 (23.1)	2000 元以上 (6.1)
家庭每月支出	0～1500 元 (37.5)	1500～2500 元 (30.3)	2500～3500 元 (16.9)	3500 元以上 (15.3)

6.3.2 社会经济状况

为了了解“90 后”农民工在城市工作生活的经济基础和社会地位，本书对相关调查数据进行了统计分析。从中发现，一方面，“90后”农民工的行业选择有较大不同。表 6－3 给出了“90 后”农民工就业行业分布，可以看出从事第三产业的“90 后”农民工占比最高，达到了 65.4%。而根据 2015 年中国统计局数据，从农民工整体来看，第二产业从业人数最多，达到了 55.1%，其中有 21.1% 的农民工从事建筑业。这远远大于“90 后”农民工从事建筑业的 4.2% 这一比例。此外，从全行业来看从事制造业的“90 后”农民工最多，近 30% 的“90 后”农民工都集中在这一行业，说明“90 后”农民工仍然是制造业大军中的重要成员。

另一方面，“90 后”农民工的单位性质和工作层次并无太大变化。从表 6－3 可以看出，绝大部分的“90 后”农民工所处单位是个体及私营单位，就业身份是雇员。个体及私营单位大多规模较小，工作不稳定，这与其他农民工群体所从事工作并无太大差异。从收入水平来看，“90 后”农民工平均月收入为 3341.62 元，也与国家统计局数据显示的农民工平均月收入 3072 元差异不大。表明“90 后”农民工与其他农民工群体一样，所从事的工作大多都是层次较低、收入水平不高、稳定性较差的辅助性、基础性工作。

表 6－3　“90 后”农民工职业分布　单位：%

行业分布	占比	单位性质	占比
第一产业	1	国有及集体单位	10.1
第二产业	33.6	个体及私营单位	72.2
其中：制造业	28.6	外资企业单位	8.5
建筑业	4.2	民办组织及机关事业单位	1.7
第三产业	65.4	其他	7.5
其中：零售批发	19.9	就业身份	占比
住宿餐饮	18.2	雇员	78.5
居民服务、修理和其他服务业	15.7	雇主	3.6
交通运输业	1.8	自营劳动者及其他	17.9

6.3.3　“90 后”农民工的流动经历

从输入地看，东部地区无疑对“90 后”农民工吸引力最大，同时发现西部地区也有较强的吸引力，27% 的“90 后”农民工选择进入西部地区务工。可能的原因是西部地区迅速发展，就业机会增多，同时伴随着东部地区高昂的生活成本，使越来越多的“90 后”农民工愿意从中东部地区转移到新兴西部地区务工。“90 后”农民工的流动范围依旧很大，有 53.1% 的“90 后”农民工属于跨省流动，省内流动尤其是市内跨县流动仅占小部分，这与我国长久以来集中的大范围的流动模式相一致（见表 6－4）。

表 6－4　　“90 后”农民工流向分布　　单位：%

流入地区	东部地区（52.3）	西部地区（27）	中部地区（16.6）	东北部地区（4.1）
流动范围	跨省流动（53.1）	省内跨市（28.7）	市内跨县（18.2）	

6.4 “90 后”农民工定居意愿及其影响因素

6.4.1 定居意愿及其影响因素初探

城市化的具体目标是要努力将人口的流动转变为定居，将人户分离转为人户合一（唐宗力，2015），“90 后”农民工作为流动人口重要的组成，是新型城镇化的目标人群，探析农民工城市定居意愿及其影响因素是引导其城市定居落户的第一步工作。本书根据调查中题项 211“您今后是否打算在本地长久居住（5 年以上）?”，选择答案为“1 打算”，则划定为具有明确定居意愿，而回答“2 不打算”和“3 没想好”，则认为该农民工没有明确的定居意愿。通过数据处理发现，没有定居意愿的“90 后”农民工（62.6%）多于具有定居意愿的“90 后”农民工（37.4%），这与一些学者研究发现农民工有较大定居意愿存在差异。分别就这两部分人群进行了统计分析，如表 6－5 所示。

表 6－5　　“90 后”农民工定居意愿现状　　单位：%

“90 后”农民工定居意愿现状					
解释变量	愿意	不愿意	解释变量	愿意	不愿意
性别			单位性质		
男	36.2	63.8	国有及集体企业	40.3	59.7
女	38.4	61.6	个体及私营企业	37.3	62.7

续表

“90后”农民工定居意愿现状					
解释变量	愿意	不愿意	解释变量	愿意	不愿意
配偶情况			外资企业	28.4	71.6
有配偶	49.5	50.5	机关事业单位及民办组织	56.6	43.4
没有配偶	32.1	67.9	其他	40.2	59.8
受教育程度			就业身份		
初中及以下	34.3	65.7	雇员	34.0	66.0
高中及中专	38.3	61.7	雇主	55.7	44.3
专科	48.4	51.6	自营劳动者	48.2	51.8
本科及以上	50.8	49.2	收入		
家庭富裕程度			3000元以下	34.6	65.4
贫困	36.9	63.1	3000~5000元	39.1	60.9
温饱	36.7	63.3	5000元以上	52.7	47.3
小康	37.1	62.9	流动范围		
富裕	38.2	61.8	跨省流动	34.1	65.9
本地同住人数			省内跨市	39.5	60.5
1人	28.4	71.6	市内跨县	43.7	56.3
2~4人	47.1	52.9	流入地区		
5人以上	57.4	42.6	东部地区	33.3	66.7
父母陪伴情况			西部地区	40.3	59.7
陪伴在身边	37.1	62.9	中部地区	41.6	48.4
未陪伴身边	37.4	62.6	东北地区	48.9	51.1

首先，从个人特征来讲，“90后”农民工定居意愿的性别差异不明显，均有60%左右的“90后”农民工不愿意长久定居；但有配偶的“90后”农民工定居意愿明显强于无配偶的“90后”农民工，其中半数有配偶的“90后”农民工都愿意定居，而无配偶的“90后”农民工仅有32.1%愿意定居；就受教育程度而言，呈现出受教育程度越高，定居意愿越明显的现象，50.8%的本科以上学历的“90后”

农民工有意愿定居，而初中及以下学历的“90后”农民工这一比例仅有34.3%。说明定居意愿的产生也与农民工自认为的城市定居能力有关。

其次，思念家乡、不愿离开父母孩子、婚姻等家庭因素一直是影响农民工定居意愿和行为的重要因素。从表6－5可以发现，在当地同住的亲人数越多，“90后”农民工的定居意愿就越强。如对于单独居住的“90后”农民工而言，有71.6%的人不愿意在当地长久的定居，而相比之下，在本地拥有5人以上同住的“90后”农民工这一比例只有42.6%，显示出更强烈的定居意愿。但是根据表6－5，无论父母子女陪伴与否，均有超过60%的“90后”农民工群体不愿意定居在当前城市，这似乎表明父母子女的随迁对于“90后”农民工定居意愿的影响不大，需要进一步探讨。

在城市生活的“90后”农民工考虑的最基本问题便是生存，只有在满足其生存需求的基础上，才会考虑如娱乐、养老等其他需求。因此，对于那些每月收支相抵甚至入不敷出的“90后”农民工而言，在获得理想的生活状态前，较少会考虑定居落户等问题。从表6－5可看出，“90后”农民工定居意愿总体上呈现出工作性质越稳定、就业身份越好、月收入越高，越倾向于定居的态势。如在机关事业单位、民办组织工作以及月收入在5000元以上的“90后”农民工，其愿意定居意愿明显高于其他层次，均超过60%，这表明社会经济特征是影响“90后”农民工的一个重要因素。

不同的流动经历会在一定程度上影响农民工的定居行为。例如，现阶段北上广深等超大城市严格的落户限制和巨大的购房压力，无疑会打消相当部分农民工的落户意愿。因此，“90后”农民工的流向分布也是影响其定居意愿的重要因素。从表6－5可以看出，东部地区的“90后”农民工定居意愿弱于其他地区，只有1/3的“90后”农民工愿意在当地定居。而跨省流动农民工相对于省内流动的人来说，其定居意愿更为强烈，大约高了5个百分点，这也表明流动范围对“90后”农民工的定居意愿有一定的影响。

6.4.2 Logistic 回归分析

6.4.2.1 因变量和自变量的设定和量化

本书将“90 后”农民工的定居意愿作为因变量，若有明确的定居意愿则编码为 1，没有明确定居意愿则编码为 0。由于因变量属于二分变量，适合采用概率模型，故本书采用二元 Logistic 回归模型进行参数估计。Logistic 回归模型是分析分类被解释变量的常用方法（田兴国，2012），其基本表达式为：

$$P_j = F\left(\alpha + \sum_{i=1}^{m} \beta_i x_{ji} + \mu\right) = 1/[1 + e^{-(\alpha + \sum_{i=1}^{m} \beta_i x_{ji} + \mu)}] \quad (6-1)$$

$$\ln \frac{P_j}{1 - P_j} = \alpha + \sum_{i=1}^{m} \beta_i x_{ji} \quad (6-2)$$

其中，P 表示“90 后”农民工对于定居的意愿程度（愿意定居、不愿意定居）的概率；x_{ji}表示第 i 个影响因素；β_i表示第 i 个影响因素的回归系数；α 表示截距项，μ 为误差项。

自变量的选取根据前面“90 后”农民工工作生活状态及定居影响意愿因素初探，从个人特征、家庭情况、社会经济地位、流动特点 4 个维度展开（见表 6-5）。以下对变量指标做简要的说明。在个人特征中，问卷中选择“初婚”和“再婚”的编码为有配偶，选择“未婚”“离异”和“丧偶”的编码为无配偶。家庭情况中的当地同住人数根据问卷题项 101“请谈谈您本人、配偶和子女以及与您在本户同住的家庭其他成员的情况”统计得出。父母、子女伴随情况则依据问卷中 101“与被访问者关系”中是否勾选“5 父母/公婆/岳父母”或是“3 子女”这一选项进行编码。由于“90 后”农民工大多处于独居状态，家庭收入支出难以准确地衡量其家庭富裕程度，因而本书选用恩格尔系数来衡量富裕程度这一指标，根据问卷题项 103“过去一年，您家在本地平均每月食品支出为多少?”和题项 105“过去一年，您家平均每月总支出多少”计算得出家庭恩格尔系数，根据联合国划分标准划分为贫困（>60%）、温饱（50%～60%）、小康（40%～50%）、富裕（<40%）。社会经济地位中的月收入根据“90后”农民工的上月收入数据，并将其转化为多分类指标所得。而性别、受教育程度、就业身份、单位性质、流动范围以及流入地区等相应变量则依据问卷中相应题项直接编码得出。

6.4.2.2 结果与分析

对于Logistic回归模型，Nagelkerke R^2 或者 -2Loglikehood值的适用性较差，因而本书选用Hosmer-Lemeshow检验作为方程拟合优度的指标。通过Hosmer-Lemeshow检验，发现卡方值及Sig值均通过检验，说明Logistic模型的拟合程度较好，具有统计学意义。以下对“90后”农民工定居意愿的各影响因素进行详细阐述（见表6-6）。

表6-6 “90后”农民工定居意愿影响因素的Logistics回归结果

变量	定居意愿			
	B	SE	Sig	Exp（B）
性别（女性=参考组）				
男	-0.039	0.30	0.193	0.962
配偶情况（没有配偶=参考组）				
有配偶	-0.058	0.050	0.246	0.944
受教育程度（初中及以下=参考组）			0.000	
高中及中专	0.212***	0.032	0.000	1.236
专科	0.648***	0.050	0.000	1.912
本科及以上	0.717***	0.090	0.000	2.048
家庭富裕程度（贫困=参考组）			0.941	
温饱	0.009	0.043	0.833	1.009
小康	0.000	0.046	0.994	1.000
富裕	0.021	0.039	0.593	1.021
本地同住人数（1人=参考组）			0.000	
2～4人	0.661***	0.041	0.000	1.937

续表

变　量	定居意愿			
	B	SE	Sig	Exp（B）
5 人以上	0.968***	0.083	0.000	2.633
子女陪伴情况（未陪伴身边 = 参考组）				
陪伴身边	0.551***	0.050	0.000	1.735
父母陪伴情况（未陪伴身边 = 参考组）				
陪伴在身边	−0.055	0.038	0.144	0.946
就业身份（雇员 = 参考组）			0.000	
雇主	0.445***	0.78	0.000	1.560
自营劳动者	0.225***	0.43	0.000	1.253
单位性质（国有及集体企业 = 参考组）			0.000	
个体及私营企业	−0.176***	0.048	0.000	0.838
外资企业	−0.221**	0.069	0.001	0.802
机关事业单位及民办组织	0.430***	0.116	0.000	1.538
其他	−0.331***	0.073	0.000	0.718
月收入（3000 元以下 = 参考组）			0.000	
3000 ~ 5000 元	0.200***	0.033	0.000	1.221
5000 元以上	0.438***	0.057	0.000	1.549
流动范围（跨省流动 = 参考组）			0.000	
省内跨市	0.188***	0.036	0.000	1.207
市内跨县	0.389***	0.043	0.000	1.475
流入地区（东部地区 = 参考组）			0.000	
西部地区	0.042	0.045	0.354	1.043
中部地区	0.154***	0.037	0.000	1.166
东北地区	0.627***	0.072	0.000	1.871
Hosmer – Lemeshow 检验				
卡方	8.467			
Df	8			
Sig.	0.389			

注：* 为 $P<0.05$，** 为 $P<0.01$，*** 为 $P<0.001$。

（1）个人特征因素。

模型回归结果显示，性别和配偶情况的回归系数在0.05的显著性水平下均无法通过检验，说明性别与配偶情况对“90后”农民工定居意愿的影响不显著。而受教育程度的回归系数在0.001的显著性水平下通过检验，说明受教育程度对“90后”农民工定居意愿存在显著影响。并且呈现出学历越高，对定居意愿的影响程度越强的现象。高中及中专学历的“90后”农民工愿意定居可能性相比初中以下学历的“90后”农民工高出了23.6%，而本科及以上学历的“90后”农民工这一概率则高达100%以上，这表明农民工的学历决定了其在城市的生存能力和发展空间，受教育能有效促进“90后”农民工定居城市。

（2）家庭情况因素。

家庭富裕情况与父母伴随情况的回归系数在0.05的显著性水平下均无法通过检验，说明家庭富裕情况与父母伴随情况对“90后”农民工定居意愿没有显著的影响。然而，子女伴随情况的回归系数通过检验，表明“90后”农民工城市定居决策中会考虑子女在城市的生活和受教育情况。同时，家庭同住人数的回归系数也通过假设检验，与2~4人同住的“90后”农民工的定居可能性比单独居住的“90后”农民工提升了近1倍，5人以上同住“90后”农民工则比单独居住的新生代农民工高了1.6倍，影响效果显著。

（3）社会经济地位因素。

虽然模型结果显示家庭富裕程度对“90后”农民工定居意愿影响不显著，但是能在很大程度上决定个人富裕的月收入却对“90后”农民工定居意愿有显著的影响，月收入5000元以上的“90后”农民工定居意愿发生比是3000元以下的“90后”农民工的0.5倍多。表明个人收入目标是“90后”农民工定居城市的一大动力和保障。

就职业来讲，相对于国有及集体企业，在私营、外资以及其他性质企业工作的“90后”农民工的定居意愿发生比均低于国有及集体企业，而在机关事业单位及民办组织工作的“90后”农民工的定居可能性则比国有及集体企业高了53.8%。这表明事业单位这类较稳定工作岗位对“90后”农民工定居有着显著的促进作用。同样的，就业身份对“90后”农民工定居意愿也具有显著影响，如雇主、自营劳动者这类“雇佣者”定居意愿更为强烈，其意愿发生比均高于就业身份为雇员的“90后”农民工25%以上。说明经济基础是农民工定居城市的关键要素。

（4）流向分布因素。

流动范围对定居意愿有显著影响。在市内流动的“90后”农民工相对于省外流动的“90后”农民工，定居意愿发生可能性提高了47.5%左右。而流入地区对“90后”农民工定居意愿的影响较为复杂。流入东北部地区的“90后”农民工的定居意愿最为强烈，东北部地区的“90后”农民工定居可能性比东部地区高了87.1%。而西部地区对“90后”农民工的定居影响不显著，这说明，对于“90后”农民工来说，在考虑地区定居时，西部地区与东部地区无异。这可能是由于西部近年来经济迅速发展，生活水平显著提高，对“90后”农民工具有很强的吸引力，同时东部地区高昂的生活成本也使相当一部分“90后”农民工望而却步。

6.5 结果与讨论

综合以上分析，得到如下基本结论：

（1）“90后”农民工在城市工作生活状态尚可。生活方面，较多“90后”农民工处于独居状态，较少与父母、子女同住，并且超六成农民工未婚；食品支出占总支出的比重最大，恩格尔系数较大；多数“90后”农民工住房支出较少，因为工作单位为其提供住宿，这对于未婚农民工来说是很好的福利，然而，随着农民工年龄的增长，一旦组建了家庭，住房支出会急剧上升。工作方面，“90后”农民工多就职于第三产业，第二产业中的制造业也是“90后”农民工聚集的地方，然而，随着制造业转型升级，这一群体的就业面临挑战；就职单位性质多为个体、私营企业，工作稳定性较差；同时，“90后”农民工跨省流动的较多，并多聚集在东部发达地区。

（2）“90后”农民工整体的城市定居意愿较低，流动性依旧很大。对“90后”农民工定居意愿具有显著影响的因素有：配偶情况、受教育程度、家庭同住人数、月收入、单位性质、就业身份、流动范围、流入地区。而性别、家庭富裕程度和父母陪伴情况等则影响不显著。由此可以推断，“90后”农民工城市定居意愿较低除了年龄较小、未来尚未定型的影响外，主要原因在于其经济基础比较薄弱，这可以从这一群体普遍较低的就业层次、收入水平和单位性质看出来，而职业和收入水平现状的根源又在于其学历和受教育程度较低，导致的就业能力较低。因此，促进“90后”农民工城市定居，归根结底需要帮助其增加人力资本，可以通过职业技能培训、继续教育等方式增强“90后”农民工的就业能力，提升其人力资本和经济收益，帮助其有能力在城市定居。

（3）社会融入是提升“90后”农民工定居意愿的关键。根据本书的研究，相比于跨省流动，省内跨市、市内流动的“90后”农民工定居意愿更为强烈。同时，家庭同住人数也对提升“90后”农民工定居意愿有显著影响。这其中，同省或者同市相同的社会习惯、风俗，提升了“90后”农民工在流入城市的社会融合程度，能使其更快适应新城市的生活。流入地亲人数的增多也有利于“90后”农民工家庭情感的满足，促进其社会的融入，提升他们对流入城市的生活满意度和综合评价。

第7章　农民工城镇落户行为影响因素的实证研究

7.1 问卷设计与数据收集

之所以要设计问卷开展大规模调查，是因为本书应用行为科学相关理论和方法探讨农民工落户行为，尤其关注落户中的心理过程和行为决策的影响因素，这其中很多因素都不是“外显变量”，而是“潜在变量”。外显变量能够直接测量，如身高、体重、工作年限等；潜在变量无法直接测量，如乡土情结、城市压力感知、居留意愿等，需要借鉴心理测量技术采用李克特量表进行测量，并且需要利用一组测量同一个构念的外显变量来估计背后的潜在变量。在本书的研究领域，可借鉴的成熟量表有限，诸多变量都需要开发量表，给本书问卷的设计增加了难度。

为了更好地进行变量测量，课题组根据2014年11月《国务院关于调整城市规模划分标准的通知》，选取江苏省不同类型城市为样本对象，于2016年4~5月走访了特大城市南京、Ⅰ型大城市苏州、Ⅱ型大城市徐州和昆山、中等城市镇江、小城市句容和睢宁，对76名农民工的城镇落户情况进行了深度访谈，了解了农民工工作生活以及落户的相关情况，不仅构建了研究理论模型，也对量表的编制提供了现实参考。考虑到与未落户农民工相比较，已落户城市的农民工更加完整地参与到落户的每一个过程，熟知落户意愿到落户行为的转化经历。因此访谈对象包括未落户和已落户两类农民工群体，试图全方位了解农民工城镇落户所涉及的每一个过程。

根据第4章构建的理论模型，本书针对模型中的每一个变量进行了测量，其中少数几个题项借鉴了成熟的量表，完成了初始问卷的设计。然后课题组进行了多次专家研讨，针对问卷题项的科学性和语言表达进行了修正。在此基础上展开了预调研工作。预调研一方面通过邮寄、电话或现场调查的方式与前期访谈的76名农民工再次取得联系完成调查；另一方面，在江苏大学附近城市南京、镇江、扬州这三个城市增加 54 位已落户农民工的有效样本，总计 130 份有效样本。针对预调研的样本数据，对问卷进行了整体的信度和效度分析，发现问卷整体质量符合预期，随后开展了正式调查。

正式调查采用典型抽样法，综合考虑城市类型、经济发展等因素，在全国范围内选取农民工流入或者流出较多的北京、上海、广东、浙江、江苏、山东、湖北、河北、福建、广西、湖南等 11 个地区作为样本地区。调查对象是在城市务工的外来人员，其户口性质是农业户口或农业户口已转为当地城市户口的农民工群体。课题组成员于 2016 年 7 月至 2016 年 10 月间走访了所选定的样本城市，一方面根据当地人力资源和社会保障局的农民工管理办公室识别农民工用工较多的大型企业进行现场调查；另一方面根据当地公安部门户籍登记系统识别部分办理暂住证或者转户口的农民工，对农民工城镇落户情况进行调研并完成调查问卷。同时，2014 年 8 月恰逢暑假，课题组主要成员通过组织带领江苏大学多个学院的暑期实践分队对江苏省、浙江省、湖南省等样本地区城市的制造业、建筑业和餐厅服务员、快递员、外卖送餐等服务业从业人员展开调查完成收集数据。此外，根据回收问卷的初步统计，发现部分样本地区回收的有效问卷数量偏少，针对这一情况，后期课题组有偿委托长沙冉星信息科技有限公司根据调研对象、地区等多项具体要求，通过问卷星在线调查的方式增加了特定城市的部分样本，最终历时 4 个月的走访调查和后期委托调查，共回收有效问卷 1618 份。样本基本特征见表 7 - 1。

表 7 - 1　　样本特征分布

样本特征	人数（人）		比率（%）	样本特征		人数（人）	比率（%）
性别	男	979	60.5	收入状况	2000 元及以下	59	3.6
	女	639	39.5		2001 ~ 4000 元	521	32.2
婚姻状况	已婚	890	55		4001 ~ 6000 元	557	34.4
	未婚	728	45		6000 元以上	481	29.7

续表

样本特征	人数（人）		比率（%）	样本特征		人数（人）	比率（%）
城市类型	超大城市	692	42.8	年龄	20 岁以下	31	1.9
	特大城市	208	12.8		21～30 岁	973	60.1
	大城市	454	28.1		31～40 岁	489	30.2
	中等城市	126	7.8		41～50 岁	110	6.8
	小城市	138	8.5		51 岁以上	15	0.9

在所调查的 1618 位农民工中，男性居多，占 60.5%，女性占 39.5%。已婚者为 890 位，未婚者为 728 位，占比分别为 55% 和 45%。年龄上，21～30 岁农民工人数最多，共 973 位，占比 60.1%。可见青年农民工已经成为农民工大军的主要部分。收入在 2000 元及以下仅有 59 位，占比为 3.6%。2001～4000 元、4001～6000 元与 6000 元以上分别占比为 32.2%、34.4% 与 29.7%。城市类型上，居住在超大城市和特大城市的农民工 900 人，共占 55.6%，而中小城市的农民工仅有 264 人，占比为 16.3%。这与我国当前中小城市对农民工的吸引力较低的状况相符。样本特征符合本书的研究要求。

7.2 基于计划行为理论的农民工落户行为实证研究

7.2.1 理论基础

关于农民工落户问题，国外文献重点关注经济与社会文化情境两个方面因素对农民工城镇定居意愿的影响（Chen S. et al.，2016；Nalini Mohabir et al.，2017），同时新生代与老一代农民工城镇落户意愿的代际差异也是学者们关注的重点（Liu C. et al.，2007）。国内学者则比较全面地从经济学、人口学、社会学等学科领域对农民工城镇落户意愿及其影响因素进行研究，获得了比较丰富的研究成果，并发现性别、年龄、社会融入、举家迁移、收入水平等对农民工城镇落户意愿影响显著（张鹏等，2014；刘燕，2015；李俊霞，2016）。然而，在一些因素的具体作用方面，学者们意见并不完全一致。例如，有学者认为稳定的工作收入是农民工进城落户的保障，收入越高，农民工永久迁移意愿越高（马瑞，2011）。也有学者认为，对于全家进城农民工而言，收入越低，越倾向于在城镇落户，因为对于较高收入者而言，并不在乎户籍给他们带来的生活和就业的一些便利（刘燕，2015）。尽管由于调查样本、研究情境或理论框架的差异导致实证研究结论偏差并不少见，但文献研究发现，该领域研究结论差异性的原因在于缺乏一个理论的支撑，导致研究者在实证研究过程中变量选取呈现出一定的随意性，加之样本选择的差异性，导致诸多研究结论上的不一致甚至相反。鉴于此，有必要运用正确的理论对该问题进行系统的理论梳理和实证分析。本书将行为科学经典理论应用于分析农民工城镇落户行为，具体根据计划行为理论构建农民工城镇落户行为研究框架，通过对包含部分已落户农民工的样本进行调查分析，探讨农民工行为态度、主观规范、知觉行为控制对农民工城镇落户行为的影响机理，也是对西方计划行为理论在中国农民工行为研究中的普适性进行检验。

计划行为理论（theory of planned behavior，TPB）是由 Ajzen 提出，是理性行为理论（theory of reasoned action，TRA）的发展与改进，如图 7－1 所示。TPB 理论认为行为态度（attitude）、主观规范（subjective norm）和知觉行为控制（behavior norm）三个变量通过影响行为意愿从而决定行为的产生（Ajzen，1991）。行为态度是个体内在相关要素的反应，主观规范反映的是重要他人或团体等外部因素对个体行为决策的影响，知觉行为控制反映的是个体对促进或阻碍执行行为因素的知觉（Ajzen，2002）。行为意愿是个体实施行动前的动机，是一个不断积累和强化的过程，行为意愿越强，个体实施行为的可能性则越大。TPB 理论自提出后，被广泛应用于解释社会与学习行为、饮食行为、临床医疗与筛检行为、药物成瘾行为、运动行为等（段文婷，2008），已被多数研究者验证对行为具有较高的解释力与预测力，是行为研究的理论基石。TPB 理论之所以能如此广泛地运用到各种行为之中，是因为它综合了影响行为的各类要素，能为研究者探讨具体行为产生机理提供研究思路，并有较好的信度与效度，对行为具有较高的解释力。农民工落户行为也受到内外部多种要素共同作用，运用经典的理论框架和规范的研究方法对农民工落户行为产生机理展开探讨具有较好的理论和实践价值（见图 7－1）。

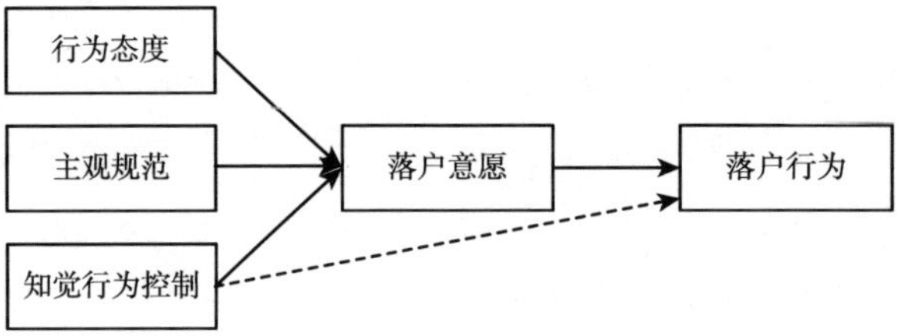

图 7－1　计划行为理论模型

7.2.2　研究假设

（1）农民工落户行为态度与落户意愿的关系。

行为态度是个体在某种信念下，对执行某特定行为有利或者不利程度的估算以及对行为整体的预期综合评估（Ajzen，1985）。当个体认为其行为对自己是有利的，就会产生积极的行为态度；反之，如果认为该行为对自己是不利的，则会产生消极的行为态度。本书基于前期调研，尝试从一个新的视角，即通过城市户口福利与农村户口福利两个维度来考察农民工行为态度，由此产生农民工对城镇落户行为有利或不利的评价。行为态度是农民工城镇落户行为内部动机的主要体现。对于进城务工的农民工而言，城镇户口福利价值诸如享受教育、医疗、社会保障等是影响其城镇落户意愿的重要因素（贾淑军，2012）。通过在城镇落户，农民工获得制度上的"市民"身份，可享受城镇"市民"的待遇，为农民工未来在城镇生活奠定基础。而与城镇户口福利相对应，农村户口福利也是农民工不愿放弃农村户口、不打算去城镇落户的重要原因。随着农村基础设施、公共服务的逐渐完善，农民工在农村也能享受到较好的待遇。并且，伴随着农村土地的升值，农民工土地财产权[①]的处置和保障问题也成为制约农民工城镇落户的核心因素（郭晓鸣等，2013）。因而，做出是否在城镇落户的选择，则是农民工对于城镇户口福利与农村户口福利两者之间相博弈的结果。农民工认为城镇户口的待遇优于农村户口的待遇，则会选择在城镇落户，反之，农民工则会依旧保留农村户口。从这个角度看，农民工在权衡城镇落户的"收益与损失"前提下进而做出决策，"收益"即获得的城市户口福利，"损失"即失去的农村户口福利。基于此，参考以往研究者运用计划行为理论对态度的测量并结合本书实地的调研结果，试图从"收益预期"与"损失预期"两个维度来测量农民工城镇落户行为态度。当农民工感知到城市户口福利时，预期落户城镇会给其自身带来收益，则会对农民工积极落户意愿起到促进作用；相反，当农民工权衡农村户口福利更佳，预期落户城镇会给其带来更大损失时，在一定程度上则会抑制其城镇落户意愿。综上所述，本书提出如下假设：

H1a：农民工收益预期正向影响其城镇落户意愿。

H1b：农民工损失预期负向影响其城镇落户意愿。

(2) 农民工落户主观规范与落户意愿的关系。

主观规范是指个体在决定是否执行某特定行为时所受到来自外界社会环境的影响（Ajzen，1985），是个体所感知到的参与某项行为的社会压力，反映重要组织或机构对个体决策的影响（Kraft P.，Rise J.，

① 土地财产权，主要表现为宅基地使用权、土地承包经营权以及集体收益分配权这三种权益。

Sutton S. et al., 2005)。Cialdini (1992) 认为主观规范主要由个体规范 (personal norm)、示范性规范 (descriptive norm) 和指令性规范 (injunctive norm) 组成。而更多学者认为个体规范仅用来解释部分与道德相关的行为。因此，当前学术界大多将示范性规范和指令性规范作为主观规范的两个维度。通过实践调研发现，农民工感知到的指令性规范主要表现在父母等对其城镇落户行为及结果的期望压力。在中国儒家思想的长期影响下，辈分较低者对于长辈尤其是父母会习惯性地遵从，并且会自发性地接受长辈给自己赋予的角色以及履行相关的义务。当农民工的父母希望其能在城市有所作为，能在城市定居并长久发展时，他们则会给予农民工积极的支持，此时个体农民工则会倾向于接受父母的期望，在这些动因下逐渐产生“我应该积极去城镇落户”的想法，从而产生城镇落户意愿。农民工感知到的示范性规范主要表现在身边重要的参照个体（如亲戚、资历相仿的朋友）积极进城落户的示范效应。即便农民工自身未真正进城落户，但是当身边的亲戚或资历相仿的朋友均纷纷落户城镇，享受到一定的福利后，会对农民工起到一定的示范作用，产生积极正面的影响。与此同时，传统的中国人也较为注重亲戚朋友之间的相互往来，联络相互之间的感情，更倾向于与亲戚朋友生活在一起，这类现象也是中国传统文化所决定的。并且，在朋友亲戚的影响下，会减少农民工的心理成本，为其在城镇落户提供必要的情感支撑，会激发农民工的城镇落户意愿。综上所述，本书提出如下假设：

H2a：指令性规范正向影响农民工城镇落户意愿。

H2b：示范性规范正向影响农民工城镇落户意愿。

(3) 农民工落户知觉行为控制与落户意愿、落户行为的关系。

知觉行为控制是指个体感知到的执行某一行为的容易或困难程度，反映个体对影响执行行为因素的知觉，知觉行为控制能力越强，可控性因素越多，行为实现的可能性则越大 (Ajzen，1991)。知觉行为控制主要包括控制力和自我效能两方面因素，其中控制力主要指个体对于时间压力、成本等资源方面的控制能力；自我效能主要指个体对自身的知识技能、信息识别与获取能力等方面拥有的自信程度。事实上，控制力是农民工综合考虑其自身具备的资源、实施某行为成功的概率等要素后，对城镇落户行为控制程度的客观评价。城镇落户并不是一蹴而就的，其过程也会遇到很多困难，如果农民工对资源的控制能力不够，在城镇落户过程中遇到因为资源限制而难以克服的困难，则会严重影响其落户的积极性以及落户行为的执行，反之，当农民工认为自己可以较好地掌控城镇落户的进程与结果，其积极的落户意愿则会被激发，实施城镇落户行为的可能性就会越大。此外，自我效能是农民工对自身完成城镇落户的信念，是农民工认为自己是否有能力去完成落户，是其对于自己完成这一行为的自信程度，而并非指代农民工自身拥有能力的大小。农民工自我效能越强，自信心越高，其努力程度也会加强，在城镇落户过程中，就会有更坚定的信心去克服城镇落户过程中的困难，敢于接受落户过程中的一切挑战，并且为了证明自身的能力，验证自己的想法，农民工也会将城镇落户的想法付诸实践，从而完成落户。从这个角度去看，农民工对于自身完成落户的自我效能感是影响其落户意愿及行为的重要因素。综上所述，本书提出如下假设：

H3a：农民工控制力正向影响其城镇落户意愿。

H3b：农民工自我效能正向影响其城镇落户意愿。

H3c：农民工控制力正向影响其城镇落户行为。

H3d：农民工自我效能正向影响其城镇落户行为。

（4）农民工落户意愿与落户行为的关系。

研究表明，个体实施某一行为的意愿与该行为关系紧密，如果测量得当，行为意愿对于行为本身而言具有较高的解释力与预测力。诸多学者对意愿与行为进行元分析，也得出行为意愿对行为均具有显著影响（Godin，1996；Hausenblas，1997；Sheeran，1998）。因此，落户意愿表示农民工试图实现落户的程度及其为了达成落户这一行为所愿意投入努力的程度，是个体行为最好的预测指标之一，是农民工落户行为的内部驱动力。只有当农民工发自内心认为城镇落户对自身有益且愿意执行该行为时，才会产生积极的行为意愿，激发农民工城镇落户行为。综上所述，本书提出如下假设：

H4：农民工落户意愿正向影响其城镇落户行为。

在上述理论假设的基础上，提出本书基于计划行为理论模型的分析框架，如图 7－2 所示。

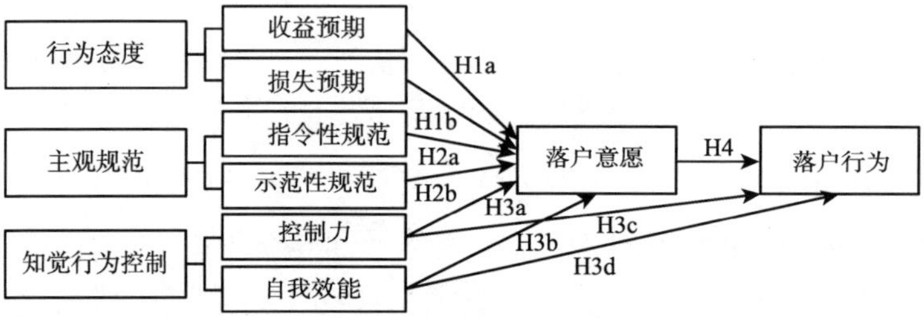

图 7－2　理论分析框架

7.2.3　量表与数据

计划行为理论视角下的农民工城镇落户行为研究涉及农民工行为态度、主观规范、知觉行为控制、落户意愿和落户行为 5 个变量。为提高问卷的适用性，在借鉴成熟量表基础上，结合前期调研结果，对量表进行修正和改进，编制了符合本书需要的关于农民工城镇落户的 TPB 卷。具体采用李克特 5 级量表进行测量，1 表示“完全不符合”，5 表示“完全符合”。

行为态度的测量基于前期访谈中获得的凸显信念并结合 Phan（2002）对行为态度的测量与 Bagozzi（2001）对行为态度的测量，从收益预期与损失预期两个方面确定题项，如“我认为在城镇落户可以享受到城市户口的福利”“我认为在城镇落户会让我享受不到农村户口的福利（土地收益等）”等题项，最终形成 7 个题项的行为态度测量分量表。主观规范的测量基于 Cialdini（1991）对主观规范的测量与 Ajzen（2002）对主观规范的测量，从指令性规范和示范性规范两个方面确定题项，如“我父母希望我在城镇落户”“我身边的亲戚朋友都已经在城镇落户”等题项，最终形成 6 个题项的主观规范测量分量表。知觉行为控制基于 Ajzen（1991）与 Kraft（2005）的研究确定控制力与自我效能两个维度，如“我有足够的资源、能力去城镇落户”“我相信只要我下定决心去城镇落户就一定能成功”等题项，最终形成 6 个题项的知觉行为控制测量分量表。落户意愿与行为采用 Fishbein（1975）与 Sheeran（1999）的量表，如“我希望把户口迁到现在工作的城市”“我的户口已经迁到务工城市”等题项，最终形成 3 个题项的落户意愿测量分量表与 3 个题项的落户行为测量分量表。问卷的预调查与正式调查过程详见 7.1 节，此处不再赘述。

7.2.4　数据分析与研究结果

（1）信度与效度分析。

本书使用 SPSS 20.0 进行数据处理，并采用 Cronbach's α 系数作为各量表信度判断的标准。结果显示，农民工城镇落户行为态度分量表、主观规范分量表、知觉行为控制分量表的 Cronbach's α 系数值分别为 0.832、0.837 和 0.819。农民工城镇落户意愿和行为量表的 Cronbach's α 系数值分别为 0.871 和 0.827，具体数值见表 7－2。由此可见，所有因子的 Cronbach's α 值均大于 0.8，各量表具有较好的信度水平。

表 7－2　　　　信度分析、因子分析表

潜变量	观测变量	因子载荷	CR	AVE	α 值
指令性规范	ZG1	0.928	0.929	0.83	0.792
	ZG2	0.912			
	ZG3	0.836			
示范性规范	SG1	0.709	0.929	0.83	0.792
	SG2	0.726			
	SG3	0.845			

续表

潜变量	观测变量	因子载荷	CR	AVE	α值
控制力	KZ1	0.899	0.94	0.851	0.819
	KZ2	0.893			
	KZ3	0.752			
自我效能	ZN1	0.891	0.94	0.851	0.819
	ZN2	0.748			
	ZN3	0.907			
收益预期	SY1	0.764	0.946	0.846	0.832
	SY2	0.816			
	SY3	0.85			
	SY4	0.851			
损失预期	SS1	0.896	0.94	0.851	0.819
	SS2	0.901			
	SS3	0.84			
落户意愿	YY1	0.922	0.929	0.931	0.871
	YY2	0.941			
落户行为	XW1	0.911	0.910	0.914	0.827
	XW2	0.918			

量表效度方面，主要从内容效度、结构效度以及收敛效度三个方面进行考察。

首先，为保证问卷具有较高的内容效度，本书通过开放式访谈收集凸显信念，在此基础上，参考该领域内的部分成熟量表进行问卷设计。与此同时，征询并采纳相关专家的意见，经过反复修改和提炼，进一步保证量表的代表性。因此，本书问卷具有较高的内容效度。

其次，本书主要采用 Fornell 和 Larcker（1981）提出的三重收敛标准来检验问卷的收敛效度（详见表 7－2）。其一，完全标准化的因子载荷值介于 0.709～0.941，均大于最低临界值 0.5 且 $P<0.05$，达到显著水平；其二，组合信度的 CR 值介于 0.91～0.946，均大于最低临界值 0.7；其三，平均萃取变异值（AVE）介于 0.83～0.931，

均大于最低临界值 0.5。根据上述标准，本书问卷具有较高的收敛效度。

最后，本书主要运用 AMOS 17.0 进行全体测量模型的验证性因子分析，通过模型拟合程度来检验问卷的结构效度。拟合结果详见表 7－3，χ^2/df 小于 5，RMSEA 小于 0.08，NFI、RFI、IFI、TLI、CFI 等指标均大于 0.9，这些指标均表明模型整体拟合良好，本书具有较高的结构效度。

表 7－3　　　　模型拟合指标比较

拟合指数	χ^2/df	NFI	RFI	IFI	TLI	CFI	RMSEA
判断标准	≤5	≥0.90	≥0.90	≥0.90	≥0.90	≥0.90	≤0.08
模型指标	4.845	0.942	0.929	0.953	0.943	0.953	0.049

（2）假设检验。

本书利用 AMOS 17.0 结构方程软件计算各变量间的回归路径，模型拟合度较高，对研究结果进行检验，结果见表 7－4。收益预期、指令性规范、自我效能、控制力对落户意愿有正向影响，标准化路径系数分别为 0.272、0.252、0.263、0.091，在 $P<0.001$ 或 $P<0.05$ 的显著性水平上通过 T 检验，故 H1a、H2a、H3a、H3b 得到验证；损失预期对落户意愿有负向影响，标准化路径系数为 －0.13，在 $P<0.001$ 的水平上通过 T 检验，H1b 得到验证；自我效能、控制力、落户意愿对落户行为有正向影响，标准化路径系数分别为 0.489、0.066、0.065，在 $P<0.001$ 或 $P<0.05$ 的水平上通过 T 检验，H3c、H3d、H4 得到验证。示范性规范对落户意愿的标准路径系数为 0.07，在 $P<0.05$ 的水平上未通过显著性检验，H2b 未得到验证。

表 7－4　　　　路径分析结果

假设	作用路径	标准化路径系数	T 值	P 值	检验结果
H1a	收益预期→落户意愿	0.272	9.709	0.000	支持
H1b	损失预期→落户意愿	－0.13	－4.896	0.000	支持
H2a	指令性规范→落户意愿	0.252	8.256	0.000	支持

续表

假设	作用路径	标准化路径系数	T值	P值	检验结果
H2b	示范性规范→落户意愿	0.07	1.945	0.052	不支持
H3a	自我效能→落户意愿	0.263	9.432	0.000	支持
H3b	控制力→落户意愿	0.091	3.366	0.021	支持
H3c	自我效能→落户行为	0.489	14.436	0.000	支持
H3d	控制力→落户行为	0.066	2.307	0.000	支持
H4	落户意愿→落户行为	0.065	2.113	0.035	支持

7.2.5 研究结论与讨论

本书基于计划行为理论的视角，通过问卷调查并建构结构方程模型揭示了农民工城镇落户行为的影响机理。主要结论如下：

第一，行为态度对农民工城镇落户意愿有显著作用，其中，收益预期产生正向作用，而损失预期产生负向作用。农民工可以享受到城市户口给自己带来的便利以及收益，这种对城镇落户的收益预期是促进农民工城镇落户意愿产生的重要因素。而损失预期是农民工对于实施落户行为所带来的失去享受农村户口福利的担心，如放弃土地财产权以及离开熟悉的生活环境等，这些因素均是阻碍农民工城镇落户意愿形成的重要因素。研究结论也表明，农民是理性的，在当前农村土地政策尚不明确，土地价值不断提升，相反，城市户口附着的各项福利难以一步到位的情况下，农民工在城镇落户问题上更多持观望态度。而改变其决策的关键可能是农村土地制度改革的方向。鉴于此，本书认为，政府须逐渐完善教育、医疗等公共服务，尤其是教育资源的共享与开放，增强城镇户口“拉力”，吸引农民工进城落户。同时，通过土地确权，保障农民工在土地财产权的基础上稳步推进户籍制度改革。

第二，主观规范对农民工城镇落户意愿有部分作用，其中，指令性规范产生正向作用，而示范性规范对于农民工落户意愿没有影响。在中国传统文化的影响下，家庭因素对农民工城镇落户的影响颇大，因此能否得到父母的支持，是农民工决定城镇落户的重要影响因素。前期调研发现，有不少农民工不愿意落户城镇的原因在于担心父母在农村无人照料，却又没有能力将父母随迁在城市，在此顾虑下便打消了城镇落户的念头。可见，为促进农民工城镇落户，需要获得其长辈的支持，政府部门应加强正面宣传，更应积极完善农村养老制度，使老人"老有所养"，解除农民工城镇落户的后顾之忧，促进农民工城镇落户。而示范性规范对农民工落户意愿并没有影响，该结论虽与本书假设相背离，却也符合中国情境下的农民工城镇落户现状。在中国传统观念下，户籍实际上代表着农民工的"根"，当考虑将户口迁走时，农民工并没有因为模仿、从众等原因而盲目做出选择，而是根据个人工作和家庭的实际情况做出决策。

第三，知觉行为控制对农民工城镇落户意愿、行为有显著作用，农民工自我效能、控制力均产生正向作用。并且，自我效能对落户意愿、行为的作用强度（0.263、0.489）远大于控制力（0.091、0.066）对两者的影响。这一指标也说明农民工对其自身知识技能、信息识别与获取能力等方面拥有的自信程度对落户意愿甚至行为的产生具有显著的促进作用。据此，应培养农民工城镇落户的信心以及创造有利于落户的外在环境，使农民工在拥有充足自信心的前提下也有条件去落户，只有内因与外因相结合，才能有效激发农民工的城镇落户意愿，推动农民工城镇落户。此外，农民工应充分发挥自我效能，参加职业技能培训，不断提升自身能力，增强对知识辨别与获取能力等方面的自信心。

第四，计划行为理论对于解释农民工城镇落户行为具有较好的解释力。但与国内学者运用计划行为理论来解释创新行为、渔民参与专业合作组织行为相比（李柏洲等，2014；张高亮等，2015），本书中意愿与行为关系相对较弱，落户意愿对落户行为作用路径系数仅为0.076。其可能原因在于相比之下，农民工城镇落户"意愿—行为"的转化更多受外部因素的制约。如不同类型城市户籍政策带来的落户门槛就成为有落户意愿农民工能否顺利落户的一大障碍。并且，对于农民工来说，“就业机会与落户机会相互分离”同样阻碍了其在城镇落户。大城市、特大城市提供大量就业岗位，也需要外来农民工从事临时性、服务性工作，却难以容纳这些农民工落户；中小城镇全面放开落户限制，却无法提供充足的就业机会，可能农民工连落户意愿都没有。这一矛盾也导致农民工落户“意愿—行为”转化困难重重。

此外，考虑到不同类型城市的政策差异较大，后期研究应该关注4种类型城市农民工落户意愿和行为的比较研究，提出引导农民工城镇落户的有针对性政策措施。

7.3 不同类型城市农民工落户行为的比较研究

7.3.1 农民工落户的城市差异背景与现状

根据国家统计局农民工监测调查报告显示，2016年农民工总量已增至为2.8亿人。如此庞大农民工群体的流向问题一直是学者们关注的焦点（樊士德，2014）。据调查2011~2015年，北上广深等超大城市常住人口年增长1.9%，南京和杭州等9个大型城市人口年均增长1.4%，而43个中小型城市年均增长仅0.4%。由此可见，农民工越来越向大城市集聚，而不愿流入中小城市，这给大城市的交通、环境、公共服务与城市管理都带来了巨大挑战（夏怡然等，2015）。大城市户籍制度由于常住人口的增加而愈发收紧，引发农民工城镇化的难题。为此，国务院印发《关于进一步推进户籍制度改革的意见》，明确提出了四类城市具体的城镇化路径，并提出到2020年努力实现1亿左右农业转移人口和其他常住人口在城镇落户的具体目标。“全面放开建制镇和小城镇落户限制，有序放开中等城镇落户限制，合理确定大城镇落户条件，严格控制特大城市人口规模”的差异化战略部署旨在分散农民工在不同类型城镇落户，提高各类城市的户籍人口城镇化率。

然而现实情况是，农民工仍然对大城市趋之若鹜，对中小城市无动于衷。这其中重要原因在于不同类型城市对农民工吸引力的巨大差异，城市的吸引力来源于就业机会、交通、环境、教育等多方面因素的影响（孙中伟，2015）。识别出这其中哪些因素是农民工进行落户决策时的影响因素，并对不同类型城市农民工落户行为进行比较分析，对当下基于城市类型来合理引导农民工落户城市具有重要意义。考虑到 2014 年国务院印发通知增设了超大城市类型，本书基于全国范围内五类城市（即超大城市、特大城市、大城市、中等城市和小城市）的农民工城镇落户现状调查，通过构建结构方程模型，探讨城市特征方面因素对农民工城镇落户行为的影响路径和驱动机制，为针对不同类型城市制定及进一步完善户籍制度改革方案提供实证依据。

7.3.2　文献、访谈及模型构建

由于城乡二元体制是中国特有的社会结构，国外对农民工城镇落户行为的研究相对较少。对于人口流动方面，国际移民的迁移动机和移民网络是其较为关注的两个方面：一方面，聚焦于驱动国际移民迁移行为相关要素的阐述（Zuzana Bednaříková，2016；Kathleen Neumann，2017）；另一方面，侧重于梳理人际关系对迁移行为影响机理并构建研究框架（Lee，2015；Raffaele Vacca，2016）。研究发现，收入因素、家庭因素和人力资本因素等经济因素和社会融入等非经济因素对人口迁移有重要影响，同时，城市前景和城市生活成本等城市方面的因素也是影响人口流动的关键因素。国内学者对农民工落户行为的研究多以落户意愿为落脚点展开，这类成果大多围绕个人基本特征、家庭状况和老家土地情况与农民工城镇落户意愿的关系展开探讨（张怡然等，2011；熊景维等，2016），也有学者将农民工归属感和相对剥夺感等心理因素纳入研究体系（张鹏、郝宇彪，2014；胡军辉，2015），以上均是对农民工落户意愿产生内因的研究。尽管内因是事物运动的动力和源泉，但诸如农民工流入城市特征方面的外因对农民工落户意愿同样具有不可忽视的影响。对影响农民工落户外在因

素的研究，国内学者主要关注城镇落户门槛等相关政策法规的影响效果，并从多个角度对户籍制度改革的壁垒和关键因素进行研究（黄江泉等，2014；吴业苗，2016）。

基于不同城市的特征探讨农民工落户行为的研究较少。但也有少数学者关注到了城市压力、城市发展状况和城市融合对落户定居状况的影响，并展开了初步探讨。李英东（2005）较早关注城市压力对农民工市民化进程的影响作用，认为随着城市规模的扩大，如交通、居住等生活成本增加带来的生活压力严重阻碍着农民工在城镇落户定居。随后也有研究将房价纳入城市压力对落户意愿影响的研究中，并得到了较为一致的结果（黄江泉，2014；Bo Zhang & Ping Lv，2015）。早期学者探讨城市发展状况对农民工落户的影响多从农村剩余劳动力流向的视角展开，发现经济发展快速且拥有丰富就业机会的城市是农民工的主要流入地（王桂新等，2012；Nalini Mohabir，2017）。除了为获得更高的工资收入和更好的就业机会，农民工还会考虑其所在城市基础设施是否完备和公共服务分配是否均衡等因素来选择是否进行迁移（夏怡然、陆铭，2015）。除此之外，农民工进入城市以后其身份认同和心理融入问题越来越受到学界的关注。相关研究表明，农民工在城市得到的待遇越平等，表明城市的社会融合状况越好，因而农民工越愿意把户口迁移到所工作的城市。可见，城市工作生活压力、城市经济社会发展状况和城市社会融合都是农民工考虑在某个城市定居落户的决策要素。

在此基础上，本书展开了实地调查。2016 年 4 ~5 月，课题组在农民工流入较多的长三角地区选取不同类型城市展开调查，分别在南京等特大城市，苏州、徐州和昆山等大城市，镇江等中等城市，句容、睢宁等小城市进行了走访，完成了对 35 名已落户农民工和 41 名未落户农民工的深度访谈工作。访谈内容主要围绕："您为什么会选择来这个城市工作、城市吸引您的地方是什么、有没有考虑将户口迁到本地、对您来说落户的困难有哪些"等开放性问题展开。通过访谈收集到诸多关于不同类型城市农民工落户情况的一手资料，在对录音进行文本的转换、整理和分析的基础上，发现不同类型城市的农民工落户状况存在一定的共性，同时其落户行为的激发和干扰因素也存在诸多不同之处。访谈过程中发现，前面提及的诸如城市压力、城市社会经济发展、城市社会融合等因素确实被诸多被访者所提及，如访谈中有位在南京打工的年轻人谈及："与老家相比，这里交通方便，坐地铁到哪里都很快。"但也有一位刚来苏州工作的大学毕业生表示："虽然我每个月在这儿的工资也不低，但是只够每天租房、吃饭和交通的支出，而且万一生个病那花销就更大了，更谈不上在这儿买房了。"除此之外，访谈还发现子女入学问题或者城市的教育资源越来越被农民工放在首要的位置。例如，一位在苏州工作的职员表示，为了能把在老家的孩子接到城里上学，他一直密切关注着当地外来务工人员子女入学的条件与城市户籍的相关政策。此外，一位在南京创业成功的餐厅老板也表示："我现在事业也挺成功的，在南京买了两套房，说实话南京户口对我来说可有可无，但为了我的孩子在这里上学，我还是会考虑迁户口。"针对进城农民工子女的入学政策不断左右着农民工的落户决策，绝大多数已婚农民工为了子女能够在身边顺利入学因而具有较高的落户意愿。此外，有好几名农民工在访谈时提到政府机构、公司工会和社区便民中心等单位时常会开展对户籍政策的宣传和推广工作，帮助农民工了解落户政策和落户流程，此举让农民工感觉落户城市并非不可能，对农民工落户行为具有一定的促进作用。

在访谈基础上，根据扎根理论的三级编码原则，运用NVIVO 10质性分析软件对访谈资料进行分析处理，最终识别出频次较高的编码形成城市特征方面的关键要素，包括城市压力、城市社会经济发展（图表中简称为"城市发展"）、城市社会融合、农民工子女入学政策（图表中简称为"子女入学政策"）、户籍政策宣传。城市压力是指生活在城市的农民工感受到就业、购房、上学和看病等物质和精神各方面的压力。城市社会经济发展主要涵盖两方面的概念：一方面是指城市公共服务的完善程度；另一方面是指城市的发展前景，包括就业机会和生活节奏等。城市社会融合是一个双向的概念，既包括城市当地居民对农民工的排斥程度，也包含农民工对城市生活的归属感和自我身份认同程度。农民工子女入学政策是指城市将教育资源在农民工随迁子女和当地居民子女之间的分配机制，反映城市学校对农民工子女入学的门槛和条件。城市户籍政策的宣传力度是特殊的影响因素，其特殊性表现在，落户政策信息只有传播到个体，才能引导个体思想以及行为。因此，落户政策宣传不仅影响农民工城镇落户意愿，甚至还影响农民工城镇落户行为的实施过程。意愿根源于社会心理学中的“行为意向”的概念，通常是指在既定情境下执行特定的行为而得到预期表现的意愿，且学界一致认为意愿是影响行为最为直接的因素（Ajzen，1985；苏敬勤，2014），故本书将落户意愿纳入农民工落户行为的研究中。综上所述，本书构建了城市特征视角下农民工落户行为影响因素模型（见图7-3）。

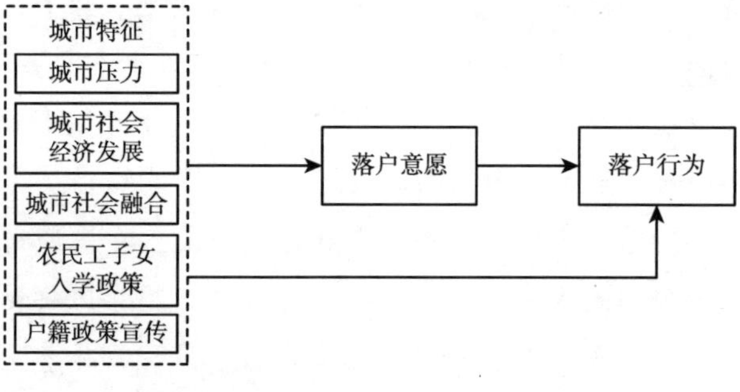

图7-3 城市特征视角下的农民工落户行为影响因素模型

为分析不同类型城市的农民工落户行为及其城市特征层面变量的差异，本书首先对五种不同类型城市其城市特征方面的变量（城市压力、城市社会经济发展、城市社会融合、农民工子女入学政策和城市户籍政策宣传）以及落户意愿和落户行为的现状进行比较分析，然后利用结构方程模型对城市特征层面影响农民工落户行为的因素展开实证研究。实证研究分两块内容进行：第一，在整体城市样本对理论模型进行检验以识别出关键影响因素；第二，分别在五种不同类型城市对模型进行检验以识别出影响农民工落户行为的关键因素，同时通过路径系数的比较，分析各影响因素在不同类型城市的作用效果。

7.3.3　问卷与数据

问卷内容包括两个部分：第一部分是农民工基本信息的调查，包括其户口所在地、现工作所在地、人口学变量（性别、年龄、婚姻状况等）、家庭特征和土地拥有情况等；第二部分是采用李克特量表的形式，建立包括城市压力、城市社会经济发展、城市社会融合、农民工子女入学政策、城镇落户政策宣传、城镇落户意愿和城镇落户行为实施状况这 7 个潜变量构面的题项。城市压力主要来自工作、经济和生活等方面，设置了 G1 ~ G3 共 3 条题项：如“在城市工作压力大”和“在城市生活压力大”等表征城市压力。城市社会经济发展主要由公共服务完善情况和城市发展前景两个方面构成，并设置 H1 ~ H6 共 6 条题项：如“城市生活比较便利”“城市工作机会多”等来测量城市发展变量。城市社会融合是一个双向概念，既包含当地居民对外来农民工的接纳度，也包含农民工自身的身份认同，为此设置 P1 ~ P3 题项测量：如“我工作城市的当地居民不排外”“我对这座城市很有归属感”等。农民工子女入学政策指代农民工适龄子女在城市入学的相关门槛和条件，结合访谈了解到的实际情况，设置 E1 ~ E3 题项：如“外来人员子女在城市很难入学”等来测量。户籍政策宣传表示政府、工会和社区对户籍政策的宣传力度，结合当地政府宣传部相关文件，共设置 R1 ~ R3 题项：如“政府会通过各种方式宣传户口迁移政策”“社区/企业会积极宣传户口迁移政策”等。落户意愿表示农民工将户口迁到城市的意愿，设置 P1 ~ P3 题项来测量：如“我希望把户口迁到现在工作的城市”等。落户行为表示农民工实施落户的进度和结果，共设置 K1 ~ K3 题项：如“我正在办理户口迁移手续”“我的户口已经迁到务工城市”等来测量落户行为。

本书所采用的数据依旧来源于课题组于 2016 年 7 月至 12 月在全国范围内开展的农民工落户现状正式调查。为后期探讨不同类型城市其城市特征对农民工城镇落户行为影响特点，问卷发放地址的选择兼顾了城市类型和区域类别，旨在全方位地在全国各代表城市展开调研，使调研数据更加有说服力和代表性。不仅挑选了人口密集的超大城市如北京、上海和广州等，省会城市或直辖市诸如南京、杭州和重庆等特大城市，还选取了发展迅速较快的大城市如苏州、温州和厦门等，以及发展前景良好的中等城市如嘉兴、日照和张家界等，还挑选了一大批发展较为缓慢的小型城市。根据农民工分布区域的特点，样本城市囊括华北、华东、东北、中南、西南和西北六大片区。样本基本特征 7.1 节已经介绍过，此处不再赘述。

7.3.4 实证分析

7.3.4.1 构面的信效度检验

本书利用 SPSS 20.0 对城市压力、城市社会经济发展、城市社会融合、农民工子女入学政策、户籍政策宣传、落户意愿和落户行为这 7 个潜变量进行信度和效度检验，对其分别进行建构效度、判别效度、一致性信度和组合信度的检验。建构效度（结构效度）是基于 SPSS 软件的探索性因子分析而展开，剔除四个载荷值低于 0.50 的因子 H1、H6、P3 和 K2，其他因子的载荷值均处于 0.671 ~ 0.891 的范围之间，各因子的方差解释量均在 70% 以上，且 $P < 0.05$ 说明模型在统计上高度相关，此外，7 个潜变量的 KMO 值均大于 0.7，说明测量模型具有较好的结构效度。判别效度以平均变异抽取量（AVE）为基础，经检验各个潜变量的 AVE 均大于临界值 0.5，且其平方根均大于该潜变量与其他潜变量之间的相关系数，表明问卷有较好的判别效度，各个潜变量之间存在着实证方面且未被解释的差异。一致性信度通过计算 Cronbach's α 系数来衡量潜变量的各个题项之间的内部一致性，经测算 7 个潜变量的 Cronbach's α 系数介于 0.773 ~ 0.888，均大于临界值 0.7。组合信度检验基于潜变量 CR 值的计算，经测算各潜变量 CR 值介于 0.855 ~ 0.910，均大于临界值 0.7，说明本调研的组合信度较好。具体结果见表 7 – 5。

表 7 – 5　　信度、效度及因子分析表（N = 1618）

潜变量	度量题项	主成分分析		CR 值	AVE 平方根	α 值	潜变量	度量题型	主成分分析		CR 值	AVE 平方根	α 值
		因子载荷	方差解释量						因子载荷	方差解释量			
城市压力	G1	0.854	81.813%	0.910	0.878	0.888	子女入学政策	E1	0.850	77.704%	0.891	0.855	0.855
	G2	0.891						E2	0.869				
	G3	0.889						E3	0.845				
城市发展	H2	0.671	67.483%	0.856	0.774	0.838	户籍政策宣传	R1	0.800	72.364%	0.855	0.815	0.809
	H3	0.770						R2	0.870				
	H4	0.821						R3	0.771				
	H5	0.825					落户意愿	P1	0.883	88.367%	0.877	0.884	0.868
城市社会融合	C1	0.706	73.009%	0.847	0.806	0.814		P2	0.885				
	C2	0.868					落户行为	K1	0.870	81.683%	0.866	0.874	0.773

7.3.4.2 不同类型城市农民工落户行为差异比较

为了更好地把握问卷数据的整体情况和分析城市特征变量在不同类型城市的差异，课题组对回收的数据进行描述性统计，总体城市和五种不同类型城市中各变量的均值和标准差如表 7 – 6 所示。从全体城市数据来说，城市压力变量的平均值为 4.026，接近最大值 5，说明参与调研的农民工在城市生活时普遍感受到了来自城市的压力，且标准差为 0.821，说明不同类型城市的个体对城市压力的感知存在一定差异。城市社会经济发展的均值为 4.203，标准差为 0.653，即与农村相比，在城市生活的农民工确实强烈地感受到由于城市社会经济发展所带来的较为便捷的生活。城市社会融合的均值为 3.453，标准差为 0.905，说明在城农民工感受到融入城市的程度较低，农民工完成自我身份的认同和心理方面的融合注定是一条艰难的道路。农民工子女入学政策和户籍政策宣传的均值为 3.867 和 3.431，标准差为 0.847 和 0.831，同样说明为了更好促进农民工在城镇落户，这两个方面还有诸多工作要做。落户意愿和落户行为的均值分别为 3.409 和 2.033，标准差分别为 1.084 和 1.138，较低的均值说明尽管各地落户政策一再放宽，农民工落户热情并没有想象中的那么高涨，尤其是农民工落户意愿转化到行为的过程严重受阻，标准差均大于 1。可见，不同类型城市农民工的个体间其落户意愿和落户行为存在较大的差异。

从不同类型城市的数据来看，规模越大的城市，城市发展所带给农民工的便捷度越高，但与之而来是农民工感受到的压力也越大。城市融合状况在不同类型城市差异较大，其中大城市和小城市的社会融合状况最好，中等城市和特大城市的融合状况较差。农民工所在的城市规模越大，其子女在城市顺利入学的困难就越大。户籍政策宣传方面，各类型城市的区别不大，都有待加强。最后，规模越大且城市社会经济发展越好的城市，农民工的落户意愿越强，但落户行为却越难以顺利实现。数据分析结果符合社会现实情况（见表 7 – 6）。

表 7-6　各变量的均值和标准差

变量＼城市类型	整体城市		超大城市		特大城市		大城市		中等城市		小城市	
	均值	标准差	均值	标准差	均值	标准差	均值	标准差	均值	标准差	均值	标准差
城市压力	4.026	0.821	4.029	0.836	4.095	0.834	4.029	0.806	3.995	0.844	3.923	0.748
城市发展	4.203	0.653	4.278	0.664	4.203	0.671	3.805	0.682	4.058	0.658	3.984	0.620
城市社会融合	3.453	0.905	3.392	0.970	3.474	0.827	3.529	0.879	3.360	0.889	3.565	0.745
子女入学政策	3.867	0.847	3.963	0.841	3.809	0.899	3.805	0.820	3.815	0.882	3.420	0.843
户籍政策宣传	3.431	0.831	3.447	0.826	3.434	0.886	3.429	0.800	3.362	0.869	3.420	0.843
落户意愿	3.409	1.084	3.548	1.091	3.346	1.108	3.366	1.057	3.056	1.087	3.272	0.998
落户行为	2.033	1.138	1.983	1.119	1.981	1.168	2.090	1.141	2.079	1.221	2.138	1.099

7.3.4.3 城市特征层面的农民工落户行为影响因素分析

（1）模型适配度检验。

前面的探索性因子分析表明各潜变量的测量模型通过检验。在此基础上，运用 AMOS 17.0 对完整模型的适配度进行检验。适配度越好说明模型估算出来的期望共变数矩阵和样本变异数矩阵一致性的程度越高。本书根据结构方程模型适配度指标的检验标准，选取了常用的绝对适配指标和增值适配指标，主要有卡检定（χ^2）、卡方与自由度的比值（χ^2/df）、正规适配指数（NIF）、增量适配指数（IFI）、非标准适配指数（TLI）、比较适配度指标（CFI）。检验结果如表 7－7 所示，从整体数据和各类型城市模型检验结果来看，适配度指标均达到了检验标准，说明模型拟合良好。

表 7－7　　模型适配度指标比较

城市类型＼模型指标	χ^2/df	NFI	IFI	TLI	CFI	RMSEA
整体城市	4.47	0.955	0.964	0.956	0.964	0.048
超大城市	2.49	0.949	0.969	0.959	0.968	0.046
特大城市	1.39	0.911	0.973	0.965	0.973	0.044
大城市	2.46	0.916	0.948	0.933	0.948	0.057
中等城市	1.77	0.843	0.925	0.898	0.923	0.079
小城市	1.84	0.831	0.915	0.887	0.913	0.078
临界值	<5	>0.8	>0.8	>0.8	>0.8	<0.08

（2）整体城市模型估计结果。

本书在进行模型适配度检验后，利用 AMOS 17.0 在整体城市数据中对模型进行估计，各路径系数及显著性结果见表 7－8。结果显示，城市压力对落户意愿以及对落户行为的路径系数不显著，表明城市压力对农民工落户意愿和行为的影响甚微，而其余潜变量对落户意愿、落户行为的路径系数以及落户意愿对落户行为的路径系数均显著。

表7-8　　整体城市模型估计结果

路　　径	未标准化路径系数	标准化路径系数	S.E	C.R	P	检验结果
城市压力→落户意愿	-0.026	-0.020	0.040	-0.662	0.508	不显著
城市压力→落户行为	0.013	0.01	0.044	0.696	0.770	不显著
城市发展→落户意愿	0.146	0.091	0.056	2.604	**	显著
城市发展→落户行为	-0.589	-0.360	0.067	-8.824	***	显著
城市社会融合→落户意愿	0.318	0.296	0.035	9.103	***	显著
城市社会融合→落户行为	0.241	0.220	0.041	5.888	***	显著
子女入学政策→落户意愿	0.147	0.110	0.039	3.760	***	显著
子女入学政策→落户行为	-0.120	-0.088	0.044	-2.708	**	显著
户籍政策宣传→落户意愿	0.323	0.222	0.046	6.991	***	显著
户籍政策宣传→落户行为	0.320	0.215	0.054	5.956	***	显著
落户意愿→落户行为	0.224	0.220	0.036	6.252	***	显著

注：*** 为 $P<0.001$，** 为 $P<0.01$，* 为 $P<0.05$。

首先，城市社会经济发展所带来的快捷便利生活极大地激发了农民工进城落户的“意愿”，但城市社会经济发展与农民工落户“行为”之间呈负相关，说明尽管有着较高的落户意愿，碍于经济越发达的城镇落户门槛越高等阻碍因素，其落户行为却很难实现；与此类似的结果还有农民工子女在城市的入学政策对落户意愿正向影响，却与落户行为呈负相关，说明入学政策越严苛的城市，教育资源越优质、越稀缺，为了子女在城市接受优质的教育，农民工落户意愿强烈，然而，真正实现落户却越困难；与此不同的是，城市社会融合与落户意愿和落户行为均呈正相关，也就是说，城市社会的融合程度越高，农民工越愿意落户城市，且当城市在制度、文化等方面真正接纳、融合了农民工时，农民工落户城市的“行为”越容易实现；此外，户籍政策宣传力度不仅有助于提高农民工进城落户的意愿，而且对落户行为的顺利实施也有着促进作用；最后，落户意愿对落户行为有显著正向作用，说明拥有较高落户意愿是农民工实现城镇落户的第一步。

(3) 分类型城市模型估计。

在不同类型城市，农民工落户行为的实施过程更多地受其所在城镇落户门槛和条件所牵制，故本书在分类型城市进行模型估计时，仅探讨城市特征方面的影响因素对落户意愿的影响效果，而略过对落户行为的影响路径的阐述。城市类型的划分基于《国务院关于调整城市规模划分标准的通知》，以城区常住人口为统计口径，将城市划分为超大城市、特大城市、大城市、中等城市和小城市。各类型城市的样本量分别为超大城市 692 份，特大城市 208 份，大城市 454 份，中等城市 126 份，小城市 138 份。对不同类型城市的模型估计结果如表 7 -9 所示。

表 7 -9　　分类型城市模型估计结果

城市类型 路径系数	超大城市	P	特大城市	P	大城市	P	中等城市	P	小城市	P
城市压力→落户意愿	-0.007	0.869	-0.066	0.455	0.045	0.403	-0.13	0.115	-0.06	0.598
城市发展→落户意愿	0.092	*	0.220	*	0.071	0.267	-0.05	0.610	-0.24	0.062
城市社会融合→落户意愿	0.323	***	0.286	***	0.342	***	0.370	***	0.224	*
子女入学政策→落户意愿	0.155	***	0.045	0.554	0.084	0.112	0.084	0.292	0.160	0.198
户籍政策宣传→落户意愿	0.146	**	0.291	***	0.201	***	0.293	**	0.404	***
落户意愿→落户行为	0.107	*	0.266	*	0.353	***	0.241	*	0.376	**

注：*** 为 $P<0.001$，** 为 $P<0.01$，* 为 $P<0.05$。

结果表明，各类型城市的模型拟合指标均通过检验，说明模型的拟合效果较好。具体而言，从不同类型城市数据看，城市压力对落户意愿的影响效果均不显著，说明尽管农民工感受到了在城市生活的各方面压力，但这并不能构成削弱农民工进城落户意愿的阻碍因素；在各不同类型城市，城市社会融合和户籍政策宣传均正向影响农民工落户意愿，说明城市社会越融合，相关单位对户籍政策宣传力度越大，农民工落户意愿越强烈；在超大和特大城市，城市社会经济发展产生正向影响效果；而只有在超大城市，由于其教育资源紧缺，故农民工子女入学政策越严格，农民工越愿意落户城市；最后，较高的落户意愿有助于落户行为的顺利实施。

7.3.5　结论与启示

基于全国范围内农民工落户现状的调查数据，通过建立结构方程模型分析城市压力、城市社会经济发展、城市社会融合、农民工子女入学政策和城市户籍政策宣传等因素对农民工落户决策的影响机理，得到以下基本结论：(1) 城市社会经济发展是农民工落户意愿的促进要素，却成为落户行为的阻碍要素。这是当下农民工城镇落户现状与户籍制度改革期望存在较大差距的关键原因。“经济发展、就业机会与落户机会相互分离”严重阻碍了农民工城镇化进程。大城市、特大城市提供大量就业岗位，也需要外来农民工从事临时性、服务性工作，却难以容纳这些农民工落户；中小城镇全面放开落户限制，却无法提供充足的就业机会，难以吸引农民工进城落户。(2) 入学政策是农民工落户的关键决策要素，同样成为农民工城镇化矛盾的焦点。农民工聚集的超大城市拥有优质教育资源，但同时设置了诸多严苛的入学条件，户口成为公立学校入学的基本门槛。为此农民工迫切希望落户，使子女能在城市顺利入学。然而正是这些地区，农民工难以将落户意愿转化为行为。而对于其他类型城市，流动人口入学政策相对宽松，很多城市农民工拥有暂住证子女也能入学，此时，农民工就没有了必须落户的理由，反而不愿意落户。(3) 农民工普遍感觉到城市工作生活压力较大，但选择到城市工作的农民工并不会因为城市压力大这一因素而放弃落户城市的机会。城市压力对农民工城镇落户意愿和行为无显著影响，是本书的重要发现之一。（4）农民工感受到的城市在制度、文化、经济等方面的融合度在各类城市均不高，相比而言小城市更容易融合。同时基层行政服务组织对户籍的政策宣传还有较大提升空间。城市社会融合越高、户籍政策宣传越到位，越有利于农民工产生落户意愿，同时也能够推动农民工将这种意愿转化为实际的落户行为。

激发农民工在城市的落户意愿并提高意愿到行为转化的成功率是一项系统工程，学者们以往关注较多的个人特征、家庭状况和老家土地情况等与个人息息相关的微观因素固然重要，但城市发展状况、城市融合程度、子女入学政策和户籍政策宣传等城市层的宏观因素也同样起到重要作用，故推进农民工落户行为应从营造良好的宏观落户环境开始。在不同类型城市，其城市特征因素对农民工落户的影响具有不同的特点，应针对不同类型城市制定差异化的对策。对于超大、特大城市而言，工作重心不在于激发农民工的落户意愿，而在于识别并帮助一部分有意愿且有能力的农民工实现落户行为的转化。同时，严格控制人口规模，对于另一部分有意愿却短时间内难以实现落户的农民工进行合理引导。这一过程将通过城市的制造业、服务业等产业布局和转型升级实现自然更替，而不是通过行政的手段进行“一刀切”。当城市产业布局更多需要具备一定知识技能的工匠或者需要受过专业训练的高端服务人才时，暂不具备相关技能的农民工很难在城市找到谋生的岗位，自然会流向其他城市。鉴于此，在过渡时期内，对于农民工最为重视的随迁子女的入学问题，重点制定能够将城市教育资源在居民和农民工子女之间合理分配的机制，为农民工举家落户保驾护航。对于其他大城市、中等城市和小城市来说，提高户籍人口城镇化率的难点在于农民工落户意愿低。但是小城市有其比较优势，如更好的城市融合、落户政策宣传更容易实现点对点的精准服务等。因此，这些类型城市引导农民工积极落户城市工作的重心应该放在制定能够改善进城农民工心理融合的政策上，如积极鼓励以社区为单位开展丰富的文体活动，拉近外来农民工与当地居民之间的心理距离。同时利用新媒体宣传户籍政策，相关部门可以利用微博和微信等新兴媒体平台促进相关户籍政策的传播，深化居民感知，帮助进城农民工消除政策知晓盲区。

7.4 家庭视角下农民工城镇落户行为研究

7.4.1 农民工家庭化迁移的背景与现状

2016 年 10 月国家卫计委《中国流动人口发展报告》显示家庭化迁移已经成为我国人口迁移的主要特征。我国当前 2.77 亿农民工作为流动人口的重要群体，其家庭化迁移势必会带动大量流动人口来到城市，促进城市化发展的同时农民工自身也将面临更多城市生活问题，如子女入学、更大住房等。因此，在家庭化迁移背景下，农民工流动和落户的决策考虑的因素不再是农民工自身个体的情况，而更多地从整个家庭的需要和状况出发，是家庭成员、家庭资源等各种利弊权衡的结果。鉴于此，从家庭视角探讨农民工落户行为的产生机理尤为必要。

学者们对该领域的研究围绕落户意愿这一中心问题，已经从个体特征、经济因素、制度因素以及社会心理因素等对农民工城镇落户意愿的产生进行了比较全面探讨（唐宗力，2015；陈昭玖，2016）。也有学者认为婚姻状况、子女教育期望等家庭因素对农民工城镇落户意愿具有显著作用（汪润泉，2016；张翼，2011）。然而，一方面，系统地从家庭的视角对落户问题进行专门研究的成果较少；另一方面，将落户行为作为落脚点的研究甚少。只有当意愿转化为行为，农民工才能真正转变为“市民”。因此，本书尝试从家庭视角出发，识别影响农民工城镇落户意愿的因素并分析落户意愿向落户行为的转化路径。

7.4.2 文献、访谈及模型构建

农民工是中国转型期特有的人口迁移群体。国外虽然少有针对农

民工的研究成果，但关于人口迁移的研究非常活跃。主要分为三类：传统的劳动力迁移理论、人力资本劳动力迁移理论和新劳动力迁移理论（杨文选等，2007）。传统的劳动力迁移理论和人力资本迁移理论均从经济层面解释了劳动力的迁移及其影响，如有学者认为收入、财产以及住房价格等是影响农民工迁移的重要经济因素（Amot，1987；Clark，1994）。Massey（1987）在其文章中也验证了收入对迁移决策的作用。而新劳动力迁移理论认为迁移决策不仅仅由个人决定，更多的是由与其相联系的社会群体（如家庭和家族）共同决定的结果。在新劳动力迁移理论的观点下，除了经济因素外，非经济因素的作用也不可忽视。例如，有研究提出个体特征和家庭特征等是影响人口迁移的重要因素（Morrow - Jones，1988；Rossi，1955）。同时，Fan（2011）指出家庭的流动方式（如夫妻共同流动、家庭流动等）的不同对人口迁移决策具有显著作用。可见，在国外的研究中学者们已经开始重视家庭因素对人口迁移的作用，对国内农民工城市迁移问题研究具有一定参考价值。

国内学者对农民工迁移的研究主要集中在对其城镇落户意愿进行研究，主要从个体、经济、制度和社会心理等层面进行探索。个体层面，性别、年龄、婚姻状况以及受教育水平等对农民工城镇落户意愿均具有显著影响（唐宗力，2015；姚俊，2009）。经济层面，收入状况是影响城镇落户意愿最重要的因素，农民工收入越高，其城镇落户意愿越强烈（唐宗力，2015）。制度层面，有学者认为户籍价值与农民工落户需求呈正相关（李飞等，2016），但也有学者认为户籍对农民工城镇落户意愿的作用逐渐减弱（姚俊，2009）。除此之外，社会保障制度如就业、医疗等公共保障服务等也被认为是影响农民工城镇落户的重要制度因素（赵翌，2016）。社会心理层面，盛亦男（2017）认为社会认同对农民工城镇落户意愿具有显著影响。同时梁土坤（2017）通过实证调查发现社会认同对城镇落户意愿的作用存在代际差异。

国内研究鲜有涉及家庭因素。根据李珍珍和陈琳（2010）的观点，家庭因素对农民工城镇落户意愿的作用逐渐凸显。有学者在2009年和2014年对安徽地区农民工进行调查发现，2014年农民工对子女、父母、夫妻分割等家庭问题较2009年更为重视（唐宗力，2015）。这可能由于家庭成员随迁可促使农民工在流入地形成家庭化的稳定状态，而这种稳定的家庭化可以增强其城镇落户意愿（张丽琼，2016）。其他学者也进行了一些初步探讨，发现配偶在同一城市打工，农民工定居意愿高出配偶不在同一城市农民工10.1%。农民工对子女的教育期望与其落户意愿也具有相关性（张翼，2011）。此外，有学者发现如果以土地作为交换来获得城市户口，农民工城镇落户意愿会迅速下降（卢小君等，2013）。通过以上研究成果，本书发现夫妻随迁、子女教育以及土地（指耕地和宅基地）拥有状况在农民工落户城市的决策中起一定作用。关于行为的研究，学界基本一致认为意愿是影响行为的直接因素（苏敬勤等，2014）。并且，Ajzen（1985）认为人的行为并不是完全取决于意愿，也会受到外部条件的控制。具体到农民工，本书认为农民工城镇落户意愿与落户行为之间存在一定关系，且落户意愿到落户行为间受到外部条件的影响。由于学术界鲜有对于落户行为进行考量，因此，本书将从实地调查中识别影响农民工城镇落户意愿与行为间的调节因子。

课题组在江苏省南京市、镇江市、句容市、苏州市、昆山市、徐州市、睢宁市等7个城市进行走访调查，对76名农民工进行半结构性访谈。通过对录音文本的转换、整理、分析。研究发现，农民工城镇落户有两个关键阶段，分别是“意愿”产生阶段和“行为”产生阶段。首先，在“意愿”产生阶段，农民工城镇落户意愿与农民工家庭成员和家庭资源都具有相关性。除前面所提及的夫妻随迁、子女教育期望和家庭拥有土地资源对农民工城镇落户意愿的作用，父母以及家族其他成员对农民工城镇落户意愿也具有一定联系。父母层面，由于受到中国传统思想的影响，农民工个体决策会受到父母态度的引导。访谈中有位在南京市工作的农民工表示：“我爸妈希望我能留在南京，希望我有自己的事业。”其他不同城市农民工也表达过类似的观点。可见，父母的观念对农民工的个体决策具有一定的导向作用。家族层面，有农民工表示：“我叔叔在城市打工的时间也很久了，当初来也是投靠他。”亲属对农民工具有示范作用，亲属在城市务工能够吸引其到城市生活甚至落户城市。其次，在“行为”产生阶段，发现农民工落户行为缘于落户意愿，行为的产生分为两种情况：第一，访谈中有农民工说：“我就是来赚钱的，不想在这里落户，也不会在这里落户。”可见，意愿弱会削弱农民工落户行为的产生。第二，访谈中还发现尽管有些农民工具有强烈的落户意愿，但是并没有真正实现落户。部分农民工表示：“我想在城镇落户，但是买不起这的房子”。事实上，通过调研发现虽然各城市在不同程度上放松了城镇落户门槛，但在城市拥有合法稳定住所依然是大部分城镇落户的必要条件。在访谈中有农民工表示城市房价较高，导致他们选择居住在单位宿舍、工棚等居住成本较低的环境中，居住状况不佳致使农民工不能在城镇落户。可见，城市住房状况对于农民工城镇落户显得尤为重要，是落户意愿向行为转化的关键一步。

通过以上理论分析和实地调查，本书做出以下假设：（1）家庭因素中家族务工传统、子女教育期望、夫妻随迁、父母支持以及土地拥有状况对农民工城镇落户意愿有影响；（2）城镇落户意愿对城镇落户行为具有直接影响且受到城市住房状况的调节作用。综上所述，本书构建了家庭视角下农民工城镇落户行为模型（见图7－4）。

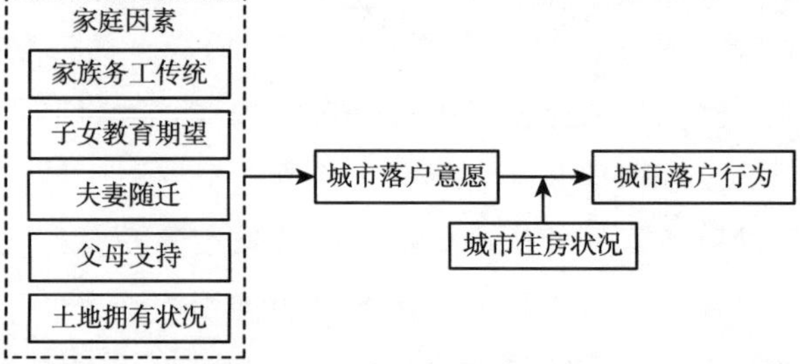

图7－4　家庭视角下农民工城镇落户行为模型

7.4.3　变量测量和数据收集

家庭因素：家庭因素中 5 个因素的测量采用选择题测量方式和心理测量技术两种方式，其中心理测量技术通过李克特 5 级量表进行，1 表示“完全不符合”，5 表示“完全符合”。考虑到前人对影响农民工城镇落户意愿的家庭因素的研究较少，并无成熟量表可参照，故本书结合前期调研结果设计家庭因素的测量量表。具体测量如下：家庭务工传统通过“我有亲戚在城市工作或经商”等 2 个题项测量家族务工传统；夫妻随迁通过“我认为夫妻双方一起来城市有助于我们在城市扎根”等 2 个题项测量；父母支持的测量题项包含“我的父母支持我留在城市”“我的父母希望我能够留在城市”等 3 个题项；子女教育期望通过“我想让我的孩子在城里接受更好的教育”“我来城里工作就是为了孩子能在城市接受教育”等 3 个题项测量。而土地拥有通过直接提问被提问者“您在老家农村拥有土地吗”的选择题方式，得到 1 个二分变量，1 表示“有土地”，0 表示“没有土地”，同时，在问卷中说明中本书所涉及的“土地”不仅指农村的耕地，还包括农村老家的宅基地。

落户意愿与落户行为：为了便于统计愿意落户农民工比例并比较不同落户意愿农民工之间家庭因素的差距，本书采用了两种方式测量落户意愿。首先，本书通过直接询问被调查者“你愿意在城镇落户吗”测量落户意愿，“1”表示愿意，“0”表示不愿意；其次，本书基于 Fishbein（1975）和 Sheeran（1999）的量表并结合前期对农民工调研的结果设计了测量落户意愿与落户行为的量表。具体通过“我希望把户口迁到现在工作的城市”“我希望自己拥有城市户口”等 3 个题项测量农民工城镇落户意愿；通过“我的户口已经迁到务工城市”“我正在办理户口迁移手续”等 2 个题项测量城镇落户行为。

城市住房状况：城市住房状况参考了罗小峰与段成荣（2013）对住房来源的测量，在此基础之上，本书通过询问被访谈者“您在城市的住房情况?”，包括租房和自有住房两个选项。“1”表示自有住房，“0”表示租房。

调查过程以及样本数据基本特征在 7.1 小节已经介绍，此处不再赘述。

7.4.4 数据分析

7.4.4.1 信度效度分析

由于本书中家庭因素（家族务工传统、子女教育、夫妻随迁、父母支持)、落户意愿和落户行为均采用量表测量技术，因此需要对问卷进行信度效度分析。课题组对 130 份问卷进行了预调查。结果发现，城镇落户意愿中“我希望把户口迁到老家附近的县城”未通过检验，故删除；无效题项剔除后，本书基于预调查数据，对问卷建构效度、判别效度、一致性信度和组合信度检验。建构效度基于验证性因子分析，在剔除了 1 个因子载荷小于 0.5 的题项后，各变量的因子载荷均大于 0.5；判别效度基于平均变异抽取量 AVE，AVE 大于 0.5 时，说明问卷具有良好的判别效度，本书中 6 个变量的 AVE 值在 0.734 ~ 0.909；均大于 0.5；一致性信度基于 Cronbach's α 值，经检验，各变量的 Cronbach's α 值在 0.673 ~ 0.898，均通过一致性信度检验，说明问卷具有高信度；组合信度基于 CR 值，各变量的 CR 值在 0.700 ~ 0.905，均大于前人所建议的最低临界水平 0.7，说明问卷具有较好的组合效度。上述各项指标可以说明，本问卷具有良好的信度和效度，可用于验证分析。各项检验指标如表 7 – 10 所示。

表 7－10　信度、效度及因子分析

潜变量	题项	因子载荷	AVE	CR	α值	潜变量	题项	因子载荷	AVE	CR	α值
家族务工传统	J1	0.847	0.816	0.799	0.693	夫妻随迁	F1	0.861	0.734	0.700	0.673
	J2	0.783					F2	0.581			
父母支持	M2	0.882	0.818	0.857	0.898	子女教育	Z1	0.834	0.786	0.828	0.808
	M3	0.862					Z2	0.766			
	M4	0.698					Z3	0.755			
落户意愿	Y2	0.906	0.897	0.891	0.871	落户行为	X1	0/912	0.909	0.905	0.827
	Y3	0.887					X3	0.906			

7.4.4.2 农民工家庭因素及住房状况分析

为了更好地把握问卷数据和样本的整体情况，本书对农民工家庭因素和住房特征进行描述性分析。表7－11列出了所有样本和不同落户意愿下家庭因素的特征以及不同落户行为下农民工城市住房状况的特征。从表中可知，调查样本中55.6%的农民工不愿意在城镇落户，44.4%的农民工愿意在城镇落户。可见，愿意在城镇落户的农民工仍占少数。在区分不同的落户意愿后，各变量的均值发生一些变化。首先，愿意在城镇落户农民工的家族务工传统、子女教育、父母支持、夫妻随迁四项指标的均值分别为3.618、4.192、4.1212、4.0194，不愿意在城镇落户农民工的各项指标均值分别为3.4533、3.8896、3.7463、4.2486，可以发现愿意在城镇落户农民工的家族务工传统均值、子女教育均值和父母支持的均值均大于不愿意落户农民工，而愿意在城镇落户农民工的夫妻随迁均值则略小于不愿意在城镇落户农民工。其次，从表中也可以发现愿意落户的农民工土地资源拥有的均值（0.5808）低于不愿意农民（0.6944），也就是说，不愿意落户农民工大多数拥有土地，而愿意落户农民工中存在一部分人没有土地。最后，愿意落户农民工的城市住房状况均值为0.2201，高于不愿意落户的0.1235，可见愿意落户的农民工城市住房条件要略好于不愿意落户的农民工。数据分析结果符合社会现实情况。

表7－11　　农民工家庭因素与住房状况比较

落户意愿	整体		愿意（44.6%）		不愿意（55.6%）	
	均值	标准差	均值	标准差	均值	标准差
家族务工传统	3.5266	0.9356	3.6184	0.9048	3.4533	0.9536
子女教育	4.0270	0.8830	4.1992	0.8078	3.8896	0.9162
父母支持	3.9126	0.8715	4.1212	0.7794	3.7463	0.9051
夫妻随迁	4.1211	0.7507	4.0194	0.7732	4.2486	0.7015
土地资源拥有	0.6440	0.8830	0.5808	0.4938	0.6944	0.4609
城市住房状况	0.1664	0.3725	0.2201	0.4146	0.1235	0.3292

7.4.4.3　家庭因素与落户意愿

为了解家庭因素对农民工城镇落户意愿的影响，本书利用SPSS 20.0统计分析软件并采用分层回归的统计方法，以家族务工传统、子女教育、夫妻随迁、父母支持、土地资源拥有作为自变量，城镇落户意愿为因变量进行回归分析。回归结果如表7-12所示。可以发现家庭因素中父母支持对农民工城市意愿具有显著正向影响，说明农民工城镇落户意愿会受到父母态度的影响，父母对其落户持支持态度，则会增强其落户意愿，反之则会降低其落户意愿；子女教育期望对农民工城镇落户意愿具有显著正向影响，即农民工子女教育期望越高，城镇落户意愿越强。土地拥有状况对农民工城镇落户意愿的回归系数为负，说明有土地反而降低了农民工的落户意愿。土地不仅是存在潜在收益的资源，更是农民的根。不管是从收益还是对土地的情结来看，农民工都不愿意为了在城镇落户而放弃土地；回归结果还显示，家族务工传统对农民工城镇落户意愿具有显著正向影响，即有亲属在外务工的农民工更倾向于落户城市。除此之外，回归结果显示，夫妻随迁对农民工城镇落户意愿未通过检验。这可能在于夫妻随迁只能导致农民工同配偶一同在城市生活，而父母和孩子可能依然留在老家，为了考虑孩子和父母的生活农民工极有可能放弃落户城市的想法。综上所述，本书通过回归分析验证了前面所建立的模型中子女教育、父母支持、土地拥有状况以及家族务工传统对落户意愿的影响。

表7-12　　家庭因素对城镇落户意愿的回归结果

自变量（参照组）	因变量：城镇落户意愿			
	B值	标准误差	T值	Sig
夫妻随迁	0.026	0.043	0.614	0.539
父母支持	0.296	0.035	8.367	***
子女教育	0.214	0.034	6.366	***
家族务工传统	0.094	0.028	3.366	***

续表

自变量（参照组）	因变量：城镇落户意愿			
	B 值	标准误差	T 值	Sig
土地拥有状况（无土地）	-0.231	0.052	-4.468	***
R^2	0.167			
调整后的 R^2	0.165			
F 值	64.736			

注：*** 为 $p<0.001$，** 为 $p<0.01$，* 为 $p<0.05$。

7.4.4.4 落户意愿与落户行为

为了解落户意愿与落户行为之间的关系，本书通过线性回归方法对前面所提出的模型进行验证。分为两个部分：一是验证落户意愿与落户行为的关系；二是验证城市住房状况在落户意愿与行为之间的调节作用。由于本书的自变量落户意愿为连续变量，调节变量城市住房状况为类别变量，因而采用分组回归的方式分别对租住房和自购住房两组样本进行验证分析，通过比较两组样本的回归系数的差异性判定城市住房状况是否具有调节作用。具体回归结果见表 7-13。

表 7-13　　落户意愿对落户行为的回归结果

自变量	因变量：落户行为					
	全样本（模型 1）		分组回归：租住房（模型 2-1）		分组回归：自购房（模型 2-2）	
	B 值	Sig	B 值	Sig	B 值	Sig
落户意愿	0.299	***	0.266	***	0.359	***
R^2	0.055	0.046	0.073			
调整后 R^2	0.054	0.046	0.069			
F 值	94.16	65.41	20.94			

注：*** 为 $p<0.001$，** 为 $p<0.01$，* 为 $p<0.05$。

如表 7-13 所示，模型 1 显示的是落户意愿对落户行为的回归结果，模型 2-1、模型 2-2 为按住房状况进行分组回归结果。在模型

1 中，农民工落户意愿对落户行为具有显著的正向影响，即落户意愿越强更倾向于在城镇落户。模型 2 - 1 和模型 2 - 2 显示租住房农民工与自购房农民工两组样本的落户意愿对落户行为的回归系数发生了变化。同时，自购房样本中落户意愿对落户行为的方差解释力较租住房样本增加了 2.7%，且各 F 值通过了检验。可见，农民工在城市的住房状况在落户意愿与落户行为间具有调节作用，也说明城市住房类型为自购房的农民工城镇落户意愿更容易转化为落户行为。此外，通过 R^2 的数值可以看出，对于农民工落户行为来说，意愿对行为的解释力并不大。说明除了主观落户意愿外，还有其他多种外部因素在起作用。

7.4.5　结论与启示

本部分研究通过收集大量样本数据，从家庭视角对农民工城镇落户行为的影响因素进行了实证研究，得到以下结论：

农民工落户城市需要经历两个阶段，分别是落户意愿产生阶段和落户行为产生阶段。本书发现家庭因素对农民工城镇落户意愿的作用主要体现在以下 4 个方面：（1）家族务工传统对农民工城镇落户意愿具有正向显著影响。家族中有亲属在城市务工对农民工具有一定程度的示范作用，当家族中有亲属进城务工并向农民工传达城镇落户的利益时，示范作用便会体现。这种示范作用能够促使城镇落户意愿的产生。因此，有家族亲属在城市务工或是已经在城镇落户的农民工更倾向于落户城市。（2）子女教育期望与农民工城镇落户意愿呈正相关关系。农民工对子女教育的期望越高，表明农民工愿意为子女在城市入学所付出的努力越多，进而增强其落户意愿。（3）父母支持对农民工城镇落户意愿具有正向显著影响，即父母对农民工城镇落户的支持度越高，农民工的城镇落户意愿越强烈。结果符合中国的显示情况，在中国传统观念下，个体的决策往往会受到父母态度的影响，因此，能否得到父母的支持，是影响农民工城镇落户意愿的重要因素。

(4) 农民工土地拥有状况对农民工城镇落户意愿具有显著负向影响，即没有土地的农民工更愿意在城镇落户。在当今户籍环境下将户口从农村迁出意味着要放弃农村土地，由于农村土地存在潜在的升值空间，导致农民工在城市户口与土地的选择中倾向于后者。

落户行为产生阶段有两点发现：(1) 落户行为的产生缘起于落户意愿，然而，意愿对落户行为影响有限。学者们前期研究发现，现实中人们并不能完全依照自己的原始意愿来行动，原因在于意愿到行为有一段不易达到的距离，这段距离就是不受行为主体控制的外部环境的阻碍和约束等。例如，Armitage (1999) 认为在意愿向行为转化过程中还会受到情感、环境等因素干扰，行为主体感知到外部环境良好时，更有利于意愿向行为的转化。对于农民工城镇落户来说，更多的情况是难以受自身意愿的支配，受客观条件、政策环境影响更大。本书研究结论恰好揭示了现实生活中农民工落户意愿与行为间的巨大差异，以及落户行为转化率低的关键原因。(2) 城市住房状况在农民工城镇落户“意愿—行为”的转化过程中起调节作用。城市住房可促进农民工城镇落户意愿向行为的转化。城市住房对于大多数农民工来说，不仅仅是城镇落户的条件之一，更是“家”的化身，是其在城市立身的基础和保障。有了住房作为农民工在城市的“保护伞”，农民工则更乐于在城镇落户。然而，住房状况并非唯一的外部条件因素。后期研究应该加强对意愿向行为转化外部环境因素的专门探讨。

基于以上结论，有如下政策启示：第一，应增强已落户农民工对于城镇落户的示范作用，用以带动其家族内亲属到城镇落户。第二，在对农民工父母的安置上，本书认为一方面政府应注重解决农民工父母养老问题，完善农村养老机制，让农民工的父母在农村老有所依，解决农民工迁入城市的后顾之忧；另一方面，应建立农民工父母随迁机制，支持老人与农民工同时迁入城市，同时，政府应在城市社区针对农民工建立老人活动中心，解决农民工对于父母迁入城市后对城市融合问题的担忧。第三，通过建立农民工子弟学校、分配公办学校入学名额等政策，解决农民工子女入学难、入学费用高等问题，以吸引农民工在城镇落户。第四，应建立土地补偿机制。在推动农民工城镇化的过程中，加快土地补偿机制的建立，在农民落户城市的同时获取相应的放弃土地的赔偿或是保留农村土地。第五，应着力提高农民工城镇落户意愿，并重点解决农民工城市住房问题。政府及相关部门应着力改善农民工城市住房条件，为农民工提供购房补贴、低息贷款等购房优惠政策，改善农民工城市住房状况，促进其城镇落户意愿向城镇落户行为的转化。

农民工城市落户行为研究
Chapter 8

第8章 农民工落户“意愿—行为”转化机制研究

8.1 相关概述

党的十九大报告肯定了过去5年城镇化率年均提高1.2个百分点，8000多万农业转移人口成为城市居民的成绩。这背后是近年来不间断的户籍制度改革，不断放宽的农业转移人口落户渠道。然而，推动农业转移人口市民化还有较大空间。2016年全国流动人口监测数据显示，符合落户条件情况下愿意将户口迁入本地的仅占30.4%。一项针对江苏省农民工落户状况的调查显示，全省2万名优秀农民工仅有1%已经落户城市。中山市2009年12月在全国率先推行流动人口积分入户政策，8年来仅1.2%外来人口成功落户。可见，农民工城镇落户意愿并不高涨，有落户意愿的这部分农民工真正能够落户的少之又少，这些都引起学者广泛关注。针对农民工落户问题，学者们多从落户意愿的高低及其原因方面展开研究，从个体、家庭、社会层面较为全面地分析了经济、社会、心理等因素对农民工落户意愿的影响（刘传江等，2011；唐宗力，2015；盛亦男，2017）。然而，意愿只是一种心理倾向，农民工有了城镇落户意愿未必产生实际落户行为，因为这个过程中还受到个人因素和外部环境因素的影响（肖璐等，2017）。落户行为以及“意愿—行为”的转化是农民工城镇落户关键。

梳理相关文献发现，意愿对行为选择具有较高预测力（Ajzen，1985；Hausenbla，1997）。然而，在特定情况下，意愿与行为可能不是高度相关，存在主观意愿背离实际行为的现象（Festinger，1957），如农民工养老保险参保意愿与参保行为（郭庆，2017），加入合作社意愿与行为（马彦丽等，2012）等。分析这些研究成果发现一个共性，即现实中人们之所以不能完全依照自己的原始意愿来行动，原因在于意愿到行为有一段不易达到的距离，这段距离就不受行为主体控制的外部环境的阻碍、干扰或增益。对农民工落户行为这类政策影响较大，非完全主观的行为研究来说，外部环境的作用尤为重要。鉴于此，本书拟在前人对农民工落户意愿研究基础上，将农民工城镇落户意愿与落户行为纳入统一理论分析框架，结合实地访谈和问卷调查提炼农民工落户行为的影响因素，实证分析农民工城镇落户“意愿—行为”的转化路径，为推动农民工城镇落户提供理论依据。

8.2　模型构建

Sheeran（2002）认为行为产生需要借助于意愿与其他因素的共同作用。主观意愿到实际行为的转化过程中，能力、机会等突变因子起关键调节作用（肖璐，2014）。可见，农民工城镇落户意愿与落户行为失调，需要寻找意愿以外的其他相关作用因素。根据波恩（1984）的观点，国际移民和定居需要经历发生、定居、生存和发展四个阶段。发生阶段指新移民迁移至流入地，旨在寻求更多工作机会和更高的经济回报；定居阶段指部分移民在流入地工作生活一段时间后，选择继续留在该地；生存阶段指稳定的工作与生活促使其产生长期定居意愿，并希望融入居住地社会群体中；发展阶段指长期居住基础之上，争取应有的合法权利和身份地位。这一理论对二元体制下中国农民工迁移、定居、落户问题同样适用。现如今农民从农村进入城市并非直接奔着户口而去，同样是为了更好的就业机会和经济收入。进入城市的农民工一部分由于各种原因选择回乡，另一部分留城农民工则分为两类群体：一类农民工计划今后回乡，不打算成为城市市民，没有落户意愿，他们仅仅实现了从农民到农民工的转变，在迁移模式上被称为“候鸟式迁移”；另一类农民工选择长期留在城市工作生活，而到一定阶段（如买房安家、子女上学等），其中部分农民工发现城市户口对他们工作生活影响重大，便萌发迁户口的想法（产生落户意愿）。由于不同类型城市有不同落户门槛，因此，具有一定主观能力、符合落户条件的农民工产生实际落户行为，实现了农民工到市民的身份转变，处于“永久迁移”状态，不符合落户条件的农民工虽有落户意愿却未能落户。综上所述，农民工城镇落户行为产生的线索逐步清晰，如图8－1所示，留城农民工依次经历落户意愿产生阶段和落户行为发生阶段，最终实现农民到市民的转化。

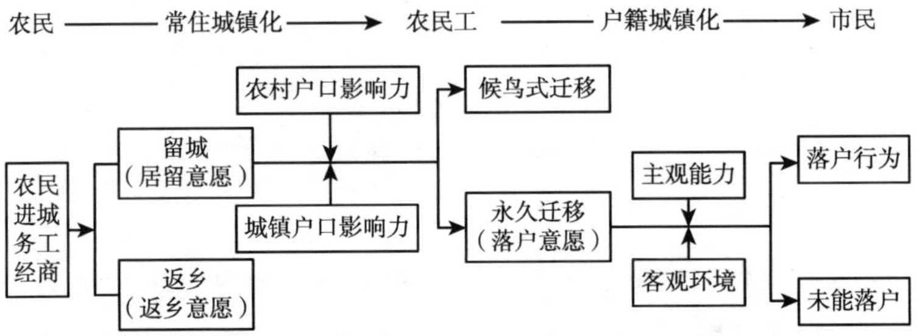

图8－1　农民工城镇落户“意愿—行为”转化路径分析框架

落户意愿产生阶段：居留意愿是农民工城镇落户意愿产生的前提（李飞等，2016）。个体、家庭、城市以及农村土地等因素是影响农民工落户意愿的主要因素（唐宗力，2015；卢小君等，2013；王丽丽等，2016）。尤其当前农村土地制度改革背景下，土地溢价预期高涨，成为牵绊农民工落户决策的关键。与农村土地挂钩的是农村户籍，尽管随着户籍制度改革的不断深入，城乡统一的户籍制度出台，但黏附在不同地区户籍上的福利仍有较大差异。一项针对某市积分落户入围农民工的调查表明，农民工申请入户主要是为了享受城市户籍所带来的权益，如教育资源、社保等福利，同时，部分农民工会因为农村户籍牵涉较多利益而放弃落户城市（李飞，2016；廖柳文，2011）。可见，城市/农村户籍价值是当下农民工落户的关键影响因素。此外，课题组在江苏省7个不同类型城市展开的实地调查发现，农民工在城市就业、居住、生活如果没有发现不便并不会特地考虑将户口迁到城市，当某重要事项如子女教育涉及户口所在地时，他们才会考虑迁户口。有农民工表示：“我们很希望在这里落户，因为我了解了一下，像我们这个不属于当地户口的，上学可能这一块儿还是比较麻烦的。到时候再看吧，实在不行只能把孩子送回老家读书”。可见，当地针对流动人口的入学政策左右着农民工的落户意愿。综上所述，本书假设落户意愿产生阶段，居留意愿和户籍价值对落户意愿具有直接影响，流动人口入学政策在其中具有调节作用，构建的分模型 1 如图 8 - 2 所示。

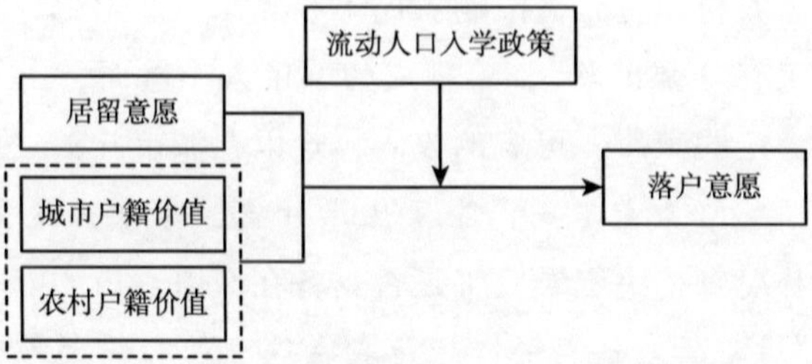

图 8 - 2　落户意愿机理分析模型（分模型 1）

落户行为发生阶段：考虑到学术界鲜见针对落户行为的研究成果，本书在理论分析基础上，重点通过基于扎根理论的访谈、编码挖掘和探索农民工落户行为的决策要素。课题组于 2016 年 5 月对江苏省 7 个不同类型城市进行实地调查，选取来自不同工作岗位的 76 名农民工作为访谈对象，进行围绕农民工落户整个前因后果的半结构性访谈，其中包括部分已经获得城市户籍的农民工。随后基于扎根理论对访谈所获得的录音资料进行转换、整理和分析编码，有以下几点发现：第一，落户意愿是一种心理倾向，是农民工落户行为产生的基本前提，除了主观意愿外，农民工实现落户行为需关注城镇落户的客观环境，包括城市发展状况、城镇落户必须达到相应的客观条件等。部分农民工表示：“我也想尽快落户，但是这边的落户门槛太高了，需要买房子，买房的话是要社保满三年并且拿到房产证满三年才可以迁，太难了，比较长远”。可见，城镇落户的门槛是导致农民工无法落户的重要客观条件。也有农民工表示：“我已经可以落户了，但是审批手续烦琐，时间太长了，我觉得太麻烦”。落户审批是农民工申请落户的最后一步，审批的程序和周期会导致农民工在心理上产生抵触，在一定程度上降低了落户意愿不强的部分农民工落户的可能性

（访谈中发现，一部分在城市经商、已购房、子女已成年的农民工表示，自己满足落户条件，但迁不迁户口对自己影响不大）。访谈中还有农民工表示："我们很难在这里扎根，因为这边发展太好了，像我们没有什么文化，在这里只能被淘汰"。城市发展越好，消费水平和生活成本高于农村，有时会限制农民工在此落户。第二，相当一部分新生代农民工有"都市梦"，希望成为城市人，然而，由于主观能力不足，没有稳定的工作、可观的收入，难以在城市扎根立足。一些农民工表示："我们工资不高，除了生活开支，每个月没多少余钱"，可见，收入状况直接决定农民工是否具备在城镇落户的能力。也有农民工表示："我挺喜欢这里的，但是我在这里的工作太不稳定了，说不定哪天企业就倒闭了，或者我们这条流水线就被机器人替代了"。可见工作稳定性低的农民工难以在城镇落户。第三，访谈中发现部分农民工虽具有强烈的落户意愿，但由于受到政府相关政策的调控，导致其在某一方面不能达到落户标准，无法产生落户行为。访谈中有位农民工表示"我愿意在这里落户，但我没有房子"。其他农民工也有类似的烦恼，合法稳定住房是城镇落户的基本要求。还有农民工表示："我一直想待在城市，也试图去了解过相关政策，基本上从同事或是亲戚口中了解怎么落户，但政策一直在变，我们也没有那么多精力去跑"。可见，政府对落户相关政策的宣传并不到位，导致农民工对落户的基本政策和落户程序了解不到位，最终影响农民工正常办理落户。综上所述，本书假设在城镇落户行为产生阶段，落户意愿、客观环境、主观能力是影响落户行为的直接因素，城市住房状况和政策宣传是城镇落户"意愿—行为"转化过程中突变因子。分模型 2 如图 8 –3 所示。

结合理论分析和实地访谈，一方面明确了农民工城镇落户"意愿—行为"的转化路径，认为农民工城镇落户需要经历落户意愿产生和落户行为产生两阶段；另一方面，提炼出农民工城镇落户"意愿—行为"转化过程中各阶段的关键要素。在落户意愿产生阶段，居留意愿、户籍价值和流动人口入学政策备受农民工关注，其中居留

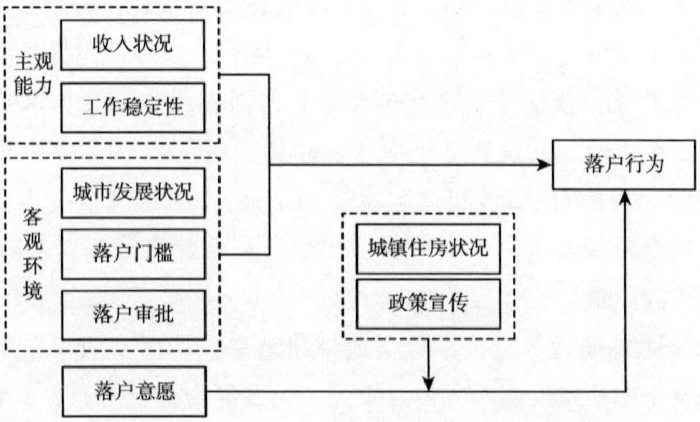

图 8－3　落户行为机理分析模型（分模型 2）

意愿是选择在城市长期生活的态度倾向。户籍价值指黏附在户口上的各种福利，如教育资源、社保、土地等，包括城市户籍价值和农村户籍价值两个方面。流动人口入学政策指相关部门设置的流动人口在本地入学的条件和门槛。在落户行为产生阶段，除落户意愿外，主观能力和客观环境尤其值得关注，城镇住房状况和政策宣传是落户“意愿—行为”转化过程中的突变因子。主观能力主要从农民工的收入状况和工作稳定性两个方面考量。客观环境包括经济发展环境和政策环境两个方面，经济发展环境指城市的发展状况，如就业机会、经济水平等方面。政策环境从落户门槛和落户审批两个方面出发，落户门槛指城市所设置的在本地入户所需要达到的标准和条件，落户审批指有关部门对农民工入户申请的审批流程和审批周期。城镇住房状况指农民工在城市的居住环境和住房条件。政策宣传指政府及有关部门对落户政策的宣传力度和范围。

8.3　变量和数据

如 7.1 节所述，问卷包括两个部分：第一部分为选择题，用于测量农民工个人基本信息；第二部分为李克特五点量表，利用心理测量技术对本部分研究所涉及的相关变量进行测量，具体测量题项如下：

（1）户籍价值测量：户籍价值主要包括农村户籍价值和城市户籍价值两个方面，共设置7个题项。具体通过“我认为农村户口非常值钱”“农村户口牵涉很多利益（如土地）”“在城市买房需要当地户口”“没有城市户口不能享受当地社会保障（如教育和医疗）”等题项实现测量。

（2）主观能力测量：结合实地调研结果，本书从农民工的收入状况以及工作稳定性两个方面对农民工主观能力进行考察，共设置6个题项，如“我不经常更换自己的工作”“我的收入基本上可以满足我的生活需求”和“我的收入有结余”等。

（3）客观环境测量：客观环境指城市发展环境和政策环境。城市发展环境包括城市的发展机会、发展前景、发展速度等，具体通过“我认为城市的发展前景很好”“我认为城市有很多工作机会”等3个题项表征；政策环境包括城市的落户门槛以及落户审批两个变量。落户门槛是城市设置的入户应达到的一系列要求与条件，具体通过“我打工所在城市的落户门槛很高”等3个题项进行测量；落户审批指相关行政部门对农民工落户申请的审批流程、审批期限等，具体通过“我认为在城市办理落户需要提交很多材料”等3个题项进行考察。

（4）意愿与行为测量：本书关于意愿与行为的测量涉及居留意愿、落户意愿和落户行为三个变量。居留意愿表示农民工希望在城市长期居住和生活的倾向，通过“我会在打工城市长期居住”等2个题项测量；落户意愿指农民工希望将户口转为城市户口成为城市市民的意愿，具体通过“我希望把户口迁到现在工作的城市”“我希望拥有城市户口”等3个题项进行测量；落户行为指为实现城镇落户农民工所进行了一系列活动，测量题项包括“我的户口已经迁到务工城市”等3个题项。

（5）调节变量测量：调节变量包括流动人口入学政策、政策宣传和城市住房状况三个变量，具体测量依据课题组前期访谈所了解到的实际情况。流动人口入学政策指农民工子女在城市接受教育所需要达到的一系列条件和要求，共设置“外来务工人员子女在城市入学难”等 3 个题项；城市住房状况指农民工是否在城市购置房产以及居住条件，共设置“外来务工人员在城市居住条件不佳”等 3 个题项；政策宣传指政府、社区等相关部门对入户相关政策的宣传方式和力度，通过“政府会通过各种方式宣传户口迁移政策”等 3 个题项进行测量。

8.4　实证分析

8.4.1　信度效度分析

为保证后续实证分析的有效性和可靠性，本书对收集到的数据进行信度效度分析。本书先利用 Cronbach's α 系数检验问卷信度，各潜变量的 Cronbach's α 系数在 0.527 ~ 0.907 的范围内，表明各量表内部具有良好的信度水平，通过信度检验；效度分析包括内容效度分析、收敛效度分析和区分效度分析。为保证问卷的内容效度，一方面，课题组在江苏省地区进行了大范围、长时间的实地调查，通过与农民工进行面对面的深度访谈了解农民工特质，并在此基础之上参考国内外相关成熟量表，最终完成量表设计。另一方面，在正式调查之前对量表进行了多次讨论、修订和小范围预调查，以保证测量题项能够反映实际测量对象的本质。此外，鉴于被调查对象为农民工群体，整体文化水平偏低。量表中测量题项均采用通俗易懂的语句，防止产生歧义。收敛效度用来检验量表中各个题项是否能够反映同一构念。根据前人的建议，本书基于 CR 值、平均变异抽取量（AVE）和因子载荷值检验量表的收敛效度。具体结果如表 8 – 1 所示，本书中各题项经过正交旋转后因子载荷值均大于 0.5，且在统计上高度显著（P <

0.05)，各潜变量的CR值介于0.737～0.911，均大于前人所建议的临界值0.7，各潜变量AVE值介于0.767～0.913，均大于最低临界值0.5。以上指标表明本书问卷具有较好的收敛效度。

表8－1　量表的信度和效度分析结果

潜变量	题项	因子载荷	CR	AVE	α
城市户籍价值	C1	0.580	0.892	0.821	0.854
	C2	0.816			
	C3	0.850			
	C4	0.851			
农村户籍价值	N1	0.896	0.911	0.879	0.875
	N2	0.901			
	N3	0.840			
收入状况	S1	0.908	0.879	0.843	0.834
	S2	0.907			
	S3	0.704			
工作稳定性	G1	0.698	0.810	0.767	0.721
	G2	0.862			
	G3	0.731			
城市发展环境	F1	0.868	0.893	0.853	0.867
	F2	0.887			
	F3	0.821			
落户门槛	M1	0.912	0.737	0.771	0.643
	M2	0.597			
落户审批	P1	0.910	0.902	0.869	0.907
	P2	0.873			
	P3	0.821			
居留意愿	J1	0.820	0.779	0.799	0.527
	J3	0.777			
落户意愿	L1	0.91	0.899	0.904	0.871
	L2	0.898			

续表

潜变量	题项	因子载荷	CR	AVE	α
落户行为	X3	0.921	0.909	0.913	0.827
	X1	0.904			
入学政策	R1	0.878	0.911	0.880	0.859
	R2	0.904			
	R3	0.857			
政策宣传	B1	0.836	0.872	0.834	0.812
	B2	0.889			
	B3	0.772			
城市住房状况	F1	0.709	0.855	0.815	0.764
	F2	0.879			
	F3	0.847			

区分效度用来表示测量量表中各构念间是否能够得到较好的区分，其检验基于卡方差异性检验。将模型中两两潜变量之间的相关系数设定为1的约束模型与自由估计模型进行对比，卡方差异显著说明测量量表具有良好的区分效度。前面分析农民工城镇落户“意愿—行为”转化经历了落户意愿产生和落户行为产生两个阶段。故在具体检验中，从这两个阶段分别对农民工落户情况展开分析，分析结果如表8-2所示。落户意愿产生阶段，自由模型（模型1）中尽管RMSEA、NFI、IFI、TFI和CFI等指标均通过，但卡方自由比（χ^2/df）大于5，因此，需要对该模型拟合结果进行改进。根据MI修正模型指数对初始模型进行修正，修正后自由模型中（模型2）各拟合指数均达到临界值标准，说明落户意愿产生阶段的理论模型拟合度良好。同时，与约束模型（模型3）对比发现模型2的各项拟合指标更优且两模型卡方差异明显，说明量表具有良好的区分效度。落户行为产生阶段，自由模型（模型4）中卡方自由比（χ^2/df）小于5，RMSEA小于0.08，NFI、IFI、TFI、CFI等指标均大于0.9，表明落户行为产生阶段的理论模型具有良好的拟合度。同时，约束模型（模型5）中除卡方自由比（χ^2/df）未通过检验外，其他指标均通过检验，

且模型卡方差异值存在显著不同，说明量表具有良好的区分效度。

表 8－2　　　　　　模型拟合优度检验结果

分模型			χ^2/df	NFI	IFI	TLI	CFI	RMSEA
意愿产生阶段	模型 1	自由模型	5.979	0.959	0.965	0.953	0.965	0.055
	模型 2	修正后自由模型	4.062	0.973	0.979	0.971	0.979	0.044
	模型 3	修正后约束模型	13.69	0.906	0.913	0.879	0.912	0.089
行为产生阶段	模型 4	自由模型	3.065	0.975	0.983	0.974	0.983	0.036
	模型 5	约束模型	8.211	0.932	0.939	0.910	0.939	0.067
临界值			<5	>0.9	>0.9	>0.9	>0.9	<0.08

8.4.2 验证性分析

以上信度效度分析结果表明本书各潜变量的测量模型有效，在此基础之上，本书综合运用 AMOS 17.0 结构方程建模分析软件、SPSS 20.0 统计分析软件检验两个分模型中各因素间的因果关系。根据前面理论分析和实地调研，农民工城镇落户“意愿—行为”转化路径中不仅包含相关影响因素对落户意愿和落户行为产生的直接作用，还包含诸如流动人口入学政策等因素的调节作用。故在具体的验证性分析中，对直接作用和调节作用分别进行验证。

（1）直接作用检验。

直接作用分析基于 AMOS 17.0 结构方程建模分析软件的数据处理结果，具体如表 8－3 所示。农民工城镇落户“意愿—行为”转化的第一个阶段（落户意愿产生阶段），城市居留意愿（$\beta = 0.700^{***}$）、农村户籍价值（$\beta = -0.138^{***}$）和城市户籍价值（$\beta = 0.137^{***}$）对农民工城镇落户意愿的路径系数均通过检验，表明前面所建立落户意愿产生阶段的理论假设均成立。在农民工具备城镇落户意愿的基础之上，本书考察了农民工城镇落户意愿、主观能力和客观环境对农民工城镇落户行为的作用。结果显示，落户意愿与落户行为之间显著相关（$\beta=0.273^{***}$），同时，主观能力中收入状况对落户行为的路径系数未通过检验（$\beta=-0.032$），工作稳定性的路径系数显著（$\beta=0.233^{***}$），客观环境中落户门槛（$\beta=-0.408^{***}$）、落户审批（$\beta=0.435^{***}$）和城市发展状况（$\beta=-0.214^{***}$）对落户行为的路径系数均通过了检验。

表 8－3　　落户意愿、行为影响路径的验证性分析结果

分模型	路　径	未标准化路径系数	标准化路径系数	S. E	C. R	检验结果
落户意愿产生阶段	居留意愿→落户意愿	1.000	0.700	0.808	12.581	通过
	农村户籍价值→落户意愿	-0.209	-0.138	0.044	-4.772	通过
	城市户籍价值→落户意愿	0.150	0.137	0.037	4.029	通过
落户行为产生阶段	落户意愿→落户行为	0.255	0.273	0.034	7.469	通过
	收入状况→落户行为	-0.047	-0.032	0.060	-0.772	未通过
	工作稳定性→落户行为	0.293	0.233	0.046	6.418	通过
	落户门槛→落户行为	-0.654	-0.408	0.160	-4.097	通过
	落户审批→落户行为	0.465	0.435	0.093	5.024	通过
	城市发展状况→落户行为	-0.299	-0.214	0.052	-5.708	通过

（2）调节作用检验。

本书运用 SPSS 20.0 对农民工城镇落户“意愿—行为”转化路径中的调节作用进行验证。考虑到本书的自变量与调节变量均为连续变量，因而采用多元层次回归分析法进行验证。

落户意愿产生阶段，先将居留意愿、农村户籍价值、城市户籍价值 3 个自变量和调节变量（流动人口入学政策）加入模型 1，然后分别构建调节变量与 3 个自变量的乘积项，同自变量、调节变量一起加入模型 2 对因变量进行回归，结果如表 8－4 所示。可以看出，未考虑调节效应的初始模型 1 和加入调节变量的模型 2 均通过 F 值检验，表明两个模型均具有良好的统计学意义。加入流动人口入学政策与各自变量的乘积项后，“流动人口入学政策 × 居留意愿”

未通过显著性检验（β＝0.059），“流动人口入学政策×农村户籍价值”（β＝－0.077*）与“流动人口入学政策×城市户籍价值”（β＝0.089**）均通过显著性检验，且模型的决定系数 R^2 由 0.294 变为 0.303，表明落户意愿产生阶段，流动人口入学政策在落户意愿产生阶段具有显著调节作用且调节效果体现在户籍价值与落户意愿之间。

表 8－4　流动人口入学政策对落户意愿的调节作用检验

分模型 1		模型 1	模型 2
落户意愿产生阶段	入学政策	0.022	0.157
	居留意愿	0.567***	0.557***
	农村户籍价值	－0.094**	－0.074*
	城市户籍价值	0.255***	0.250***
	入学政策×居留意愿		0.059
	入学政策×农村户籍价值		－0.077*
	入学政策×城市户籍价值		0.089**
R^2		0.294	0.303
F		169.691***	101.291***

注：*** 为 $p<0.001$，** 为 $p<0.01$，* 为 $p<0.05$，此外表中“入学政策”指“流动人口入学政策”。

落户行为产生阶段，先将自变量（落户意愿）与政策宣传和城市住房状况 2 个调节变量加入模型 3，然后分别构建调节变量与落户意愿的乘积项，同自变量和调节变量一起加入模型 4 进行回归，结果如表 8－5 所示。未考虑调节效应的初始模型 3 和加入调节变量的模型 4 同样均通过 F 值检验，具有统计学意义。加入调节变量与落户意愿的乘积项后，回归模型的决定系数显著增加，同时“城市住房状况×落户意愿”的回归系数不显著（β＝0.046），“政策宣传×落户意愿”通过显著性检验（β＝0.066*），表明落户行为产生阶段，城市住房状况在落户意愿与落户行为间不具有调节效应，政策宣传在落户意愿与落户行为间具有显著调节作用。

表 8－5　城市住房状况、政策宣传对落户行为的调节作用检验

分模型 2		模型 3	模型 4
落户行为产生阶段	落户意愿	0.125***	0.130***
	政策宣传	0.142***	0.154***
	城市住房状况	0.216***	0.219***
	落户意愿×政策宣传		0.066*
	落户意愿×城市住房状况		0.046
R^2		0.093	0.101
F		56.489***	37.260***

注：*** 为 $p<0.001$，** 为 $p<0.01$，* 为 $p<0.05$。

8.5　研究发现与政策启示

8.5.1　研究发现

通过以上实证分析可以看出，本书提出的农民工城镇落户“意愿—行为”转化路径得到了较好的验证。实证结果对农民工城镇落户“意愿—行为”转化路径的两个阶段进行更深一步刻画，解释了居留意愿、户籍价值与落户意愿的关系以及落户意愿、主观能力、客观环境与落户行为的关系，同时验证了流动人口入学政策、城市住房状况和政策宣传在城镇落户“意愿—行为”转化过程中的调节作用。与此同时，模型也存在需要微调的部分，如主观能力中收入状况、城市住房状况等影响效果未通过实证检验，修正后的农民工城镇落户“意愿—行为”转化路径及机理如图 8－4 所示。

城镇落户意愿的产生。从图 8－4 可以看出，居留意愿、户籍价值和流动人口入学政策在农民工城镇落户意愿产生阶段具有显著作用。具体来说，居留意愿对农民工城镇落户意愿具有显著正向影响，城市户籍价值对落户意愿具有正向作用，农村户籍价值与落户意愿呈

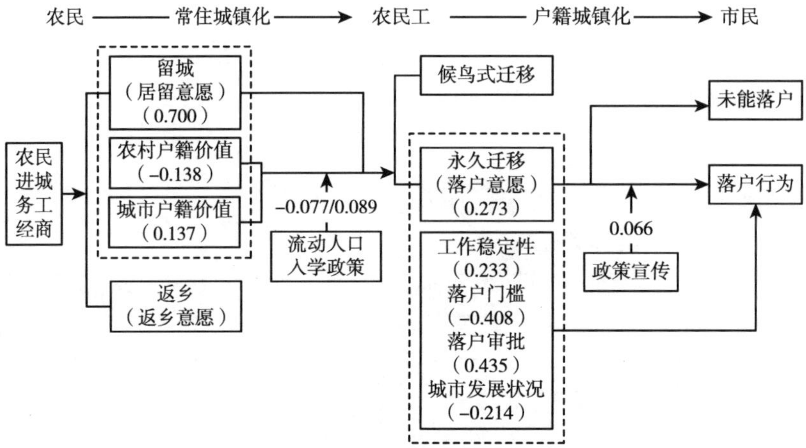

图8-4 修正后的农民工城镇落户“意愿—行为”转化路径及机理

负相关，流动人口入学政策在户籍价值与落户意愿间起正向调节作用。该结果说明，农民工城镇落户意愿并不是凭空或是直接产生的，而是以居留意愿和户籍价值为起点。起初农民工具有长期在城市居留的倾向，随着他们在城市生活、工作到一定时期或一定阶段后，户籍价值体现出其对落户意愿的作用，其中城市户籍价值吸引农民工留在城市，促进其产生落户意愿，农村户籍价值则对农民工留城产生拉力，削弱其城镇落户意愿。与此同时，流动人口入学政策一方面可以增强城市户籍价值对落户意愿的正向作用，政策越严格说明城市教育资源对农民工的吸引力越强，越希望留在城市；另一方面，流动人口入学政策能够加强农村户籍对落户意愿的负向作用，对于本身倾向于返回农村的农民工来说，严格的入学政策更是将其推向农村。

城镇落户行为的产生。该阶段，落户意愿、客观环境（落户门槛、落户审批和城市发展状况）和主观能力（工作稳定性）是影响落户行为的直接要素，政策宣传是落户“意愿—行为”的调节因子。具体来说，落户意愿与落户行为呈正相关。城市发展状况和落户门槛对落户行为具有负向影响，落户审批对落户行为的产生具有正向作用，工作稳定性与落户行为呈正相关。结果表明，农民工城镇落户行为缘起于城镇落户意愿，落户意愿越强烈越利于落户行为的产生。除落户意愿外，工作稳定性和城市客观环境对落户行为同样关键，工作稳定的农民工有更高的职业安全感和生活保障感，更有信心将户口迁入城市。而横亘在大多数农民工面前的地方政府设置的面向精英群体倾斜的落户门槛，使一些农民工难以企及。对于一些落户意愿并不强烈的农民工，落户审批手续复杂、周期长等政策执行问题也会成为妨碍农民工落户的最后一道门槛。同时，落户“意愿—行为”转化过程受政策宣传的调节作用，政府加大对落户政策的宣传能够让农民工及时了解政策变动，促进其落户意愿向落户行为转化。与预期不一致的是，收入状况对落户行为的作用没有通过显著性检验，这可能在于，相比收入状况，工作稳定性对于农民工落户行为而言更为重要，因为诸多城市设置的落户门槛要求连续缴纳社保年限，要求农民工合法稳定就业，而具体收入水平并未成为硬性条件。

8.5.2　政策启示

与农村户籍价值关联的农村土地政策是影响农民工城镇落户的关键要素。农民是理性的，在当前农村土地政策尚不明确，土地价值不断提升，相反，在城市户口附着的各项福利难以一步到位的情况下，农民工在城镇落户问题上更多持观望态度，而改变其决策的关键是农村土地制度改革的方向。农村土地确权工作基本完成，土地确权后，对于全家已经迁入城市且变成城市户口的农民工，宅基地、承包地不强制收回，将鼓励其通过有偿方式退出，这从某种程度上保障了在城镇落户农民的土地权益，减少农村户籍价值对其落户决策的牵绊。然而这仅是针对举家迁移落户的情况，这种情况恰恰表明农民工自身具有较强的主观能力，能够举家扎根城市。对于大多数农民工尤其占农民工主体的新生代农民工来说，多是父母在农村，自己在外打拼，一旦转为城市户口将无法继承父母在农村的宅基地，自己也将由于失去村集体成员的身份而无法再申请获批宅基地，同时丧失土地承包权、集体收益分配权。对于主观能力不足、对城市生活缺乏信心的农民工来说，保留农村的土地权益成为他们最后的保障。

进一步放宽落户政策的同时提升农民工主观能力是促进农民工城镇落户的可行途径。农民工城镇落户问题不能一概而论，不同类型城市具有不同人口资源状况。2014 年 7 月国务院印发《关于进一步推进户籍制度改革的意见》，明确提出了四类城市具体的城镇化路径，全面放开建制镇和小城镇落户限制，有序放开中等城镇落户限制，合理确定大城镇落户条件，严格控制特大城市人口规模。近年来，除了小城市、建制镇全面放开落户限制外，大城市、中等城市均在不同程度上放宽了农民工落户条件，然而，真正落户农民工数量依旧很少。本质原因在于农民工自身主观能力不足。由于受教育程度、技能水平较低，农民工多在二级劳动力市场从事临时性、辅助性、服务性工作，工作稳定性难以保证，更难以进入“体制内”就业。因此，农民工天生缺乏安全感。事实上，他们在城市工作也确实没有保障。调研中发现，在城市产业结构转型升级、智能制造趋势下，这部分群体面临更为严峻的就业考验。然而，随着我国人口红利逐渐消失，劳动年龄人口增速放缓甚至减少，农民工已经成为不可或缺的技能型人力资本的重要来源和中坚力量。通过自身努力、企业培养、社会支持等多举并重的方式提升其就业技能水平成为帮助其在城市安家立业的关键。

教育资源是农民工迁移落户逐利的核心，同时成为他们留在城市的软肋。从表面看，农民工迁移城市为了更好的就业机会、更高的报酬等经济利益，但在中国传统“家”文化下，父辈对子女利益的考量有着根深蒂固的传统，农民工最为子女考量的方面就是教育。因为当今中国社会流动性差，教育成为打破阶层固化，实现阶层流动的重要途径。但现在教育的水平和质量越来越取决于出生和出生地。城乡教育资源分配严重不均，城市和农村适龄人口高等教育入学率差距越来越大（颜色，2016）。因此，追逐城市优势的教育资源成为农民工落户行为决策的重中之重。然而，城市教育资源作为一种稀缺资源，为在城市工作生活但未能落户的农民工设置了不同程度的制度障碍，导致一些农民工由于适龄子女无法接受教育而选择返乡，成为农民工留城的软肋。如何满足农民工子女日益高涨的受教育需求成为城镇化进程中亟待解决的重要问题。

本部分研究的主要贡献在于将农民工城镇落户研究从意愿推向行为，实现了对农民工城镇落户“意愿—行为”转化机制的完整分析。然而，在选取主观能力相关变量时，重点关注并解释了就业这一要素对落户行为的影响，对诸如社会资本等其他要素作用并未进行深入探讨。此外，现实生活中不同代际农民工在进行行为决策时考虑的要素倚重不同，本书未对不同代际农民工进行区分。后期将延续探究其他可能要素在落户行为两阶段模型中的作用，并关注代际差异带来的决策影响，使研究更细化、全面。

第9章　已落户与未落户农民工社会融入比较研究

9.1 引　言

由于我国长期存在的户籍制度的影响，农民工社会融入进程一度受阻，已经成为中国城市化进程中亟待解决的问题。制度层面，研究认为二元化城市户籍现状是导致城市制度生存环境的根本原因（任远等，2006）。户籍制度无形中致使社会上一部分人无法享受社会资源，因而被认为是一种“社会屏蔽”制度（李强，2002）。因此，破除农民工城市户籍难题，促使有能力在城市稳定就业和生活的农民工进城落户，是农民工融入城市社会的根本选择（国务院研究室，2006）。现实层面，许多研究注意到农民工城市融入的行为决策受户籍制度影响。农民工的工作和生活空间主要依赖于乡土关系，与当地户籍的市民还处于相对隔离的状态（李树茁等，2008）。农民市民化滞后于农民非农化，农民工不能与城市有户籍从业人员享有同等的社会保障和待遇（顾海英等，2011）。可见，户籍已经成为农民工群体的分界点。

随着中国社会的发展和变迁，农民工群体已经产生比较明显的内部分化。不同群体的农民工在行为特征、生活态度和思维方式方面，存在着显著差异。诸多学者从比较研究的视角对不同农民工群体的社会融入状况展开探讨。例如，有学者关注农民工的代际差异对农民工社会融入的影响（何军，2012），也有学者基于是否家庭化来对农民工城市融入进行比较研究（田艳平，2014），还有学者选取不同区域的农民工群体进行社会融入的比较研究（曾鹏和向丽，2016）。然而，鲜有将户籍差异纳入社会融入比较分析的相关成果。究竟已落户与未落户农民工在城市社会融入方面是否有差异，有何差异都是值得探讨的问题。鉴于此，本书将已落户与未落户农民工分成两类群体对其社会融入程度进行对比分析，以期能更好地把握户籍制度对农民工社会融入影响的特点。

9.2　研究框架与数据

9.2.1　社会融入维度

国外研究主要集中于国际移民社会融入研究，其后代融入主流社会的相关问题逐渐成为研究重点。戈登（1964）把社会融入归纳为七个方面，包括身份、结构、文化、态度、文明、行为和结构的融入。同期，梅西（1985）增加了对空间融入的研究。威廉姆斯（1990）和奥尔特加对戈登的七维度理论进行了实证分析，验证了其维度的划分的合理性。后来，阿尔布和尼尔（1997）通过研究认为这七个方面忽略了空间融合、制度融合和经济融合等重要维度。此后，越来越多的国外学者开始了对社会融入的相关研究。安特（2003）等通过研究发现国际移民只有经过政治融入、文化融入、经济融入和流入地接纳和排斥才能有效融入社会。道格拉斯（2011）从政治参与、社交网络、生活满意和文化整合等方面来衡量国际移民的城市社会融入程度。拉斐尔（2016）关注国际移民社会网络的融入同化性问题，并认为乡土社会网络的融入是文化和经济同化的结果。

国内流动人口社会融入研究与国际移民相比既有共性，也因户籍制度的存在而具有自己的特点（杨菊华，2015）。农民工融入问题的界定在学术界并没有得到统一，有学者认为“融入”与“融合”是两个不同的概念，“融入”表示流动人口在行为、经济、观念和文化方面被流入地的主流社会体系所容纳，是单向的过程，而“融合”指流出地文化和流入地文化相互交汇，是双向的过程（杨菊华，2009）。但多数研究中使用的关键词如城市融入、城市融合、社会融合等探讨的基本是同一个问题，即农民工在城市的社会融入，本书研究的社会融入也是如此。在社会融入的维度划分方面，田凯（1995）从社会、文化、经济和社会四个层面来探讨农民工城市融入问题。基于此，朱力（2002）提出维度递进理论，认为进城农民工的适应是一个递进的过程，依次为经济融合、社会融合和心理融合。杨菊华（2009）认为社会融入包括行为适应、身份认同、经济整合和文化接纳方面的融入，是一个多维度的、动态的、互动的和渐进式的过程。在理论研究的基础上，学者们开始着眼于农民工社会融入不同维度的实证分析。为衡量农民工的城市融入度，王桂新（2008）从政治、经济、社会关系和公共权益四个角度对上海市农民工进行考察发现，来沪农民工虽已逐步融入当地社会，但是总体而言，其融入程度并不高。刘建娥（2010）利用在广州、昆明、上海、沈阳和天津五大城市的调研数据，从就业收入、居住满意度、生活信心、健康状况和身心安全来研究乡—城农民工的社会融入现状，发现其社会融入度较低。纪韶（2012）基于因子分析法提炼出社会、经济、心理三个主要因子来研究农民工的城市融入状况，发现目前农民工的城市融入水平还很低，但是他并没有对不同维度的融入进行对比分析。张蕾和王燕（2013）同样采用提取公因子的方法，将城市社会融入划分为经济、行为和心理认同三个维度，并通过典型案例验证其合理性。卢海阳等（2016）利用2013年全国东部、中部、西部21个省份的进城农民工问卷调查数据，从心理、社会、身份、文化和经济五个层面研究进城农民工的城市融入问题。

综上所述，农民工社会融入是一个多维度的复杂过程，在不同维度可能具有不同的融入程度。本书重点关注已落户与未落户农民工社会融入的具体情况。以中国综合社会调查（CGSS）发布的2013年度调查数据为基础，通过“迁移”模块数据识别出已落户与未落户农民工群体，并对其基本特征进行描述性统计，对涉及社会融入的12个题项进行因子分析，提取出农民工社会融入的5个测量因子，在采用科学方法对各题项进行指标赋值的基础上，计算已落户与未落户农民工各维度融入度，最后计算两个群体的综合社会融入度并进行比较分析。

9.2.2 样本数据来源

本书数据源于中国综合社会调查（CGSS）2013 年度调查数据，首先根据问卷“迁移”模块中题项 A18“您目前的户口登记状况是：①农业户口；②非农业户口；③蓝印户口；④居民户口（以前是农业户口）；⑤居民户口（以前是非农业户口）；⑥军籍；⑦没有户口”筛选出选择“④居民户口（以前是农业户口）”的样本，这部分群体进行了户口的迁移。同时，考虑这部分群体户口迁移的途径，即题项 A20“您获得非农业户口的途径是：①升学；②参军；③工作/招工；④转干；⑤征地；⑥家属随转；⑦购买；⑧户口改革；⑨其他”，发现大部分选择“③工作/招工”，筛选出这部分共计 510 份数据作为已落户农民工的样本。同理，挑选出选项 A18 中选择选项“①农业户口”并同时满足选项 A21“您目前的户口登记地是：①本乡（镇、街道）；②本县（市、区）其他乡（镇、街道）；③本区/县/县级市以外；④户口待定”选择选项“③本区/县/县级市以外”的共计 697 份样本作为未落户农民工的样本。这部分群体属于“人户分离”的户口登记状况，他们具有农业户口，并且在城市工作或生活。

表 9 –1 列出了已落户与未落户农民工样本的基本特征。已落户农民工中女性所占比例较高，平均年龄大于未落户农民工。两类群体都以小学、初中文化水平为主。相比而言，已落户农民工平均文化水平稍高于未落户农民工。两类群体的职业结构均集中在“受雇于他人的”，其次是个体工商户，但未落户农民工中个体工商户所占比例要高出已落户农民工一倍左右。

表 9-1　　已落户与未落户农民工人群的基本特征

基本特征		已落户（N=510）	未落户（N=697）	基本特征		已落户（N=510）	未落户（N=697）
性别（%）	男性	48.4	51.8	职业结构（%）	个体工商户	12.6	24.5
	女性	51.6	48.2		受雇于他人	67.2	55.5
平均年龄（岁）		48.75	37.06		零工、散工	6.3	9.2
文化程度（%）	没有受过任何教育	9.0	6.5		劳务工/劳务派遣工	2.8	1.4
	私塾、扫盲班	1.0	0.3		自己是老板/或者是合伙人	2.4	3.3
	小学	20.4	19.5		在自家的生意/企业中帮忙	5.5	4.9
	初中	28.4	39.6		自由职业者	3.2	1.2
	职业高中	1.6	1.4	年龄分组（%）	15-25	8.2	20.2
	普通高中	10.0	13.8		26-35	14.7	33.4
	中专	7.1	6.3		36-45	20.0	22.8
	技校	0.8	0.6		46-60	28.2	17.5
	大学专科	11.8	7.2		60-	28.8	6.0
	大学本科	9.4	0.6	政治面貌（%）	共产党员	15.7	4.2
	研究生及以上	0.6	0.3		民主党派	0.6	0.1
					共青团员	4.7	5.6
					群众	79.0	90.1

注：表中各个项目的原始数据来自 2013 年度中国综合社会调查数据（CGSS）。

9.3　已落户与未落户农民工社会融入状况

9.3.1　因子分析

为探讨已落户与未落户农民工在不同维度的社会融入水平，本书采用主成分分析法对问卷中涉及社会融入的12个题项进行探索性因子分析。这12个题项分别是："去年全年总收入；去年全年职业劳动收入；您与邻居进行社交娱乐的频繁程度；您与其他朋友进行社交娱乐活动的频繁程度；您觉得自己听普通话能力是什么水平；您觉得自己说普通话能力是什么水平；您是否在上次居委会选举/村委会选举中参加了投票；请问您是不是工会会员；公共服务资源的充足程度；公共服务资源分布的均衡程度；获取公共服务的便利程度和公共服务的普惠性程度"。

首先进行对已落户农民工样本进行因子分析，采用主成分法不作旋转，系统自动提取5个因子。对因子分析的适应性进行检验，发现各个题项被提取的信息均在50%以上，且5个因子的累计方差贡献率达到了72.316%，KMO值为0.616，Bartlett球形检验的相伴概率达到了显著水平且P值=0.000<0.05，因此认为适合进行因子分析。同样的方法，对未落户农民工样本进行因子分析，系统同样自动提取5个因子，每个题项被提取的信息都在50%以上，累计方差贡献率为73.402%，KMO值为0.682，Bartlett球形检验的相伴概率达到了显著水平。为了更有利于用现实语言来描述所得因子且增强其逻辑性，对所得因子进行Varimax旋转后得到各主因子载荷见表9-2，从表中可以看出，已落户与未落户农民工社会融入的因子结构相同，效果较好。

从表9-2可以看出，"公共服务资源的充足程度、公共服务资源分布的均衡程度、获取公共服务的便利程度和公共服务的普惠性程度"4个题项对F1的载荷值最高，反映的主要是农民工对社会公共服务的评价，因此把F1命名为"公共服务"。F2主要由"去年全年总收入和去年全年职业劳动收入"组成，将其命名为"经济整合"。"您觉得自己听普通话的能力是什么水平和您觉得您说普通话的能力是什么水平"对F3的载荷值最高，语言水平是城市文化的一部分，故可将其命名为"语言融入"。F4主要由"您与邻居进行社交娱乐的频繁程度"和"您与其他朋友进行社交娱乐活动的频繁程度"组

表 9－2　　已落户与未落户农民工群体社会融入主因子载荷矩阵

题　　项	F1 公共服务		F2 经济整合		F3 语言融入		F4 社会交往		F5 政治参与	
	已落户	未落户	已落户	未落户	已落户	未落户	已落户	未落户	已落户	未落户
公共服务充足性	0.825	0.864	－0.044	－0.095	－0.024	0.071	－0.062	0.044	－0.064	0.006
资源分布均衡性	0.824	0.819	－0.014	－0.010	0.007	－0.041	0.044	－0.085	0.090	0.001
公共服务便利性	0.826	0.838	0.069	－0.033	0.047	0.126	0.055	0.028	0.088	－0.056
公共服务普惠性	0.751	0.849	－0.003	0.031	－0.002	0.034	0.103	－0.018	－0.115	0.068
全年总收入	0.016	－0.023	0.953	0.922	0.015	0.009	－0.013	－0.022	－0.010	－0.012
职业劳动收入	－0.013	－0.057	0.950	0.919	0.006	0.031	0.026	0.007	0.020	0.005
听普通话能力	－0.005	0.020	－0.059	0.007	0.862	0.878	－0.029	－0.090	－0.079	－0.011
说普通话能力	0.023	0.114	0.077	0.033	0.8570	0.863	－0.012	0.048	0.074	0.064
与邻居社交娱乐	0.094	－0.027	0.058	－0.016	0.207	0.171	0.852	0.855	－0.017	0.038
与朋友社交娱乐	0.021	－0.029	－0.047	－0.005	－0.324	－0.346	0.788	0.734	0.079	0.114
是否参加选举投票	0.019	0.117	－0.030	0.038	0.090	0.124	0.219	0.302	0.618	0.556
是否工会会员	－0.025	－0.088	0.041	－0.040	－0.102	－0.060	－0.163	－0.066	0.788	0.886
特征值	2.616	2.879	1.835	1.710	1.647	1.709	1.442	1.388	1.138	1.121
方差贡献率（%）	21.797	23.995	15.292	14.252	13.725	14.245	12.020	11.565	9.482	9.345
累计方差贡献率（%）	21.797	23.995	37.089	38.247	50.814	52.492	62.834	64.057	72.316	73.402

注：表中各个项目的原始数据来自 2013 年度中国综合社会调查数据（CGSS）中的“迁移”模块数据。

成，这2个题项涉及的是城市中的农民工与邻居和朋友的交往频繁程度，因此将F4命名为“社会交往”。F5主要由“您是否在上次居委会选举/村委会选举中参加了投票”和“请问您是不是工会会员”2个题项构成，其反映在城市的农民工群体的政治参与行为与态度，所以可以将其命名为“政治参与”。

9.3.2　标准化赋值

为了能准确反映已落户和未落户农民工群体的社会融入状况，也为了更好进行比较研究，先对各题项得分进行标准化。对于有量纲的具体数字，如“公共服务满意度”和“语言接纳”等维度，直接用各题项平均值进行标准化；对于“去年全年总收入”和“去年全年职业劳动收入”等，参考何军（2012）对于数值较大指标的处理方法，对题项取平均值后再取对数作为量化值来进行标准化。对于“社会交往”和“政治参与”等一些逆向题项，首先采用最大值相减的方法对逆向指标正向化，然后对正向化后的指标减去样本均值后除以标准差进行无量纲化处理，最终形成标准化指数（见表9－3）。

表9－3　　　　社会融入各题项的标准化赋值

题项（赋值方式）	题项	指标代码	已落户农民工	未落户农民工
公共服务满意度（均值法）	公共服务充足性	X1	3.08	3.04
	资源分布均衡性	X2	2.67	2.82
	公共服务便利性	X3	3.05	3.14
	公共服务普惠性	X4	2.89	2.92
经济整合（对数法）	全年总收入	X5	5.91	6.04
	职业劳动收入	X6	5.74	5.91
语言融入（均值法）	听普通话能力	X7	3.74	3.92
	说普通话能力	X8	3.07	3.48

续表

题项（赋值方式）	题项	指标代码	已落户农民工	未落户农民工
社会交往（正向化）	与邻居社交娱乐	X9	3.27	2.44
	与朋友社交娱乐	X10	3.28	2.98
政治参与（正向化）	是否参加选举投票	X11	1.43	0.98
	是否工会会员	X12	0.48	0.08

9.3.3 综合融入度的计算

各题项得分进行标准化赋值基础上可以计算出各因子的得分。根据提取主成分因子模型的原理，将每个维度中对应题项在成分得分系数矩阵（见表 9-4，由 SPSS 直接输出）中的值作为每个题项对应的系数 A_{ij}，然后将标准化的数据代入式（9-1）计算出 5 个主成分 F_1、F_2、F_3、F_4、F_5 便得到五个维度的子融入度。

$$F_i = A_{i1}X_1 + A_{i2}X_2 + \cdots\cdots + A_{ik}X_k (i = 1, 2, 3\cdots\cdots m) \qquad (9-1)$$

其中，X_i 为第 i 个主成分因子指标赋值，A_{ij} 为第 i 个主成分在第 j 个指标上的成分得分，m 为提取主成分因子的个数，k 为指标的个数。

最后计算综合融入度，将 F1、F2、F3、F4、F5 的值代入式（9-2），以各主成分所对应的方差贡献率（见表 9-2，由 SPSS 直接输出）为权数进行加权求和，得到已落户与未落户农民工的综合社会融入度，见表 9-5。

$$FN = \partial_1 F_1 + \partial_2 F_2 + \partial_3 F_3 + \partial_4 F_4 + \partial_5 F_5 \qquad (9-2)$$

其中，∂_1、∂_2、∂_3、∂_4、∂_5 分别为五个主成分因子的方差贡献率，FN 为已落户与未落户农民工群体的社会综合融入度。

表9-4　　　　　　　　　　　　成分得分系数矩阵

项　　目	F1 公共服务		F2 经济整合		F3 语言融入		F4 社会交往		F5 政治参与	
	已落户	未落户	已落户	未落户	已落户	未落户	已落户	未落户	已落户	未落户
公共服务充足性	0.323	0.3	-0.024	-0.028	-0.03	-0.008	-0.089	0.036	-0.052	-0.004
资源分布均衡性	0.317	0.294	-0.012	0.023	-0.005	-0.081	-0.02	-0.064	0.079	0.014
公共服务便利性	0.316	0.289	0.033	0.005	0.018	0.026	-0.012	0.037	0.077	-0.06
公共服务普惠性	0.285	0.301	-0.002	0.047	-0.012	-0.037	0.034	-0.021	-0.104	0.065
全年总收入	0.005	0.023	0.52	0.542	-0.011	-0.021	-0.015	-0.009	-0.024	-0.001
职业劳动收入	-0.008	0.009	0.518	0.539	-0.014	-0.005	0.012	0.011	0	0.01
听普通话能力	-0.014	-0.049	-0.048	-0.022	0.525	0.522	0.012	-0.028	-0.047	-0.015
说普通话能力	-0.004	-0.014	0.023	-0.001	0.523	0.51	0.014	0.064	0.084	0.034
与邻居社交娱乐	-0.016	-0.019	0.022	-0.01	0.151	0.141	0.603	0.642	-0.047	-0.099
与朋友社交娱乐	-0.032	0.013	-0.026	0.011	-0.17	-0.177	0.541	0.517	0.029	0
是否参加选举投票	-0.005	0.035	-0.032	0.029	0.078	0.067	0.128	0.147	0.595	0.465
是否工会会员	0.003	-0.03	0.012	-0.018	-0.05	-0.051	-0.151	-0.187	0.7	0.829

表 9－5　　已落户与未落户农民工的社会融入状况

项　目		公共服务 F1	经济整合 F2	语言融入 F3	社会交往 F4	政治参与 F5	综合融入度 FN
已落户农民工	Score	3.6287	6.0465	3.5691	3.7463	1.1869	2.7683
	S.D	0.0265	0.0706	0.2531	0.1395	0.3641	0.3175
未落户农民工	Score	3.5275	6.4592	3.8210	3.1071	0.5220	2.7194
	S.D	0.0381	0.0624	0.1919	0.0183	0.2753	0.3580

9.4　已落户与未落户农民工社会融入差异的解释

从表 9－5 可以看出，已落户与未落户农民工总体的社会融入度均偏低（低于平均分 5 分），相比较而言，已落户农民工综合社会融入度略高。具体来看，已落户农民工在公共服务、社会交往、政治参与 3 个维度融入较高。未落户农民工在经济整合、语言融入 2 个维度得分较高。

在公共服务方面，已落户农民工融入度高于未落户农民工融入度，反映了其对城市提供的社会公共服务的心理认可。由于户籍制度与就业、教育、社保等挂钩，因此已落户农民工能享受到较好的公共服务。在社会交往方面，已落户农民工的融入程度同样较高，反映其更乐于与邻居和朋友交往，在城市有较好的社会交往网络。在政治参与方面，已落户与未落户农民工的融入度都不高，这反映出农民工的政治参与处于被边缘化的状态。但是相比而言，已落户农民工的政治参与度是未落户农民工政治参与度的两倍以上，说明城镇户籍的取得有利于提高农民工的政治参与的热情。

在经济整合方面，令人意外的是已落户农民工融入程度低于未落户农民工，表明经济条件好的农民工并不一定倾向于在城镇落户。原始问卷中的题项 A59a“下列各种情形，哪一种更符合您目前的工作状况”，发现选择“自己是老板（或者是合伙人），雇有雇员”和“个体工商户，雇有雇员”这两项的样本，未落户农民工的比例是已落户农民工的两倍，说明如果以户口性质作为城镇落户的标准，未落户农民工的经济收入水平不一定低于已落户农民工。同样，在语言融入方面，未落户农民工群体的融入度较高。由于衡量此维度的两个题项是关于自己对听说普通话水平的自我评价，从结果来看，未落户农民工群体在普通话水平方面的自我评价要高于已落户农民工。

9.5　结论与启示

研究表明，已落户农民工由于已经取得城镇户口，在自我身份认同方面认为自己是城镇的一员，因此他们能够享受城市提供的公共服务，会更加积极地与邻居、朋友交往，且作为城市的一分子，更乐于参加社区的选举和投票活动，行使自己的合法权利。总体而言，已落户农民工综合社会融入程度较高，表明农民工取得城镇户籍在一定程度上有利于其社会融入。目前，全国已有包括北京、上海在内的30个省份或地区宣布建立城乡统一的户口登记制度，取消农业户口。其目的在于打破户籍制度的障碍，推进以人为核心的城镇化。

然而，户籍制度改革并不是解决农民工城市融入问题的法宝。本书发现已落户农民工的城市融入并没有想象中的高。这说明，除了制度层面的户籍障碍外，还有更多的是经济、心理、社会文化等层面的障碍需要逐步解决。此外，现实中农民工申请积分制入户或其他方式转为城镇户口的积极性并不高。在政策放开甚至鼓励的情况下，农民工的城镇落户意愿反而低下的原因是值得进一步研究的课题。

第10章　促进农民工城镇落户的引导策略研究

习近平在其著作《之江新语》指出："由于城乡二元的体制结构，国民分成了两种身份，一是城市居民，一是农民工。城乡差别是客观存在的，但城乡二元成为一种体制，就人为地造成了农民工与市民的身份差别。这种体制是历史造成的，有历史的合理性，突破这个体制目前还有很大难度，不可能一蹴而就"。他指出："解决农民工问题，不仅是一个经济问题、社会问题，更是一个事关巩固党的阶级基础的严肃的政治问题。解决农民工问题是一个长期而复杂的过程，有赖于经济社会发展水平的不断提高"。根据国家统计局《2017 年国民经济和社会发展统计公报》，2017 年全国农民工总量 2.8652 亿，比上年增长 1.7%。加上农民工随迁家属等非劳动力迁移人口，保守估计我国农业转移人口的数量在 3 亿~4 亿，甚至超过 4 亿。由于农业转移人口规模十分庞大，针对这一群体的任何一项社会政策的变动均十分复杂。但有一点需要明确，当前庞大的农业转移人口中相当一部分终究要成为"新市民"，这是不以人的意志为转移的客观趋势，当前城市社会管理工作变革的前提是承认并顺应这一趋势。

社会主义核心价值观关于社会层面的价值取向"自由、平等、公正、法制"为农民工落户政策的制定提供了原则依据。农民工是理性的，在目前的经济发展、城市建设、制度框架下，现有的人口流动和分布情况是农民工群体的次优选择。自由迁徙是人的基本权利，政府应保障这种权利，并为农民工的自由迁徙提供各种帮助。由于历史原因形成的城乡二元体制在城市和农村之间建立了多种不平等制度契约，打破这种二元体制，保障农民和城市市民共同享有平等发展权利是变革的最终目标。然而，不可否认，由于我国城市基础设施、公共服务、管理水平等未赶上人口集聚的速度，城市建设用地、公共部门岗位定编等各类指标均与户籍人口挂钩的制度传统，尤其是我国经济发展水平的限制，目前尚无法一步到位放开落户限制。前面综合运用理论分析、质性分析和实证研究方法，对农民工落户现状、落户"意愿—行为"理论框架、落户意愿影响因素、落户行为转化机理以及农民工落户后的社会融入等问题展开了多视角的研究，得到一些新的发现，为分步有序解决农民工落户难题提供了依据。本书分别从国家政策、城市发展和农民工自身能力三个层面提出对策建议，以引导农民工城镇落户。

10.1 国家政策层面

10.1.1 继续深化户籍制度改革

当前以户籍为依托的人口管理体制难以适应流动人口发展新趋势的要求。尽管户籍制度变革一直在路上，但形式上城乡统一的户口登记制度变成实质还有一段路要走。今后政策变革的方向是：一方面让农民工有序落户城市；另一方面，即使未落户的农业转移人口在城市也能享受到基本公共服务。前期访谈调研、质性研究和实证研究均发现，城市户口福利对于农民工的落户意愿、落户行为均具有正向作用。在目前经济社会发展国情、城市公共资源的现实条件下，完全放开城市户籍是不现实的，其关键的原因在于城市教育、医疗、基础设施等公共资源供给不足，城市化的经济成本、管理成本过高，难以一蹴而就。国家通过全面实施居住证制度，在一定程度上剥离了部分依附于户口的福利，缓解了部分矛盾，在推动城镇化进程中起到了过渡性的作用。让户籍成为一种身份，让户籍成为一种特权本身就难以体现公平。今后，仍然需要深化户籍制度改革，根据不同类型城市情况，落实进城农民工的户籍问题。当户籍仅仅拥有最初进行人口统计的功能，而不再具备公共资源分配功能时，户籍制度本身也就没有那么重要了。那时农民工这一群体将不复存在，而是统称为流动人口，或者“新市民”，不会再因为户籍性质而打上特殊的标签。

（1）降低农民工落户的住房要求。

农民工之所以到城市工作，主要是在城乡收入差距的驱使下，奔着就业机会去的，反过来也代表着城市对这一群体有需求。目前很多城市设置的落户条件中对住房要求过高，甚至成为农民工无法跨越的“槛”，意味着直接将农民工拒之门外。事实上，农民工在城市或买房或租房或住公司宿舍，不管采用什么样的方式，只要是合法稳定的住所，都应该予以保障。在城市没有购房并不意味着对城市没有贡献。例如，农民工在城市合法就业就涉及购买养老保险，就意味着他为城市现有居民的养老贡献了力量；如农民工在城市就业、生活就意味成为城市的纳税人，理应享受相关公共服务。城市应该通过工作年限、社保缴纳年限、居住证年限等落户条件设置识别出对城市有贡献的农民工，帮助他们有序落户成为城市的主人才是制度设计的重点。而不是仅仅以住房条件为由对这部分群体的合法权益视而不见。不同类型城市应该根据实际情况，适当降低农民工城镇落户在住房层面的要求，同时，为保障农民工拥有合法的居住地，应建立多层次的住房供应系统，使农民工“有房可住”。鼓励用工单位提供住房补贴或者农民工宿舍，政府亦可通过提供住房补贴以及公共租赁住房来解决农民工的住房需求。

（2）探索户籍管理新模式。

户籍制度的门槛降低不能一步到位，农民工城镇落户的限制并不能一次性放宽。在过渡阶段，居住证制度是政府进行人口管理的制度创新。对农民工实行居住证制度，其目的在于建立与城市居住年限相挂钩的公共福利机制，使常住农民工即使没有落户城市也能享受到城市福利。而在具体的实施措施中，可采取居住证与农民工个人身份证相结合的方式来落实。个人身份证可与户籍身份保持一致性，可以不断丰富身份证信息，提高户籍身份的流动性。同时也可参考国外有效的人口管理办法，赋予身份证进行户籍管理的属性，使农民工即便离开故土，也能在其工作城市办理当地的社会保障等福利，使农民工的福利待遇具有可转移性，进一步实现户籍证件化管理模式。

10.1.2 保障农民工“土地财产权”

保障农民工“土地财产权”，基本手段是让农民工不仅要有经营性收益，也要提高其财产性收益，帮助农民工获得扎根城市的原始积累。根据前面访谈发现，农民工不愿意转户口的主要原因在于不愿意放弃农村的承包地、宅基地和集体用地的财产权①。实证研究结果可知，农村户口诸如土地资源对于农民工进城落户意愿以及“意愿—行为”的转化均具有显著的负向影响。事实也是如此，在当前农村土地升值空间日益凸显的环境下，城市户口对于农民工的吸引力已日渐减弱。农民工更倾向于在城市工作，而将其户口留在农村，保持“两栖”流动，这种“进可攻，退可守”的状态使农民工获得极大的安全感。因此，如何有效处理和保障农民工的土地财产权已成为促进农民工城镇落户最为核心的因素。

（1）活化土地流转市场，提高土地经营性收益。

在城市化进程中，农民工宅基地不断升值，是农民工重要的财产。虽然限制宅基地流转制度仍然存在，但实际上，各地政府根据需求已创造了宅基地流转的各种模式，建立宅基地流转市场已成为不可逆转的主要趋势。农民工进入城镇落户需要可靠的原始积累，其土地财产只有在流转中实现增值，才会为其进城落户增加可能性。与此同时，随着城市居民生活水平的提高，其对生活质量有更高的追求，对于农村自然生态环境有一定的追求，如果条件允许，城市居民同农民工的土地资源进行置换，将会大大拓宽农民工土地财产的升值空间。针对我国现状，需要做到以下突破：一是将农民工的土地集中起来，实现有机整合，凸显出农民工土地产权规模竞争的优势；二是在不改变土地性质和用途的条件下，遵循土地规划的要求，使城市居民有机会下乡去流转农民工的土地。

（2）完善农村土地退出补偿机制，提高土地财产性收益。

我国《土地管理法》规定：“国家为了公共利益的需要，可以依法对土地实行征收或者征用并给予补偿。”农民工进行落户决策时，对农村这种可预期的土地补偿难以割舍。部分农民工甚至满足城市落户条

① 土地财产权包括土地所有权、使用权、流转权、收益权等。

件却不落户，原因就在于农村的宅基地、承包地等土地财产，城乡接合部、城郊的农民工这种心态尤为明显，这导致了资源的极大浪费。这部分群体，或者说所有的农民工都占用了双份的住房资源。他们一年中的大部分时间都在城市工作生活，有固定的“家”。只有过年或者在特殊情况下，才会返回农村的“家”。结果是：一方面，农村的宅基地资源未能发挥其最大效用，因为农村的“家”在多数情况下是闲置的；另一方面，城市的“家”虽然使用效率很高，但从所有权上又不属于农民工。所以从某种程度上说，农民工占用了“双份”的资源，又未曾拥有他们。这导致这一群体成为城市和农村的边缘人。

各级政府应完善农村土地退出补偿机制，确定科学合理的土地价值评估体系，寻找更加有效的土地补偿办法，提高那些在城市工作并具有城镇落户意愿的农民工土地补偿标准，实现宅基地置换城市化，对于在郊区拥有土地的农民工，为保障其主动退出土地所损失的经济利益，政府应采取集体所有、转权保利、保权分利的方式，逐步实现土地财产性公平补偿。但总的指导思想是不应强制农民工放弃土地，赋予农民工对农村土地处置的自主裁决权，允许其在顺利实现城镇落户后，依旧能够通过转包、出租、分红的方式处置土地。这在一定程度上解决农民工进城落户的后顾之忧。

10.1.3 倡导建立教育“配额制度”

青少年是国家的未来和民族的希望，保障流动儿童教育关系到我国未来人口素质提升。党的十九大报告提出的“教育公平”原则为解决流动儿童入学困境指明了方向。前面访谈发现，子女教育几乎是每一位有未成年子女的农民工最为关心的问题，根据实证研究得出，农民工子女教育问题与农民工城镇落户意愿、行为均呈正相关关系，“流动人口入学政策”也成为农民工“居留意愿”到“落户意愿”重要的转化条件。农民工对子女教育的期望越高，其城镇落户意愿则越强。然而，我国教育体制是“分级办学，属地管理”，这使没有城市户口的农民工子女难以享受和城里孩子同等的教育条件。优质的公立学校本就名额有限，城市居民子女尚需要学区房等条件才能有入学资格，更不用说农民工子女。普通的公立学校需要当地户籍，没有落户的农民工子女入学主要有两种途径：私立学校和少数的农民工子弟学校。私立学校由于学费、赞助费等各种费用问题使农民工望而却步，农民工子弟学校近些年由于多方面原因大量被拆撤，基本成虚设。农民工子女的教育正在被边缘化，由于子女入学难而“返乡”的农民工越来越多，“返乡”农民工一时间找不到合适的工作，成为“新失业”人群。更为甚者是，父母为了生计依然留在城市，而未成年子女返乡入学，教育制度无形中造成了更多的留守儿童，极大地影响下一代的培养，与传统“家”文化相悖，更为今后的社会管理埋下隐患。解决流动儿童入学问题迫在眉睫。

（1）建立“配额制度”合理分配教育资源。

在人口数量众多教育资源同样稀缺的印度，国家通过贫困生计划对公立学校招录贫困人口子女入学有一定的比例要求，为贫困人口享受最优教育资源打开一扇“窗”。尽管当前中国人口基数较为庞大，但全社会生育意愿较低，为了实现人口红利向人才红利的转变，需要不断加强教育投资。为了保障农民工子女公平受教育的权利，也为了提升这一群体的人力资本，倡导建立“配额制度”。公立学校空出一定比例的招生名额专门针对农民工子女，通过考试、面试等方式确定招录对象，教育财政资金的拨付与招录的农民工子女比例挂钩。以此能在一定程度上缓解农民工子女受教育的矛盾，至少让农民工子女有除户籍外的入学公立学校的绿色通道。“配额比例”的确定需要根据学校师资情况、根据城市建设和经济发展中农民工的贡献、地方政府的财政预算等科学测算，在实践中不断试点、调整。

（2）构建教育财政投入新格局。

在二元经济体制下，城乡教育投资差异性较大。虽然当前已形成了促进乡村教育的较为稳定教育投资体制，地方办学的积极性得以提升，但地方财政压力影响了乡村教育经费投入的稳定性。因此，国家财政层面对于经济发展较为缓慢的地区应有义务重点进行帮扶。进行资源分配应该秉承“公平、平等、补偿”的原则，向经济较为不发达的中小城市倾斜，改善教育条件。同时也要完善解决城市农民工子女教育经费问题，应将招收农民工子弟的公办学校和农民工子弟学校的教育经费与一般公办学校教育经费纳入同一系统进行分配，解决农民工子弟学校教育经费短缺问题，为农民工子女提供完善的教育供给。

10.1.4 推行“订单式”技能培训

农民工来到城市，初衷是为了更好的工资收入。不过，由于技能水平、学历层次等原因，农民工多在城市次级劳动力市场从事服务性、辅助性、临时性工作岗位，或者成为小商贩从事不稳定的商业活动。调研过程发现，农民工在城市就业中经常遭遇不平等待遇，如被用人单位拖欠工资、超时劳动、未签劳动协议造成工作不稳定等。而不断美化的城市建设也给农民工从事小商贩活动增加了不稳定性，甚至一些城市为了城市建设和人口调控，驱赶农民工，使其在城市工作更加不稳定。农民工虽是低技能群体，但正是城市发展中高技能群体的涌入派生出来了低技能岗位需求，才有农民工进城并实现就业。一味驱赶农民工并非明智之举。况且，农民工一直是我国不可或缺的人力资源，过去的经验表明，农村剩余劳动力的迁移使劳动力资源得到重新配置，劳动力由效率较低的农业部门流向效率较高的工业部门，提高了整体的社会劳动力效率，为中国经济增长做出了巨大贡献。未来在我国劳动年龄人口增速放缓、人口红利消失、人口老龄化不断增强的境况下，农民工群体尤其是新生代农民工成为我国劳动力的重要来源。由于历史和制度的原因，我国劳动力市场呈现多重分割状况，发展趋势是融合、统一，应该为在城市就业的农民工提供完善的就业服务，订单式技能培训，帮助农民工拓宽就业渠道，打破现有就业市场的藩篱。

（1）构建农民工就业登记统一信息平台，提高就业服务质量。

构建和完善统一的农民工就业登记信息平台，做好农民工就业服务工作。调研中发现，由于信息不对称，农民工经常错过培训、招工的机会；反过来，农民工管理部门也发现，工作中很难锁定服务对象，尤其在多省份已经统一城乡户口登记之后，农民工变为"虚拟"的存在。一些城市的工作重心已经转为"新市民"的就业服务工作。不管怎样，无需拘泥于称谓，统一信息平台的建立，可以掌握农民工群体的职业、流动、技能等多方面的状态，了解农民工在岗位、技能等多方面的需求，更有针对性地提供就业服务。随着智能手机和移动互联网的普及，信息的传播变得更加精准、便捷，将信息技术用于农民工的就业服务成为可行途径。只有积极从农民工群体角度出发，为其提供一揽子相关信息，才能更有效地引导农民工规范就业。在此基础上，建立劳动力交流制度，通过推荐、洽谈等方式，鼓励企业吸纳更多对口的农民工，转移农村剩余劳动力。

（2）"订单式"职业培训，提升农民工就业能力。

由于经济、社会和制度的原因，我国城镇化进程中产生了农民工这一群体，他们尽管受教育程度不高但同样具有潜力，只需要稍加引导和培训，将成为我国城市建设和社会发展重要的人力资源。职业培训是帮助农民工提升自身能力、促进职业转变的重要方式。同时，需要建立更为完善的职业培训机制。在农民工就业信息统一登记平台的基础上，根据市场需求，结合岗位需求，采取订单式、规模化的培训管理，及时制定和调整职业培训内容，建立培训与就业紧密衔接的机制，解决农民工个体讨价还价能力较低的弊端，为农民工群体供给与企业需求之间搭建平台。相关部门应加大职业培训的经费投入，切实保障农民工职业培训提供配套服务。

10.2　城市发展层面

前面利用质性研究构建了城市特征视角下农民工落户行为影

响因素的概念模型，不仅利用实证分析法在整体城市层面对概念模型进行模型拟合和验证，而且在不同类型城市进行了对比分析。在此基础上，本书针对城市发展层面提出引导农民工落户的对策建议。

10.2.1 将城市群作为人口管理的基本单位

现阶段，我国超大、特大城市由于经济发达、就业机会大等优势吸引着农民工大量涌入。庞大的人口基数和过快的人口增长带来一系列城市问题，如交通拥挤、资源紧缺、环境污染、生态破坏等，不利于城市可持续发展。在此背景下，超大、特大城市“严格控制”人口增长，甚至一些城市设立人口“零增长”目标。然而国际经验表明，城市化的趋势就是人口不断向大城市、城市群聚集，我国一些城市由于基础设施建设、城市规划未能赶上人口集聚速度导致的“城市病”，并不能通过控制人口增长来医治。相反，应该顺应这种人口流动和集聚的趋势进行城市群规划建设。城市群、大都市群将成为全球未来聚集竞争合作的基本单元。目前我国城市发展初步形成了9大城市群，长三角城市群、珠三角城市群、京津冀城市群、山东半岛城市群、中原地区、成渝经济区、环长株潭城市群、武汉城市圈和环鄱阳湖城市群。为了缓解我国人口城市间分布不平衡的矛盾，也为了更好适应城市群经济发展和建设，更好推进新型城镇化进程，应该将城市群作为未来人口管理的基本单位，在城市群内部进行合理的人口引导流动。

（1）通过城市群建设吸引超大、特大城市农民工转移就业。

建设和发展城市群有助于城市群内部的城市间实现统一规划、资源整合、发挥区域优势，为我国新型城镇化的推进带来了新的发展契机。随着我国进入高铁时代，城市群内诸多城市间保持了1小时快速交通所及范围，成为城市群建设的基础，也为人口的便捷流动提供了条件。通过案例研究发现，上海与昆山间的产业转移及其引起的人口迁移是长江三角洲城市群建设发展的结果。通过核心城市上海的经济辐射及产业调整，周边县级市和小城市根据自身特点及发展定位合理引进、承接核心城市的产业项目，推进区域产业合理化布局，各级城市之间高效分工协作，最终实现长江三角洲地区各城市近年来经济的快速发展。

产业作为一个城市的发展根基，其转移调整对于劳动力的流动迁移具有不可忽视的作用力。超大、特大城市经过几十年的快速发展，一些低端产业发展空间越来越小，进行产业升级和结构优化已不可避免，通过城市群建设，合理将核心城市内非主导产业梯度转移至以县级市为主的中小城市，以此来实现超大城市农民工的转移就业、推进区域城市化进程，成为可行路径。与此同时，毗邻核心城市的县级市通过主动、有效地承接超大城市的产业转移，顺利实现产业结构升级转换，根据自身的资源禀赋，培育和发展新产业、新业态，并最终形成自己的主导产业，创造更多的就业岗位，不断提高县级市的人口集聚能力，实现县级市工业化、城镇化共同发展。由此可见，合理发展城市群核心城市周边的县级市对于缓解超大城市人口和承载压力及促进城市群建设发展都具有十分重要的作用。

（2）按比例折算城市群内核心城市和其他城市间的社保年限，降低落户门槛。

要想从根本上解决大城市的人口压力问题，仅把农民工吸引至周边的县级市、中小城市就业是远远不够的，只有这些农民工在这些城市真正落户才算扎根下来。通过案例研究发现，大部分农民工在昆山落户的主要途径是购房落户，购房落户的政策是需要购买 80 平方米以上的房屋 3 年以上，在昆山社保中心正常连续缴纳社保、医保满 3 年才可办理昆山户口。如果想利用昆山吸引转移上海的农民工以此来疏解上海这所超大城市的人口落户压力，采取一定方式折算上海与昆山之间的社保年限对于进一步提高县级市对核心城市农民工的吸引力，降低其落户门槛，帮助其快速解决外来农民工户口落户问题具有积极的促进作用。

目前我国相关政策虽已允许个人通过办理相应手续进行社保的异地转移，转移后的社保缴费年限也可以累加起来，为退休之后其能成功享受到养老、医疗待遇作准备，但转移累计的社保缴费年限却不能抵农民工落户该城镇需具备的社保年限。这在一定程度上阻碍了农民工落户进程，如果能采取相应方式按比例折算同一城市群内核心城市与其周边县级市间的社保缴费年限，将极大促进农民工从超大、特大城市二次流动并落户县级市。应该以城市群作为整体建立合理统一的人口政策，推动农民工在城市群内部理性流动并选择适合自己的城市定居落户。

10.2.2 城市落户“经济门槛”逐步替代“制度门槛”

促使人口空间再分布的内在动力从来都是经济发展和收入差距，政府社会规制仅是辅助措施。分工导致的效率的差异，使人口向大城市聚集，随着我国城市化进程的推进，人口将进一步向大城市聚焦。通过制度的藩篱阻碍人口的自由迁徙，也将带来效率的损失。事实上，不同类型城市的经济社会发展水平、人才集聚程度会形成一道自然的“门槛”，成为人口流动的“牵引阀”。农民工是理性的，只有在一个城市有工作，能够赚到相对较高的收入，能够支持他在这个城市生活，他们才会继续留在那里，否则会流动到另外一个能够“养家糊口”的地方去。因此，经济发展中提供的就业机会是牵引其流动的主要因素。政府需要做的是，为其流动提供更完善的服务，如城乡统一的社保、医保制度，为其流动解除后顾之忧。

（1）超大、特大城市“筑墙”。

尽管人为地将农民工挡道城市的门外是不明智之举，但由于各种隐性的城市藩篱，会让农民工主动“望而却步”。这种隐性藩篱更多的是“经济门槛”，如城市较高的生活成本，尤其是住房成本。农民工多在城市二级劳动力市场从事辅助性、临时性和替代性岗位，这类岗位劳动技能水平要求较低，可替代性较强，工资收入较低。考虑到相对高昂的生活成本，农民工会考量其收入与支出的比例后做出理性的决策。当然，超大、特大城市对农民工的吸引不仅仅在于较高的收入，还有现代化的都市气息、便捷的交通、教育医疗等公共资源等。但经济基础决定上层建筑，经济条件无疑是最主要、最根本的保障。

“经济门槛”逐步替代“制度门槛”并不意味着消除一切制度门槛，尤其是目前的过渡期，应该在“经济门槛”的基础上，合理制定“制度门槛”，让“经济门槛”和“制度门槛”同时发挥作用。“制度门槛”的作用主要在于识别出一部分为了其他利益诉求而来到城市的群体，如高考移民、炒房团等。因此，“制度门槛”的重点在于通过就业年限、社保缴纳年限、纳税证明等识别出真正在城市贡献体力智力的劳动者。而在落户“门槛”设定时，注重“激励”作用，即猴子摘桃实验中“跳一跳能够摘到的桃子”，也就是农民工通过自身的努力能够实现的目标，不要让“门槛”成为不可逾越的高墙。如果城市规定“大专、本科以上学历”才能落户，那对多数农民工来讲就是无法逾越的高墙。这将进一步促成农民工的“城市过客心理”，无法对其行为进行有效激励约束，也无法激励其在城市的大宗消费。只有通过有条件敞开落户限制，让农民工看到希望，能够激励农民工遵纪守法，努力工作，达成目标，也降低了城市治安管理成本。可见，制度的具体规定是落户的有形“门槛”，市场经济调节是落户的无形“门槛”，两者相结合进行城市人口管理。

（2）通过产业空间布局中小城市“引流”。

农民工流动是受就业机会的牵引，因此通过产业空间布局能够影响人口的空间分布。并且，超大、特大城市通过经济手段和行政手段共同筑起了“一面墙”，那么大城市、中小型城市应该为农民工打开“一扇门”。在市场经济下，市场作为“无形的手”，调节着资源的分配，这种分配是完全以“效率”为导向。政府作为“有形的手”，更多从“公平”角度出发调节资源的再分配。这种调节尽管会以牺牲一部分效率为代价，以福利改善受损为代价，但能在一定程度上缓解当前我国城乡发展、城城发展、中西部地区发展不平衡的矛盾。一方面，政府通过税收、土地、人才引进等优惠政策的出台来引导“市场资源”的布局。通过一系列政策措施，提升中小城市和普通大城市的招商优势，并通过产业园建设及其他各类配套措施保障产业的良好运行效率。产业是一个城市的“血液”，城市有了产业才有了用工需求，才能集聚人，因此，通过政策引导市场资源的空间布局，能够在一定程度上影响人口的流动和再分布。另一方面，政府自身资源分配应该向中小城市、中西部地区倾斜，包括基础设施、教育资源、财政资源等，以此缓解目前不平衡发展的矛盾。

（3）“制度门槛”逐渐成为“门”而不是“槛”。

我国正处于社会转型加速期，从城乡分割走向城乡一体化。建立城乡统一的医保、社保制度是大势所趋，也是经济社会发展的客观需要。江苏太仓市自 2003 年以来，为有序推进农业转移人口市民化，大力整合城乡二元社会政策，建立了“一体多层”的社会政策体系。“一体”即城乡一体，城市与农村适用一套制度；“多层”即根据具体情况不同在同一项目内部设置不同制度，进而通过衔接机制的建立，实现不同层次制度的转化。城乡统一强调通过同一类别不同层次之间城乡社会政策的并轨，建立城乡统一、无差别的社保政策体系，以满足农业转移人口的社会需求。广东东莞实现了城乡养老保险（城镇企业职工养老保险、城镇居民养老保险、农村居民养老保险）三制合一、城乡医疗保险三制合一以及城乡低保制度并轨，建立了统一的社会政策体系。由此可见，今后城乡一体化发展以及各类城乡统一的社会政策体系建立，将为农民工的自由流动解除枷锁。

然而，不可否认的是，通过“筑墙引流”等“经济门槛”来调控人口流动，这种“经济门槛”本身就是“制度门槛”的产物。例如，城市建设用地指标与户籍人口挂钩的制度，使超大、特大城市人口数量增多的境况下没有足够多的建设用地指标，导致土地成为稀缺资源，推动了超大、特大城市房价的上涨，生活成本的上升。这种经济现象背后本身就是制度的作用。再如，通过税收、财政优惠引导产业转移，在中小城市提供就业机会吸引人口流入，背后也是制度的作用。但两者有本质的区别。通过“经济门槛”的调控，呈现出来的是农民工自身的理性选择，而不是通过制度的明文规定，前者农民工具有选择权，后者农民工没有选择权。今后应该更多地从“经济门槛”调控人口流动，保障农民工自由迁徙的权利，尊重农民工的理性选择。

10.2.3　城市社区社会化服务农民工全覆盖

我国对于流动人口、农民工的管理过程中，常常过于强调他们对城市发展带来的负面影响，而忽视了他们做出的贡献。因此，管理的理念多是防范式管理，旨在通过管理降低、消除管理对象的危害性。这种理念在当今城市管理中已经不合时宜。一方面，农民工已经成为城市不可或缺的劳动力。研究表明，一个城市高技能和低技能的劳动力比例大致是 1∶1 的关系，他们在城市是一个“互补增值”的相互依存的关系。没有城市众多农民工从事消费型服务业岗位，城市市民的生活不会如此便利，工作效率也将受损。另一方面，城市文明的进步和发展要求以包容开放的心态去接受农民工成为新市民，而不是管制、抵制。因此城市管理包括对农民工等流动人口的管理理念应该由“防范式”转为“服务式”。具体工作中还需要以代表基层民主的“社区自治”为抓手，因为在当前城市社区治理中，政府“自上而下”的管理诉求与社区居民“自下而上”的权益诉求在社区服务上存在着衔接点，应充分发挥该组织的功能，通过“社区服务网格化、社区管理民主化”提升城市管理效率。

（1）通过信息化手段强化城市社区社会化服务。

城市社区作为城市最基层的服务组织，其管理效率和服务质量不仅关系到城市化发展的进程和基层社会的稳定，而且对于社区成员生活质量提高、个人对社会的融入感都有重要作用。目前城市社区服务功能受限甚至弱化，管理中行政色彩浓厚，未能很好发挥社区基层社会化服务的作用。通常社区成员没有特殊情况，如生小孩、转户口等，与社区服务人员基本没有交集。城市社区也没有主动对社区成员提供服务。很多在社区层面的工作，如环评公示、通知告示都流于形式，信息并未能有效传达。强化基层社会管理需要加强社区的“服务型”功能。

为了做好社区服务工作，需要建立社区统一信息平台，实时了解和把握社区成员流动情况，及时发布各类就业、社保、商业服务、环评公示等重要信息。目前智能电子产品普及率高，通过公众号或者全市甚至全国统一的 APP，可以使个体与社区建立连接。社区成员通过注册选择自己的社区，社区服务人员通过后台主动推送，为成员提供便捷的信息服务和咨询服务。当成员由于工作或者其他原因离开该社区时，可以通过手机 APP 中重新选择居住的社区，又将接收到新社区提供的相关服务信息，也能够便捷地对社区事务进行咨询。可见，通过信息化手段，能够使个体有效嵌入社区。

（2）社会服务农民工全覆盖。

目前城市社区社会化服务功能本身就较弱，还基本仅针对本地居民提供相关服务。农民工等外来务工人员基本无须与社区有交集。然而，作为最基层的城市服务单位，“网格化”的社区管理使每一个企业、小区、街道都归属到了某一个社区，社区服务工作如果到位，就能够很好强化城市社会管理，极大提高外来人员的归属感。例如，当农民工来到某社区居住，或者在某社区辖区的企业工作时，不管什么情况下农民工只要在城市都有所属的社区，通过注册 APP 提供自己的信息，包括技能水平、就业状况、婚姻情况、子女情况等，社区服务人员和信息系统将根据其需要为其推动人才市场和企业的各类招工信息、社区卫生服务中心的疫苗接种信息、人才市场提供的技能培训信息、商业服务信息等。“主动”“便捷”是服务工作的标准之一，应该转变以往被动服务的观念，改为主动了解需求，主动提供信息，为农民工社区成员提供便捷的服务。在我国社区服务人员人手不足、人才队伍建设不足的背景下，大数据和信息技术的应用为此项工作提供了可能性，为农民工开展精准服务、解决农民工信息弱势难题提供了可行途径。

10.2.4 关注新生代农民工“都市梦”利益诉求

2010 年中央“一号文件”首次使用“新生代农民工”的提法，并要求采取有针对性的措施，着力解决新生代农民工问题，推进新生代农民工市民化。据《2017 年农民工监测调查报告》显示，2017 年我国农民工总量达到 2.8652 亿人，其中 1980 年及以后出生的新生代农民工超过半数（占比 50.5%），成为农民工的主体。随着城镇化进程推进，这一群体的总人数正以每年 800 万 ~900 万人的速度快速递增。这一庞大群体的利益诉求无法回避。相比老一代农民工，新生代农民工的诉求发生了嬗变。他们对生活、发展的诉求已经由个体式迁移向家庭式迁移转变，由生存型向发展型转变，由钟摆型向稳定型转变。在城市扎根的“都市梦”是其最大的利益诉求。习总书记在 2015 年新年贺词中指出“把人民的期待变成我们的行动，把人民的希望变成生活的现实”。新生代农民工“都市梦”的实现关系到社会底层青年群体的稳定和发展，关系到以人为核心的新型城镇化的顺利推进，关系到我们国家新的经济增长动力。助力新生代农民工圆“都市梦”成为各级政府和相关组织的重要工作。

（1）对新生代农民工进行思想引领。

新生代农民工大量地从农村涌入城市，活跃并流动在国内大型生产制造业的前线，他们拥有着不同于传统农民工的概念和工种。他们是有活力的青年一代，有潜力的产业大军。他们有显著的“80 后”“90 后”的特质，思想活跃，敢于拼搏。然而，新生代农民工虽然身处城市工作，但基本与城市文化隔绝，很难感受工作成就和城市主流文化，长期处于盲目变换空间和工作岗位的动荡之中。内在的文化缺失所产生的空间冲突，使新生代农民工的群体状态成为社会主流意识矛盾的焦点。

新生代农民工必须以一种合适的方式融入城市，特别是新生代农民工正在成为新城镇的主流群体，并创导这类城区的主流文化。为此，需要构建包含新生代农民工的群体机构，培育属于新生代农民工的共性文化体系。各级共青团组织、非政府组织、社区服务组织应该着力宣传和广泛吸收新生代农民工加入组织，通过开展各类活动引领农民工思想，影响农民工行为，通过有组织解决新生代农民工心理疏导、创业培训、法律维权等方面的问题，引导农民工认同社会主义核心价值观，认同社会主流意识形态，感受都市内部的气息，帮助农民工融入城市社会。

（2）广泛推行新生代农民工“云工人”计划。

“云工人”是中国新时代新型产业工人的典型代表。最初指由河南云工社农民工综合服务中心孵化的新生代农民工。这些新生代农民工具有较高的综合素质、职业技能、思想素养，能够满足我国产业转型升级中对产业工人的需求。新生代农民工是我国宝贵的青壮年劳动力资源，很多新生代农民工由于家庭、经济等客观因素，未能完成中等或者高等教育，他们中的很多人主观上有较强的学习动力，也希望成为拥有一技之长的产业工人。利用互联网技术，针对新生代农民工实施统一的线上线下培训，成为“云工人”，有利于增强其竞争力，帮助其扎根城市。

客观上，在当前产业转型升级中，大量标准化、流程化的操作岗位都将被机器和人工智能替代，同时也产生了更多技能型、工匠型产业工人的岗位需求。如果不对新生代农民工这一群体进行技能培训，将更加促成他们在城市劳动力市场的弱势地位，不利于新生代农民工的城镇化。况且，随着我国人口红利逐渐消失，新生代农民工成为青壮年人力资源的重要来源，这一巨大群体的技能水平关系着我国“智能制造 2025”计划在操作层面的实现。通过对农民工的培训辅导，培育出新型产业工人群体，能够提高农民工整体素质，减少农民工的盲目流动，提高就业稳定性和生产有效性，助力新生代农民工实现“都市梦”。从全社会来看，有利于增强社会总体人力资本，推动我国人口红利向人才红利转变。

10.3　农民工自身能力层面

10.3.1　提升人力资本

农民工是城市化进程中重要的参与者，农民工的个体能力、观念、态度和行为等对推进城市化进程有着举足轻重的影响。农民工在城市难以立足，除了国家政策、城市发展方面的因素外，自身能力不足、观念落后也是其中重要的原因。

（1）正确认识并参加技能培训、继续教育。

城市化战略的成功实施需要投入大量人力资本。农民工提升自身人力资本不仅对于城市化建设具有重要现实意义，还能够提高自身城市生活质量和社会地位。研究表明，城市劳动力市场中户籍歧视正发生质的变化，农民工和本地劳动力相比的工资差异中，户籍歧视正逐渐弱化，取而代之的是劳动力的个体差异。也就是说，随着刘易斯拐点的到来，劳动力由无限供给变为有限供给，农民工劳动力市场的拥挤效应下降，农民工的教育和经验能够获得相应回报（孙婧芳，2017）。在之前农民工技能培训中，农民工多处于被动参与、被动接受的状态，没能激发其主观能动性，培训效果欠佳。目前各大城市“人才争夺战”很多都是针对大专以上学历群体，农民工完全可以通过自身主观努力去争取。今后，农民工应该树立长远的观念，积极参加各类技能培训，自费进行成人或其他类别的学历教育，抱着主动学习的态度加强自身的人力资本投资。

（2）转变择业价值观。

择业价值观对农民工职业选择具有引导性作用，树立正确的择业价值观能帮助农民工拓宽就业渠道。例如，农民工就业地点偏好于超大、特大城市，东南沿海地区，不可否认，在很大程度上是因为这些地区工资水平和就业机会具有吸引力，但农民工自身的择业观念也有影响。一味追求大城市、发达地区有时并非最明智的选择，农民工应该根据自身条件理性进行决策。再如，近年来农民工尤其新生代就业过程中“短工化”趋势明显，务工周期短、频繁换工现象严重，工作稳定性较差。因此，农民工应树立正确的择业价值观，不要频繁更换工作，应在技能得到提升等时机成熟时实现工作的向上流动，既能保证工作质量得到提高，又能维持工作稳定性。

10.3.2 参加社会保险

前面的研究发现，社保缴纳是影响农民工城镇落户行为的关键要素。老一代农民工由于城市“过客”心理，想着总有一天会告老还乡，对缴纳社会保险并不积极，他们更加在意到手的工资，而且他们也没有通过买保险来养老的观念，在广大农村地区，依旧有着深厚的“养儿防老”的观念。再加上《劳动合同法》出台之前，很多农民工在城市从事临时性的建筑工地或者其他服务性工作，较少签订正式的劳动合同，更不用说购买社会保险。这导致老一代农民工的社保缴纳比例较低，新生代农民工在城市就业的行业和岗位类型有了较大改变，生产制造业、生活型服务业成为吸纳农民工较多的行业。工作的规范性和稳定性都有较大提升，同时《劳动法》《劳动合同法》等法律法规更加健全，企业用工更加规范，新生代农民工的社保缴纳比例有较大提高。但仍然有部分农民工一方面由于工作流动性大，而现有制度在各类保险的接转方面手续烦琐甚至不能接转，降低了农民工缴纳社保的积极性；另一方面部分农民工看重眼前利益，不愿意缴纳保险。

事实上，前面提及农民工城镇化的成本过高，成为阻碍其城镇化进程重要的因素，其中占比很大的成本就是社保。由于农民工社保缴纳较低，成为新市民不仅自己承担的经济成本增加，而且将增加公共财政支出。地方政府考虑到成本压力对放开户籍持保守态度。如果农民工能够主动积极参加社会保险，承担相应社会责任，也将为今后转为市民提供基础。“新农保”和城市居民社会养老保险“并轨”后，由于两者制度模式是一样的，农民工进城后只是身份变了，但依然在城乡居保制度里，制度不用转化。由此可见，农民工可以通过自身主观努力为今后制度障碍的解除发力。

10.3.3　融入城市社会

目前，越来越多的农民选择进入城市工作，成为农民工大军中的一员。然而，由于价值观念、生活方式等差异，农民工难以融入城市生活。通过家庭化迁移、提高农民工社区活动参与度可以促进农民工的城市融入。

（1）家庭化迁移增强归属感。

与老一代农民工选择孤身一人到城市打拼不同，新生代农民工更加倾向于家庭式迁移。老一代农民工认为自己的根在农村，迟早都是要回去的，自己仅是城市的“过客”，因此城市社会融入度较低。新生代农民工则不同，他们有“都市梦”，习惯了城市的生活节奏和便利的商业环境，更希望融入城市成为城市人。家庭化迁移能够增强其在城市的归属感，更好融入城市。然而家庭化迁移也会带来“老漂族”的问题，应在城市社区针对农民工建立老人活动中心，解决农民工对于父母迁入城市后对城市融合问题的担忧。同时，农民工也应该主动适应和学习当地语言、社会风俗以及社会行为规范等，主动融入城市这个大家庭中。

（2）培养城市公民意识。

根据第 9 章的研究结果可知，已落户农民工的城市政治融入程度较高于未落户农民工，但从整体上来看，无论是已落户农民工还是未落户农民工，其政治融入程度均处于较低水平。针对农民工公民意识缺失、政治融入低等问题，一方面，农民工应积极参与法制教育，主动学习法律知识，当自己身处弱势，能够运用法律武器来维护自身权益，保证其切身利益不被侵犯；另一方面，农民工可以通过多种方式实现政治参与，例如，积极主动加入工会组织，可以加强与同事以及工会领导之间的沟通，增强农民工与同事之间的关系，提升其城市生活融入感。

第11章 研究展望

本书将心理测量技术用于问卷设计，收集了大量农民工城镇落户的微观个体数据，通过大量访谈调研，较全面地刻画了农民工城镇落户行为的心理过程，将管理学常用的实证研究方法应用于人口学研究，系统地探讨了农民工城镇落户行为及其影响因素，以及意愿到行为转化的主客观条件。然而，由于研究水平、时间和条件等因素的限制，本书还存在以下一些不足和值得进一步探讨的问题。

第一，研究中两处用到国家卫计委流动人口监测数据，一是对农民工城镇落户现状进行描述，二是对“90后”农民工落户意愿的研究。流动人口监测数据样本数量庞大，不同省份或地区样本量差异较大，研究过程中应根据流动人口的抽样比例进行加权处理。然而，由于时间条件以及劳务成本的限制，未能对如此庞大的数据进行加权处理。虽然不会对最终的研究结论产生大的影响，但研究过程严谨性不够，有待在今后的研究中加以改进。

第二，前人基于计划行为理论对诸多行为进行研究的过程中，对态度、主观规范、知觉行为控制、意愿、行为等变量的测量有较成熟的量表，但由于缺乏针对农民工落户行为的量表，本书需要开发和设计测量量表，给研究工作带来一些挑战。量表开发和问卷设计的过程持续较长时间，并反复修改二十余遍。然而，仍然没能做到尽善尽美。一些变量的测量题项数量有限，一些反向记分题最终由于不具备较好的信度效度不得不删除。后期研究需要进一步完善测量量表，做到多角度多层面对变量进行多维度测量。

第三，本书将农民工城镇落户问题的宏观、中观、微观层面因素有机结合展开一系列质性和实证研究，在此基础上提出的对策建议更具有针对性。然而，由于农民工群体数量众多，涉及农民工的现有政策也较多，尤其不同类型城市针对农民工落户有不同规定，使本书提出的政策建议在落地过程中将存在现实障碍，还需要在试点基础上分类推进。

此外，本书更多关注和探讨了现行政策导向下农民工落户的现实情况等“实然”问题，忽视了农民工迁移自由权利下的“应然”问题研究，未能凸显对这一群体的人文关怀。

今后研究重点应该考虑我国社会变革、人口形势和经济发展大趋势下，农业转移人口成为“新市民”后的社会服务问题。不久的将来，随着城乡统一户籍制度的贯彻执行，各类配套政策的同步变革和推进实施，识别农民工的户籍标志物将不复存在，农民工这一群体将成为城市“虚拟”的存在，很难也没有必要对其进行明确的界定和区分。他们将成为城市“新市民”，而“新市民”将成为城市新的弱势群体。但不管怎样他们已经从农村来到城市，并在城市安家，如何从物质资本、人力资本、社会资本多方面帮扶这一群体，提升其在城市的竞争力，既关系到彻底打破城乡二元体系，促进城乡融合发展、维护社会稳定的宏观问题，也关系到城市建设、产业发展的中观问题，又关系到这一庞大群体的“主观幸福感”微观问题，成为本书后续关注的重要问题。

参考文献

[1] Abarcar P. The Return Motivations of Legal Permanent Migrants: Evidence from Exchange Rate Shocks and Immigrants in Australia [J]. Journal of Economic Behavior & Organization, 2017, 144.

[2] Ajzen I. From Intentions to Actions: A Theory of Planned Behavior [M]. Action Control. SpringerBerlin Heidelberg, 1985: 11 - 39.

[3] Ajzen I. Perceived Behavioral Control, Self - efficacy, Locus of Control, and the Theory of Planned Behavior [J]. Journal of Applied Social Psychology, 2002, 32 (4): 665 - 683.

[4] Ajzen I. The Theory of Planned Behavior [J]. Research in Nursing & Health, 1991, 14 (2): 137 - 144.

[5] Alba R., Nee V. Rethinking Assimilation Theory for a New Era of Immigration [J]. Int Migr Rev, 1997, 31 (4): 826 - 874.

[6] Armitage C. J., Conner M., Norman P. Differential Effects of Mood on Information Processing: Evidence from the Theories of Reasoned Action and Planned Behaviour [J]. European Journal of Social Psychology, 1999, 29 (4): 389.

[7] Arnott R. Economic Theory and Housing [J]. Handbook of Regional & Urban Economics, 1987, 2: 959 - 988.

[8] Bagozzi, Richard P., Lee, KamHon, Van Loo, M. Frances. Decisions to Donate Bone Marrow: The Role of Attitudes and Subjective norms across Cultures [J]. Psychology & Health, 2001, 16 (1): 29 - 56.

[9] Bednaříková Z, Bavorová M, Ponkina E V. Migration Motivation of Agriculturally Educated Rural Youth: The Case of Russian Siberia [J]. Journal of Rural Studies, 2016, 45: 99 – 111.

[10] Bourdieu P. The Forms of Capital [J]. Handbook of Theory & Research of for the Sociology of Education, 1986: 280 – 291.

[11] Burt, Ronald S. Structural Holes: The Social Structure of Competition [M]. Harvard University Press, 1992.

[12] Böhning W. R. Studies in International Labour Migration [M]. Palgrave Macmillan UK, 1984.

[13] ChabéFerret, Bastien, Machado, Joel, Wahba, Jackline. Remigration Intentions and Migrants' Behavior [J]. Social Science Electronic Publishing, 2017, 68.

[14] Chen X. Why Do Migrant Households Consume So Little? [J]. Social Science Electronic Publishing, 2017.

[15] Chen S., Liu Z. What Determines the Settlement Intention of Rural Migrants in China? Economic Incentives Versus Sociocultural Conditions [J]. Habitat International, 2016, 58: 42 – 50.

[16] Cialdini R. B., Kallgren C. A., Reno R. R. A Focus Theory of Normative Conduct: A Theoretical Refinement and Reevaluation of the Role of Norms in Human Behavior [J]. Advances in Experimental Social Psychology, 1991, 24 (1): 201 – 234.

[17] Clark W. A. V., Deurloo M. C., Dieleman F. M. Tenure Changes in the Context of Micro – level Family and Macro – level Economic Shifts [J]. Urban Studies, 1994, 31 (1): 137 – 154.

[18] Coleman J. S. Social Capital in the Creation of Human Capital [J]. American Journal of Sociology, 2015, 94 (94): 95 – 120.

[19] Entzinger H., Biezeveld R. Benchmarking in Immigrant Integration [M]. Rotterdam: Erasmus University Rotterdam, 2003.

[20] Fan C. C. Settlement Intention and Split Households: Findings

from a Survey of Migrants in Beijing's Urban Villages [J]. China Review, 2011, 11 (2): 11 -41.

[21] Fei S. U., Bo L. I., Huang J., et al. New - generation Migrant Workers' Urban Adaptation: A Case Study of Jianggan District in Hangzhou City [J]. Asian Agricultural Research, 2015, 7 (10): 59 -62.

[22] Fishbein M., Ajzen I. Belief Attitude, Intention, and Behavior: An Introduction to Theory and Research [M]. MA: Addison - Wesley, 1975.

[23] Festinger L. A Theory of Cognitive Dissonance (Vol. 2) [J]. American Journal of Psychology, 1957, 72 (1).

[24] Fornell C., Larcker D. F. Evaluating Structural Equation Models with Unobservable Variables and Measurement Error [J]. Journal of Marketing Research, 1981, 18 (1): 39 -50.

[25] Gersovitz M., Fleisher B. M., Huang K. X. D., et al. Sectoral Asymmetries and a Social - welfare Interpretation of Hukou [J]. China Economic Review, 2016, 38: 108 -115.

[26] Ghosh B. Return Migration: Journey of Hope or Despair? [J]. Journal of Government Information, 2000, 30 (5): 784 -787.

[27] Godin G. The Theory of Planned Behavior: A Review of Its Applications to Health - related Behaviors [J]. American Journal of Health Promotion Ajhp, 1996, 11 (2): 87.

[28] Gordon M. M. Assimilation in American Life: The Role of Race [J]. Journal for the Scientific Study of Religion, 1964, 4 (1): 959 - 965.

[29] Gordon M. Assimilation in American Life [M]. New York: Oxford University Press, 1964.

[30] Gubert F. International Migration and Development [J]. 2006.

[31] H. A. I. Morrow - Jones. The Housing Life Cycle and the Transi-

tion from Renting to Owning a Home in the United States: A Multistate A-nalysis [J]. Environment & Planning A, 1988, 20 (9): 1165 - 1184.

[32] Harris J. R., Todaro M. P. Migration, Unemployment and Development: A Two - sector Analysis [J]. American Economic Review, 1970, 60 (1): 126 - 142.

[33] Hausenblas H. A., Carron A. V., Mack D. E.. Application of the Theories of Reasoned Action and Planned Behavior to Exercise Behavior: A Meta - analysis [J]. Journal of Sport & Exercise Psychology, 1997, 19 (1): 36 - 51.

[34] Huang W. J., Hung K., Chen C. C. Attachment to the Home Country or Hometown? Examining Diaspora Tourism across Migrant Generations [J]. Tourism Management, 2018, 68: 52 - 65.

[35] Kraft P., Rise J., Sutton S., et al. Perceived Difficulty in the Theory of Planned Behaviour: Perceived Behavioural Control or Affective Attitude? [J]. British Journal of Social Psychology, 2005, 44 (3): 479 - 496.

[36] Khusnutdinova L. G., Vildanov K. S., Andreeva L. M., et al. Regional Policy on Socio - Cultural Adaptation of Migrant Workers in the Volga Region (Based on the Material of Samara Region) [J]. Mediterranean Journal of Social Sciences, 2015, 6 (3).

[37] Lantz H. R. Why Families Move: A Study in the Social Psychology of Urban Residential Mobility, by Peter H. Rossi [J]. American Sociological Review, 1955, 21 (3): 395.

[38] Lee Y. S. C., Suchday S., Wylierosett J. Social Support and Networks: Cardiovascular Responses Following Recall on Immigration Stress Among Chinese Americans [J]. Journal of Immigrant & Minority Health, 2015, 17 (2): 543 - 552.

[39] Lim S., Morshed A. K. M. M. International Migration, Migrant Stock, and Remittances: Reexamining the Motivations to Remit [J].

Quarterly Review of Economics & Finance, 2015, 57: 101 – 115.

[40] Liu C., Jianling X. U. Second Generation Peasant Workers and Their Citizenization [J]. China Population Resources & Environment, 2007, 17 (1): 6 – 12.

[41] Massey D. S., Denton N. A. American Apartheid: Segregation and the Making of the Underclass [M]. Harvard University Press, 1993.

[42] Massey D. S. Ethnic Residential Segregation: A Theoretical Synthesis and Empirical Review [J]. Sociology & Social Research, 1985, 69 (3): 315 – 350.

[43] Massey D. S. Understanding Mexican Migration to the United States [J]. American Journal of Sociology, 1987, 92 (6): 1372 – 1403.

[44] Ma Y., Hou X., Huang J., et al. Educational Inequality and Achievement Disparity: An Empirical Study of Migrant Children in China [J]. Children & Youth Services Review, 2018, 87.

[45] Mohabir N., Jiang Y., Ma R. Chinese Floating Migrants: Rural – urban Migrant Labourers' Intentions to Stay or Return [J]. Habitat International, 2017, 60: 101 – 110.

[46] Mueller CF. The Economics of Labor Migration: A Behavioral Analysis [M]. Elsevier, 2013.

[47] Nalini Mohabir, Jiang Y., Ma R. Chinese Floating Migrants: Rural – urban Migrant Labourers' Intention to Stay or Return [J]. Habitat International, 2017, 60: 101 – 110.

[48] Neumann K., Hermans F. What Drives Human Migration in Sahelian Countries? A Meta – analysis [J]. Population Space & Place, 2015, 23 (1): 22 – 26.

[49] Park R. E. Human Migration and the Marginal Man [J]. American Journal of Sociology, 1928, 33 (6): 881 – 893.

[50] Pathumsri K., Yodmalee B., Phaengsoi K. Burmese Migrant

Workers: Dimensions of Cultural Adaptation and an Assimilation Model for Economic and Social Development in the Central Coastal Region of Thailand [J]. Asian Culture & History, 2015, 7 (1).

[51] Perkins D. D., Palmer N. A., García – Ramírez M. Psychosocial Studies of Migration and Community: Introduction to the Special Issue [J]. Psychosocial Intervention, 2011, 20 (3): 237 –242.

[52] Phan PH, Wong PK, Wang C. K. Antecedents to Entrepreneurship Among University Students in Sigapore: Beliefs, Attitudes and Background [J]. Journal of Enterprisity Culture, 2008, 10 (02): 151 –174.

[53] Sheeran P. Intention – Behavior Relations: A Conceptual and Empirical Review [J]. European Review of Social Psychology, 2002, 12 (1): 1 –36.

[54] Sheeran P., Orbell S. Do Intentions Predict Condom Use? Meta – analysis and Examination of Six Moderator Variables [J]. British Journal of Social Psychology, 2011, 37 (2): 231 –250.

[55] Sheeran P., Norman P., Orbell S. Evidence that Intentions Based on Attitudes Better Predict Behaviour than Intentions Based on Subjective Norms [J]. European Journal of Social Psychology, 1999, 29 (2 –3): 403 –406.

[56] Yin R. Case Study Research: Design and Methods [M]. Sage Publications, 2003.

[57] You Z., Yang H., Fu M. Settlement Intention Characteristics and Determinants in Floating Populations in Chinese Border Cities [J]. Sustainable Cities & Society, 2018.

[58] Tong Y., Piotrowski M., Ye H. Differences in the Health – age Profile across Rural and Urban Sectors: A Study on Migrants and Non – migrants in China [J]. Public Health, 2018.

[59] Vacca R., Solano G., Lubbers M. J., et al. A Personal Net-

work Approach to the Study of Immigrant Structural Assimilation and Transnationalism [J]. Social Networks, 2016, 53: 72 - 89.

[60] Williams J. A., Ortega S. T. Dimensions of Ethnic Assimilation: An Empirical Appraisal of Gordon's Typology [J]. Social Science Quarterly, 1990, 71 (4): 697 - 710.

[61] Zang B., Lv P., Warren C. M. J. Housing Prices, Rural - urban Migrants' Settlement Decisions and Their Regional Differences in China [J]. Habitat International, 2015, 50: 149 - 159.

[62] Zelinsky W. The Hypothesis of Mobility Transition [J]. Geographical Review, 1971, 61 (2): 219 - 249.

[63] 阿瑟·刘易斯. 二元经济论 [M]. 北京经济学院出版社, 1989.

[64] 敖荣军, 刘松勤. 人口流动与产业集聚互动的机制与过程——理论解读及经验证据 [J]. 湖北社会科学, 2016 (6): 80 - 85.

[65] 蔡昉, 王美艳. "民工荒"现象的经济学分析——珠江三角洲调查研究 [J]. 广东社会科学, 2005 (2): 5 - 10.

[66] 蔡禾, 王进. "农民工"永久迁移意愿研究 [J]. 社会学研究, 2007 (6): 86 - 113.

[67] 常进雄, 赵海涛. 农民工二次跨区流动的特征分析 [J]. 中国人口科学, 2015 (2): 84 - 92.

[68] 陈会广, 刘忠原, 石晓平. 土地权益在农民工城乡迁移决策中的作用研究——以南京市1062份农民工问卷为分析对象 [J]. 农业经济问题, 2012 (7): 70 - 77.

[69] 陈昭玖, 胡雯. 人力资本、地缘特征与农民工市民化意愿——基于结构方程模型的实证分析 [J]. 农业技术经济, 2016 (1): 37 - 47.

[70] 程川. 农民工人力资本对其城市融入影响的实证分析 [J]. 南京工程学院学报 (社会科学版), 2017, 17 (1): 6 - 13.

[71] 褚荣伟，张晓冬．中国农民工消费市场解读——金字塔底层的财富［J］．经济理论与经济管理，2011，V（7）：34－46.

[72] 董延芳，刘传江，胡铭．新生代农民工市民化与城镇化发展［J］．人口研究，2011，35（1）：65－73.

[73] 段文婷，江光荣．计划行为理论述评［J］．心理科学进展，2008，16（2）：315－320.

[74] 段志刚，熊萍．农民工留城意愿影响因素分析——基于我国七省市的实证研究［J］．西部论坛，2010，20（5）：37－43.

[75] 都阳，王美艳．户籍制度与劳动力市场保护［J］．经济研究，2001（12）：41－49.

[76] 樊士德，沈坤荣．中国劳动力流动的微观机制研究［J］．中国人口科学，2014（2）：17－31.

[77] 方鸣，孙梦雅．产业转移对劳动力流动的影响研究——以安徽省为例［J］．安徽科技学院学报，2015，29（05）：103－107.

[78] 风笑天．“落地生根”？——三峡农村移民的社会适应［J］．社会学研究，2004（5）：19－27.

[79] 高华．论农民工融入城市过程中主体作用的发挥［J］．理论界，2007，2007（6）：104－105.

[80] 甘满堂．社会学的“内卷化”理论与城市农民工问题［J］．福州大学学报（哲学社会科学版），2005，19（1）：33－38.

[81] 顾海英，史清华，程英，等．现阶段“新二元结构”问题缓解的制度与政策——基于上海外来农民工的调研［J］．管理世界，2011（11）：55－65.

[82] 郭晓鸣，张克俊．让农民带着“土地财产权”进城［J］．中国乡村发现，2013（7）：4－11.

[83] 郭庆．从意愿到事实：农民工养老保险参保意愿和行为差异的影响因素研究［J］．西北人口，2017，38（5）：58－64.

[84] 国务院研究室课题组．中国农民工调研报告［M］．中国言实出版社，2006.

[85] 何军．江苏省农民工城市融入程度的代际差异研究 [J]. 农业经济问题，2012 (1)：52－59.

[86] 侯红娅，杨晶，李子奈．中国农村劳动力迁移意愿实证分析 [J]. 经济问题，2004 (7)：52－54.

[87] 黄江泉，李晓敏．农民工进城落户的现实困境及政策选择——一个人力资本分析视角 [J]. 经济学家，2014 (5)：87－96.

[88] 黄宁，张国胜．东部产业向中西部转移过程中的农民工市民化分析 [J]. 特区经济，2015 (9)：72－75.

[89] 黄乾．全球化、技术进步与就业技能结构：来自中国制造业的证据 [J]. 劳动经济评论，2008，01.

[90] 黄玮，项国鹏，杜运周，等．越轨创新与个体创新绩效的关系研究——地位和创造力的联合调节作用 [J]. 南开管理评论，2017，20 (1)：143－154.

[91] 胡军辉．相对剥夺感对农民工市民化意愿的影响 [J]. 农业经济问题，2015 (11)：32－41.

[92] 江立华，符平．断裂与弥补——农民工权益保障中的法与政府角色 [J]. 社会科学研究，2005 (6)：113－117.

[93] 江立华．论农民工在城市的生存与现代性 [J]. 郑州大学学报（哲学社会科学版），2004，37 (1)：74－74.

[94] 贾淑军．城镇化中农户移居与农民工转户意愿研究——以河北唐山为个案 [J]. 经济管理，2012 (11)：177－184.

[95] 纪韶．举家外出的农民工融入城市问题研究——对在北京务工的500个农民工家庭的访谈数据分析 [J]. 经济理论与经济管理，2012，V31 (1)：20－27.

[96] 孔祥利，卓玛草．农民工城市融入的非制度途径——社会资本作用的质性研究 [J]. 陕西师范大学学报（哲学社会科学版），2016 (1)：116－125.

[97] 李斌．中国劳动力市场结构：从“刚性”走向“渗透”

[J]. 求实, 2004 (1): 24 - 26.

[98] 李柏洲, 徐广玉, 苏屹. 中小企业合作创新行为形成机理研究——基于计划行为理论的解释架构 [J]. 科学学研究, 2014, 32 (5): 777 - 786.

[99] 李丹, 李玉凤. 新生代农民工市民化问题探析——基于生活满意度视角 [J]. 中国人口·资源与环境, 2012, 22 (7): 151 - 155.

[100] 李飞, 杜云素. 城镇定居、户籍价值与农民工积分落户——基于中山市积分落户入围人员的调查 [J]. 农业经济问题, 2016 (8): 82 - 92.

[101] 李国珍, 雷洪. 互动论视角下的农民工生活满意度研究 [J]. 南方人口, 2011, 26 (3): 25 - 34.

[102] 李俊霞. 农民工城镇落户意愿调查研究——以四川为例 [J]. 经济问题, 2016, 07: 65 - 69.

[103] 李楠. 农村外出劳动力留城与返乡意愿影响因素分析 [J]. 中国人口科学, 2010 (6): 102 - 108.

[104] 李强. 农民工与中国社会分层 [M]. 北京: 社会科学文献出版社, 2004.

[105] 李强. 中国城市农民工劳动力市场研究 [J]. 学海, 2001 (1): 110 - 115.

[106] 李强. 农民工举家迁移决策的理论分析及检验 [J]. 中国人口·资源与环境, 2014, 24 (6): 65 - 70.

[107] 李强. 关注转型时期的农民工问题 (之三) 户籍分层与农民工的社会地位 [J]. 中国党政干部论坛, 2002 (8): 16 - 19.

[108] 李树茁, 任义科, 靳小怡, 等. 中国农民工的社会融合及其影响因素研究——基于社会支持网络的分析 [J]. 人口与经济, 2008 (2): 1 - 8.

[109] 李晓颖. 集聚经济、劳动力流动与产业转移——兼析政府补贴的推动效应 [J]. 东北财经大学学报, 2017 (1): 28 - 35.

[110] 李兴华．农民工市民化的障碍因素分析 [J]．湖南农业科学，2007 (5)：15－17.

[111] 李新伟，石玲．城市农民工的基本权益保障研究 [J]．人口学刊，2006 (2)：36－40.

[112] 李英东．阻碍农民工在城市定居的因素及其解决路径 [J]．经济与管理研究，2005 (2)：77－80.

[113] 李珍珍，陈琳．农民工留城意愿影响因素的实证分析 [J]．南方经济，2010 (5)：3－10.

[114] 廉思，陶元浩．服务业新生代农民工精神文化生活的实证研究——基于北京的调查分析 [J]．中国青年研究，2013 (5)：55－59.

[115] 廖柳文，刘沛林．外来务工人员进城落户意愿调查分析——以湖南省长沙县为例 [J]．经济地理，2011，31 (12)：2007－2012.

[116] 梁土坤．适应转化：新生代流动人口定居意愿的实证研究及其政策意涵 [J]．中国人口·资源与环境，2017，27 (2)：151－159.

[117] 林李月，朱宇，许丽芳．流动人口对流入地的环境感知及其对定居意愿的影响——基于福州市的调查 [J]．人文地理，2016 (1)：65－72.

[118] 柳建平，孙艳飞．新生代农民工的收入水平与消费行为及其变动趋势 [J]．经济体制改革，2014 (4)：95－99.

[119] 刘传江，徐建玲．中国农民工市民化进程研究 [M]．人民出版社，2008.

[120] 刘方涛．试论“90后”农民工职业能力的培养 [J]．社会科学家，2012 (8)：105－108.

[121] 刘建娥．乡城移民（农民工）社会融入的实证研究——基于五大城市的调查 [J]．人口研究，2010，34 (4)：62－75.

[122] 刘林平，郭志坚．企业性质、政府缺位、集体协商与外来女工的权益保障 [J]．社会学研究，2004 (6)：64－75.

[123] 刘敏，李宗植，黄润龙，等．农民工权益保障问题的实证研究——以江苏省为例 [J]．农业经济问题，2007 (6)：30-35.

[124] 刘燕，李录堂．全家进城农民工城市落户需求及影响因素实证研究——以西安市为例 [J]．中国人力资源开发，2015 (5)：74-81.

[125] 卢海阳，郑逸芳，钱文荣．农民工融入城市行为分析——基于1632个农民工的调查数据 [J]．农业技术经济，2016 (1)：26-36.

[126] 卢海阳，梁海兵，钱文荣．农民工的城市融入：现状与政策启示 [J]．农业经济问题，2015 (7)：26-36.

[127] 卢海元．实物换保障：完善城镇化机制的政策选择 [D]．中国社会科学院研究生院，2002.

[128] 卢海元．走进城市：农民工的社会保障 [M]．经济管理出版社，2004.

[129] 卢小君，向军．农民工进城落户意愿研究——以大连市为例 [J]．调研世界，2013 (11)：41-46.

[130] 陆林．融入与排斥的两难：农民工入城的困境分析 [J]．西南大学学报（社会科学版），2007，33 (6)：97-103.

[131] 罗小锋，段成荣．新生代农民工愿意留在打工城市吗——家庭、户籍与人力资本的作用 [J]．农业经济问题，2013 (9)：65-71.

[132] 马瑞，章辉，张森，等．农村进城就业人员永久迁移留城意愿及社会保障需求——基于四省农村外出就业人口的实证分析 [J]．农业技术经济，2011 (7)：55-65.

[133] 马彦丽，施轶坤．农户加入农民专业合作社的意愿、行为及其转化——基于13个合作社340个农户的实证研究 [J]．农业技术经济，2012 (6)：101-108.

[134] 聂伟，风笑天．就业质量、社会交往与农民工入户意愿——基于珠三角和长三角的农民工调查 [J]．农业经济问题，

2016 (6): 34 -42.

[135] 欧阳力胜. 进城农民工消费行为与消费方式探析——湘潭市进城农民工消费的调查与分析 [J]. 经济与管理, 2006, 20 (4): 38 -40.

[136] 彭安明, 朱红根, 康兰媛. 农民工城市融入的影响因素及其代际差异 [J]. 湖南农业大学学报 (社会科学版), 2014 (5): 55 -60.

[137] 钱正武. 青年农民工的市民化问题分析 [J]. 青年探索, 2006 (1): 3 -8.

[138] 秦立建, 王震. 农民工城镇户籍转换意愿的影响因素分析 [J]. 中国人口科学, 2014 (5): 99 -106.

[139] 秦伟, 曾旭晖. 在城农民工留城倾向影响因素分析 [J]. 人口与经济, 2003 (3): 50 -54.

[140] 裘涵, 许平聪, 田丽君, 等. 农民市民化的现实困境及其突破——对宁波市北仑区城市化进程中农民市民化问题的分析 [J]. 农村经济, 2004 (3): 84 -86.

[141] 任远, 邬民乐. 城市流动人口的社会融合: 文献述评 [J]. 人口研究, 2006, 30 (3): 87 -94.

[142] 苏敬勤, 耿艳. 政策作用下创新意愿转化为创新行为的机理研究 [J]. 科学学与科学技术管理, 2014, 35 (5): 27 -34.

[143] 孙婧芳. 城市劳动力市场中户籍歧视的变化: 农民工的就业与工资 [J]. 经济研究, 2017, 52 (8): 171 -186.

[144] 孙中伟. 农民工大城市定居偏好与新型城镇化的推进路径研究 [J]. 人口研究, 2015, 39 (5): 72 -86.

[145] 单菁菁. 中国农民工市民化研究 [M]. 社会科学文献出版社, 2012.

[146] 沈蕾, 田敬杰. 上海新生代农民工消费结构分析 [J]. 消费经济, 2012 (4): 48 -52.

[147] 申鹏, 凌玲. 产业转型对农村劳动力区域流动的影响研

究［J］. 经济问题探索，2014（6）：80－86.

［148］盛亦男. 流动人口居留意愿的梯度变动与影响机制［J］. 中国人口·资源与环境，2017，27（1）：128－136.

［149］唐宗力. 农民进城务工的新趋势与落户意愿的新变化——来自安徽农村地区的调查［J］. 中国人口科学，2015（5）：113－125.

［150］田凯. 关于农民工的城市适应性的调查分析与思考［J］. 社会科学研究，1995（5）：90－95.

［151］田兴国，陈敏慧，崔建勋，等. 基于二元 Logistic 模型的农民现代远程教育培训意愿研究——以珠三角地区农村为例［J］. 南方农业学报，2012，43（6）：886－890.

［152］田艳平. 家庭化与非家庭化农民工的城市融入比较研究［J］. 农业经济问题，2014，35（12）：53－62.

［153］童中贤等. 现代社会管理［M］. 北京：中国社会科学出版社，2012.

［154］王春兰，丁金宏. 流动人口城市居留意愿的影响因素分析［J］. 南方人口，2007，22（1）：22－29.

［155］王桂新，沈建法，刘建波. 中国城市农民工市民化研究——以上海为例［J］. 人口与发展，2008，14（1）：3－23.

［156］王桂新，潘泽瀚，陆燕秋. 中国省际人口迁移区域模式变化及其影响因素——基于 2000 和 2010 年人口普查资料的分析［J］. 中国人口科学，2012（5）：2－13.

［157］王丽丽，梁丹妮，卢小君. 农业转移人口土地置换城镇户籍意愿的影响因素研究［J］. 农村经济，2016（10）：118－122.

［158］王曼. 北京农民工消费与储蓄选择——基于实证基础上的理论研究［J］. 北京工商大学学报（社会科学版），2005，20（6）：76－80.

［159］王兴周. "90 后"农民工群体特性探析——以珠江三角洲为例［J］. 广西民族大学学报（哲学社会科学版），2013，（1）：128－133.

[160] 王玉君. 农民工城市定居意愿研究——基于十二个城市问卷调查的实证分析 [J]. 人口研究, 2013, 37 (4): 19-32.

[161] 汪润泉. 子女教育期望与农民工城市定居意愿——基于全国7个城市调查数据 [J]. 农业技术经济, 2016, (03): 75-84.

[162] 魏万青. 从职业发展到家庭完整性: 基于稳定城市化分析视角的农民工入户意愿研究 [J]. 社会, 2015, 35 (5): 196-217.

[163] 吴业苗. 农业人口转移的新常态与市民化进路 [J]. 农业经济问题, 2016 (3): 43-50.

[164] 吴振华. 农民工的城市适应模式选择及其原因探析 [J]. 理论与改革, 2005 (5): 71-73.

[165] 夏显力, 姚植夫, 李瑶, 等. 新生代农民工定居城市意愿影响因素分析 [J]. 人口学刊, 2012 (4): 73-80.

[166] 夏怡然, 苏锦红, 黄伟. 流动人口向哪里集聚?——流入地城市特征及其变动趋势 [J]. 人口与经济, 2015 (3): 13-22.

[167] 夏怡然, 陆铭. 城市间的"孟母三迁"——公共服务影响劳动力流向的经验研究 [J]. 管理世界, 2015 (10): 78-90.

[168] 肖璐, 范明. 大学生村官离职行为模型构建与验证研究 [J]. 软科学, 2014, 28 (2): 91-95.

[169] 肖璐, 徐益斌. 城市视角下农民工落户行为的决策要素——基于不同类型城市的比较研究 [J]. 中国软科学, 2017 (8): 65-73.

[170] 熊波, 石人炳. 农民工永久性迁移意愿影响因素分析——以理性选择理论为视角 [J]. 人口与发展, 2009, 15 (2): 20-26.

[171] 熊波, 石人炳. 理性选择与农民工永久性迁移意愿——基于武汉市的实证分析 [J]. 人口与经济, 2009 (4): 13-19.

[172] 熊彩云. 农民工城市定居转移决策因素的推—拉模型及实证分析 [J]. 农业经济问题, 2007 (3): 74-81.

[173] 熊景维, 钟涨宝. 农民工家庭化迁移中的社会理性 [J]. 中国农村观察, 2016 (4): 40-55.

[174] 严翅君．长三角城市农民工消费方式的转型——对长三角江苏八城市农民工消费的调查研究［J］．江苏社会科学，2007（3）：224－230.

[175] 颜色．有社会流动性才有活力［N］．人民日报．2016－03－28（018）.

[176] 闫文秀．流动民工的边缘化问题综述［J］．求实，2005（2）：85－87.

[177] 杨东．城市化进程中农民市民化问题研究［J］．理论探索，2003（6）：59－60.

[178] 杨浩．农村劳动力转移中的土地流转研究——以资阳市保和镇九老洞村为例的分析［D］．西南大学，2009.

[179] 杨菊华．流动人口在流入地社会融入的指标体系——基于社会融入理论的进一步研究［J］．人口与经济，2010（2）：64－70.

[180] 杨菊华．中国流动人口的社会融入研究［J］．中国社会科学，2015（2）：61－79.

[181] 杨菊华．从隔离、选择融入到融合：流动人口社会融入问题的理论思考［J］．人口研究，2009，33（1）：17－29.

[182] 杨肖丽，景再方，王秋兵，等．邻居类型对农民工县镇定居选择影响研究——基于辽宁省五县镇农民工抽样调查［J］．农业技术经济，2014（12）：84－94.

[183] 杨文选，张晓艳．国外农村劳动力迁移理论的演变与发展［J］．经济问题，2007，334（6）：18－21.

[184] 姚俊．农民工定居城市意愿调查——基于苏南三市的实证分析［J］．城市问题，2009（9）：96－101.

[185] 姚植夫，薛建宏．新生代农民工市民化意愿影响因素分析［J］．人口学刊，2014，36（3）：107－112.

[186] 曾鹏，向丽．中西部地区人口就近城镇化意愿的代际差异研究——城市融入视角［J］．农业经济问题，2016（2）：91－99.

[187] 谌新民．中国劳动力流迁的动因与成本分析［J］．中国

人口科学，1999（2）：15－20.

［188］张高亮，张璐璐，邱威，等．基于计划行为理论的渔民参与专业合作组织行为的产生机理［J］．农业经济问题，2015（8）：97－104.

［189］张国胜．中国农民工市民化：社会成本视角的研究［M］．人民出版社，2008.

［190］张杭，栾敬东，徐志刚，郭秩全，钟甫宁．农村发达地区外来劳动力移民倾向影响因素分析［J］．中国人口科学，1999（5）：45－50.

［191］张佳静，赵凯，夏显力．农民工留城意愿及其影响因素研究——以陕西省延安市为例［J］．江苏农业科学，2014，42（4）：439－443.

［192］张蕾，王燕．新生代农民工城市融入水平及类型分析——以杭州市为例［J］．农业经济问题，2013（4）：23－28.

［193］张丽琼，朱宇，林李月．家庭因素对农民工回流意愿的影响［J］．人口与社会，2016，32（3）：58－66.

［194］张鹏，郝宇彪，陈卫民．幸福感、社会融合对户籍迁入城市意愿的影响——基于2011年四省市外来人口微观调查数据的经验分析［J］．经济评论，2014（1）：58－69.

［195］张世友．三峡库区城镇化进程中农民市民化的角色障碍及其调适策略［J］．农村经济，2004（12）：85－87.

［196］张翼．农民工“进城落户”意愿与中国近期城镇化道路的选择［J］．中国人口科学，2011（2）：14－26.

［197］张怡然，邱道持，李艳，等．农民工进城落户与宅基地退出影响因素分析——基于重庆市开县357份农民工的调查问卷［J］．中国软科学，2011（2）：62－68.

［198］赵海涛，刘乃全．农民工跨城市二次流动与回流模式——基于最大似然估计方法的分析［J］．财经论丛，2017（10）：1－11.

［199］赵黎，宋明．经济性农转非现象分析［J］．中国农村经

济，1993（9）：42－45.

［200］赵翌，郝明松，悦中山．制度与非制度因素对农民工落户城镇意愿的影响［J］．西北农林科技大学学报（社会科学版），2016，16（4）：88－95.

［201］中国皮书网．创新驱动中国城市全面转型［J］．中国皮书网，2015.

［202］周元鹏．流动人口居留意愿内部分化研究——以温州市为例［J］．南方人口，2011（6）：54－60.

［203］朱宝树，沈颖，张景岳，等．农村人口向小城镇转移的新态势和新问题——上海市郊农民自理口粮进镇落户问题研究［J］．中国人口科学，1991（1）：49－55.

［204］朱力．论农民工阶层的城市适应［J］．江海学刊，2002（6）：82－88.

［205］朱玉蓉，杨锦秀．伙伴群体效应对农民工二次流动意向的影响研究——风险态度的调节作用［J］．农村经济，2013（5）：99－102.

附录

附录1 “农民工城镇落户现状”访谈纲要（访谈者用）

一、访谈前的准备

1. 准备好录音笔、记录本。

2. 牢记访谈步骤、掌控时间、控制访谈重点。

二、介绍自己和解释访谈目的

1. 基本情况介绍：您好，我叫××，这是我的同伴××，我们是江苏大学“农民工市民化”课题小组成员，很高兴您能接受我的访谈。为了访谈工作的顺利进行，访谈的主要内容都列在这张访谈提示上了，您可以先了解一下。

2. 强调课题研究的性质，保证访谈内容不会透漏给课题小组之外的任何人，课题研究成果主要用于完善农民工市民化相关制度。

3. 在征得被访者同意后打开录音笔，之后正式开始访谈工作。

三、主要问题

1. 谈谈您在城市工作的基本情况（如工作类型、工作年限、工作经历等）

2. 您是否参加过技能培训，具有某些工种的技能证书？

3. 谈谈您在城市的社会关系（如配偶、子女、老乡、同事等）

4. 谈谈您在城市的住房情况（购买/租住，稳定性等）

5. 谈谈您在城市就业签订劳动合同的情况

6. 谈谈您参加城镇社会保险情况（如养老、医疗、工伤等以及年限）

7. 谈谈您在农村的房屋和土地状况（宅基地、承包地、集体收益分配等）

8. 您购买了“新型农村养老保险”和“新型农村合作医疗”等农村社保吗?

9. 您每年回老家的次数和时间?

10. 您想过将户口迁移到城市吗?为什么?

11. 城市最吸引您的地方是什么?

12. 您对就业地的落户政策了解吗?

13. 对您来说城镇落户的最大困难是什么?

14. 如果年老了您有何计划?

四、结束访谈

感谢被访者牺牲这么长的时间给予配合，并互留联系方式。

附录2 “农民工城镇落户现状”访谈纲要（被访者用）

感谢您接受我们的访谈，访谈资料仅用于学术研究，研究成果将给相关管理部门提供对策建议。

访谈内容:

1. 谈谈您在城市工作的基本情况（如工作类型、工作年限、工作经历等）

2. 您是否参加过技能培训，具有某些工种的技能证书?

3. 谈谈您在城市的社会关系（如配偶、子女、老乡、同事等）

4. 谈谈您在城市的住房情况（购买/租住，稳定性等）

5. 谈谈您在城市就业签订劳动合同的情况

6. 谈谈您参加城镇社会保险情况（如养老、医疗、工伤等以及年限）

7. 谈谈您在农村的房屋和土地状况（宅基地、承包地、集体收益分配等）

8. 您购买了“新型农村养老保险”和“新型农村合作医疗”等

农村社保吗？

9. 您每年回老家的次数和时间？

10. 您想过将户口迁移到城市吗？为什么？

11. 城市最吸引您的地方是什么？

12. 您对就业地的落户政策了解吗？

13. 对您来说城镇落户的最大困难是什么？

14. 如果年老了您有何计划？

基本情况：

1. 姓名：__________　　2. 性别：__________

3. 年龄：__________　　4. 文化程度：__________

5. 城市工作年限：__________　　6. 行业类型：__________

7. 户籍所在地：__________

附录3　流动人口城镇落户现状调查

尊敬的女士/先生：

您好！此问卷旨在了解“在全面统一城乡户籍登记、取消农业户口的政策背景下，您是否愿意将户口迁到城市”。答案没有对错之分，请根据自己的实际情况做答，所得结果仅用于数据统计。衷心感谢您的支持与合作！

江苏大学“新型城镇化”课题小组

2016年10月

调查对象：具有农业户口、并在城市工作的外来务工人员。或者已经在城镇落户的农民工。

第一部分：基本信息，请直接在________填写或在符合您基本情况的序号前划“√”

1. 您的户口所在地：省市县（市）

2. 您现在工作（或上一次外出务工）所在地：省市县（市）

3. 您的性别：①男　②女

4. 您的年龄：①20 岁以下　②21 ~ 30 岁　③31 ~ 40 岁
④41 ~ 50 岁　⑤51 岁以上

5. 您打算将户口迁移到工作的城市吗？

①没想过　②不打算迁户口（不符合条件）

③不打算迁户口（符合条件）　④不打算迁户口（不了解政策）

⑤想迁户口，但不符合条件　⑥想迁户口，并且符合条件

⑦想迁户口，不了解政策　⑧正在办理户口迁移手续

⑨已迁户口

6. 您的婚姻情况：①已婚　②未婚

7. 您的文化程度：①小学及以下　②初中　③高中/中专/技校
④大专　⑤本科及以上

8. 您在城市工作的月收入：

①2000 元及以下　②2001 ~ 4000 元

③4001 ~ 6000 元　④6001 元以上

9. 您目前工作所属行业：

①建筑业　②制造业

③居民服务和其他服务业（家政、教育、社区、志愿者）

④住宿和餐饮业　⑤批发和零售业　⑥交通运输业

⑦仓储和物流　⑧其他____________

10. 您是否接受过相关技能培训（可多选）：

①没有　②当过学徒工　③自费参加过技能培训

④参加过企业组织的培训　⑤参加过政府组织的培训

11. 您在城市的住房情况：

①租住单位/雇主房　②租住私房　③政府提供廉租房

④单位雇主提供免费住房　⑤借住房　⑥其他非正规居所

⑦自有房（包括“自购房”、“自建房”）

12. 您当初选择进城工作的原因（请排序）：

第一事因第二事因第三事因

①挣更多的钱　②朋友推荐　③投靠亲戚　④想成为城里人

⑤农村发展机会少　⑥城市生活便捷　⑦工作调动

⑧来城市为了子女发展　⑨其他____________

13. 家族中离开农村去城里工作的大概有几人：

①没有　②1～3人　③4～6人　④7～9人　⑤10人及以上

14. 您的子女情况：①无子女（跳至19题）　②1名　③2名　④3名及以上

15. 您子女居住地：①和您住一起（名）　②留在老家（名）　③其他地方________

16. 您的孩子就学于：

①我工作城市的公办学校　②我工作城市的民工子弟学校

③老家的学校　④失学/毕业

17. 孩子目前就读情况：

①学龄前儿童　②幼儿园　③九年义务教育　④高中

⑤大学或已就业

18. 目前子女在本市就学遇到的主要困难是：（请排序）

第一困难第二困难

①学费太贵　②公办学校进不去　③将来升学问题

④附近没有合适学校　⑤其他________

19. 您在老家农村拥有土地吗：①有　②无（如果没有土地请跳至22题）

20. 现在老家承包地的经营方式：

①自种　②委托亲友代种　③转租给别人　④抛荒

⑤其他________

21. 如果您进城定居，您将会怎么处置农村土地：

①拿政府补贴，有偿退出　②不进行任何处置，将来可能回乡

③给亲朋暂住/借住

22. 您通过哪些渠道了解城镇落户政策：（可多选）

①向同事咨询　②向朋友咨询　③向亲戚咨询

④到行政服务中心咨询　⑤通过社区宣传了解　⑥其他________

23. 您了解到政府通过哪些方式宣传落户政策：(可多选)

①社区宣传　②政府网站宣传　③企业单位宣传

④专题讲座宣传　⑤其他________

24. 您是否缴纳了城市社保：

①是　②否　③不清楚

第二部分：以下表格中有各种表述，请根据这些表述与您实际情况的符合程度，在相应数字上划“√”：①表示“非常不符合”，②表示“基本不符合”，③表示“不确定”，④表示“基本符合”，⑤表示“非常符合”。总之，“分数越高代表越符合您的实际情况”

注：以下所说“城市”均指您目前工作的城市，或者您上次外出务工的城市。

	非常不符合⟷非常符合
25. 我来城市工作是为了获得更多财富	①②③④⑤
26. 我来城市工作是想挣钱让家里人生活得更好	①②③④⑤
27. 我想在城市挣钱以后回老家生活	①②③④⑤
28. 我向往城市的生活	①②③④⑤
29. 我有都市情结	①②③④⑤
30. 我想成为城市人	①②③④⑤
31. 我认为我的工作比较稳定	①②③④⑤
32. 我不经常更换工作	①②③④⑤
33. 我一直都是干这类活的	①②③④⑤
34. 我对我的收入水平满意	①②③④⑤
35. 我的收入还不错	①②③④⑤
36. 我的收入有结余	①②③④⑤
37. 我有亲戚在城市工作或经商	①②③④⑤
38. 老家的年轻人基本都进城工作了	①②③④⑤
39. 我很少有亲戚留在农村务农	①②③④⑤

续表

	非常不符合⟷非常符合
40. 我想让我的孩子在城里接受更好的教育	①②③④⑤
41. 我来城里工作就是为了孩子能在城市接受教育	①②③④⑤
42. 孩子教育问题是我特别关注的问题	①②③④⑤
43. 我认为夫妻双方一起来城市有助于我们在城市扎根	①②③④⑤
44. 我更倾向与配偶在同一城市	①②③④⑤
45. 我发现身边的已婚人士更愿意留在城市	①②③④⑤
46. 我的父母支持我留在城市	①②③④⑤
47. 我的父母希望我能够留在城市	①②③④⑤
48. 我的父母希望我能在城市有所发展	①②③④⑤
49. 我觉得在城市工作压力大	①②③④⑤
50. 我认为在城市经济压力大	①②③④⑤
51. 我认为在城市生活压力大	①②③④⑤
52. 我认为城市交通比较便捷	①②③④⑤
53. 我认为在城市生活比较便利	①②③④⑤
54. 我认为城市基础设施比较健全	①②③④⑤
55. 我工作的城市发展前景好	①②③④⑤
56. 我工作的城市工作机会多	①②③④⑤
57. 我工作的城市很有活力	①②③④⑤
58. 我工作所在城市的当地居民不排外	①②③④⑤
59. 我对这座城市有一种归属感	①②③④⑤
60. 我觉得我就是这座城市的一员	①②③④⑤
61. 我喜欢家乡的风土人情	①②③④⑤
62. 老家邻里、亲戚间的感情浓厚	①②③④⑤
63. 我依恋家乡的山水风光	①②③④⑤
64. 我老家现在经济发展很快	①②③④⑤
65. 我老家的基础设施建设比较完备	①②③④⑤
66. 我老家的工作机会比较多	①②③④⑤
67. 我会在打工城市长期居住	①②③④⑤
68. 我打算定居在老家附近的县城	①②③④⑤
69. 我不打算回农村居住	①②③④⑤

续表

	非常不符合⟵⟶非常符合
70. 在城市买房需要城市户口	①②③④⑤
71. 小孩在城市上学需要城市户口	①②③④⑤
72. 没有城市户口不能够享受城市社会保障	①②③④⑤
73. 没有城市户口会对日常生活造成不便	①②③④⑤
74. 外来人员子女在城市入学难	①②③④⑤
75. 外来人员子女在城市无法上好的学校	①②③④⑤
76. 外来人员子女很难在城市参加高考	①②③④⑤
77. 农村户口现在比较值钱	①②③④⑤
78. 农村户口牵涉很多利益（如集体收益等）	①②③④⑤
79. 农村户口能够享受国家一些惠农政策	①②③④⑤
80. 我希望把户口迁到现在工作的城市	①②③④⑤
81. 我希望自己拥有城市户口	①②③④⑤
82. 我希望把户口迁到老家附近的县城	①②③④⑤
83. 政府会通过各种方式宣传户口迁移政策	①②③④⑤
84. 社区或企业会通过各种方式宣传户口迁移政策	①②③④⑤
85. 我能够通过相关途径接触和了解户口迁移政策	①②③④⑤
86. 我缴全了城市社保：养老、医疗、工伤、失业等	①②③④⑤
87. 我享受了城市社保的福利	①②③④⑤
88. 我打算/已经在城市买房	①②③④⑤
89. 我在城市的居住条件还不错	①②③④⑤
90. 我对自己在城市的居住环境满意	①②③④⑤
91. 我对户口迁移政策很了解	①②③④⑤
92. 我会主动通过各种方式去了解户口迁移政策	①②③④⑤
93. 我对迁户口的程序很了解	①②③④⑤
94. 我工作的城镇落户门槛很高	①②③④⑤
95. 我认为政府对落户条件解读不清晰	①②③④⑤
96. 我认为把户口迁到工作所在城市很难	①②③④⑤
97. 我认为在城市办理落户需要提交很多材料	①②③④⑤
98. 我认为在城市办理落户审批时间长	①②③④⑤
99. 我认为在城市办理落户程序太繁琐	①②③④⑤

续表

	非常不符合←→非常符合
100. 我的户口已经迁到务工城市	①②③④⑤
101. 我的户口已经迁到老家附近县城	①②③④⑤
102. 我正在办理户口迁移手续	①②③④⑤
注：下述“土地”主要指代承包地和宅基地	
103. 我在农村的土地现在在增值	①②③④⑤
104. 我家现有田地出租/流转能获得一定的收益	①②③④⑤
105. 农村土地的收益可以满足家里人基本的生活需求	①②③④⑤

问卷到此结束，谢谢您的耐心填写，祝您生活愉快！